¡POBRE CUBA!

(frase de Jorge Luis Borges al autor)

MIS MEMORIAS

COLECCIÓN FÉLIX VARELA # 63

EDICIONES UNIVERSAL, Miami, Florida, 2021

ALBERTO MULLER

¡POBRE CUBA!

(frase de Jorge Luis Borges al autor)

MIS MEMORIAS

EDICIONES UNIVERSAL

Primera edición, 2022

EDICIONES UNIVERSAL
P.O. Box 450353 (Shenandoah Station)
Miami, FL 33245-0353. USA
e-mail: ediciones@ediciones.com
http://www.ediciones.com
Fundada en 1965

Library of Congress Control Number.: 021936098

ISBN-13: 978-1-59388-319-5

Diseño de la cubierta: Luis García Fresquet

En la portada foto del autor, Alberto Muller.

En la contraportada foto en que Alberto Muller besa y abraza a su madre al llegar al aeropuerto de Miami en el mes de mayo de 1979, su segundo exilio. Atrás quedaban los maltratos de 15 años de prisión política.

«*Nadie será sometido a torturas ni a penas o tratos crueles, inhumanos o degradantes*». Declaración Universal de los Derechos Humanos (Art. 5)

«*Un libro de memorias es hacer visible lo invisible que yace en la conciencia del autor*».

ÍNDICE

DEDICATORIAS

Dedico este libro a estos seres humanos entrañables e inseparables de mi mente y de mi vida personal, ya fallecidos excepto una que queda con vida, pero delicada de salud. Todos marcaron mi vida emocionalmente desde mi juventud para siempre. Los pienso cotidianamente, porque recordarlos me hace bien y me estimula a andar con decencia y amor pleno el camino de la vida que me queda por transitar.

Muchas veces me he preguntado ante ese profundo misterio de la vida, porque al intentar que la revolución cubana de 1959 siguiera su curso democrático prometido y traicionado con cierta rapidez por el régimen de Fidel Castro, me ha tocado padecer las cosas que tanto me han hecho sufrir en mi vida personal, como las torturas padecidas, a las que haré referencias en este libro de memorias que son parte de mis largos quince años de presidio político.

Dedico este libro a:

Ileana Michelena

Mi gran amiga de la adolescencia, confidente de excepción que me ayudaba a compartir esas angustias prematuras de la juventud y a esconder los primeros documentos comprometedores de mi decisión de intentar que la revolución cubana no fuese una pieza del estalinismo soviético.

También compañera de muchas diversiones en esa etapa adolescente, llena de inocencias y de sueños en la Playa de Tarará. ¡Cuántos recuerdos se agolpan en mi memoria! cuando juntos íbamos al cine, a la playa, a practicar deportes, a aprender a tocar guitarra y a conversar siempre con una sonrisa mutua y alegría permanente.

Rezo mucho por ella y la recuerdo con una transparencia de alegría y de cariño excepcional. Dios la bendiga para siempre y alivie los males de su enfermedad...

****

A Anita Díaz Silveira

Debo confesar que sin ella, su inteligencia, su sentido organizativo, su aplomo, su integridad humana, su lealtad, su celo por el Directorio Revolucionario Estudiantil y su cariño hacia mi persona, posiblemente no estaría vivo para contar estos recuerdos de vida. Me cuidaba con un celo muy exigente y profesional que no violaba para nada las exigencias rigurosas y estrictas de la vida clandestina, como: no exhibirse nunca socialmente; moverse solo por razones conspirativas; no manejar; no reunirse en la residencia que sirve de dormitorio; cambiarse algo el rostro para evitar una fácil identificación; no caminar por las aceras ni en lugares comerciales ni en iglesias ni en instalaciones deportivas.

Definitivamente una linda mujer habanera por dentro y por fuera que recordaré siempre con amor y gratitud eterna. No tengo dudas de que ambos hubiésemos intentado formar una familia, si los acontecimientos entonces hubiesen tomado un giro menos catastrófico para Cuba y para la vida personal de cada uno de nosotros dos.

Misterios de la vida y del ser humano. Dios y ella lo saben. Después, al paso de los años, nos volvimos a encontrar en mi segundo exilio, ya liberado de la prisión política, e hicimos un esfuerzo de reencuentro en Miami, pero ya nuestras naturalezas eran otras y habían cambiado lo suficiente para que no fuese posible el reencuentro íntimo prolongado. **«Al menos lo intentamos».** Esta frase fue la que nos dijimos en el hospital cuando la visité ya muy enferma al final de sus días. Ambos nos despedimos tranquilos y con paz interior.

****

A Isidro (Chilo) Borja

Un compañero de lucha inolvidable, más fiel que esa esperanza que brota de la vida cotidiana. Y eso es decir poco. Para el Directorio Revolucionario fue un cuadro ejecutivo invaluable. Uno de los hombres más valientes que he conocido en mi vida, al igual que Miguel García-Armengol; parecían jimaguas en eso del coraje, del cual hablaremos con posterioridad.

Inolvidable recordarlo a nuestro lado en esas horas tensas en la Universidad de La Habana, cuando por defender su autonomía y la pureza democrática de la revolución cubana, fui expulsado injustamente y con violencia de sus predios a principios de 1960, junto a otros dos amigos entrañables, Juan Manuel Salvat y Ernesto Fernández Travieso, hoy sacerdote jesuita.

¡Cuánta fuerza moral imprimió a mi vida, cuando lo visité en el hospital ya en sus últimas horas y levantó una de sus manos para decirme ADIÓS y mirarme sostenidamente con el inmenso cariño humano que me profesaba!, cómo diciéndome proféticamente, «ahora te toca seguir, pero nos veremos más tarde y será un momento de dicha plena».

****

Abelardo Aguiar

A Abelardo Aguiar

Fusilado en la Fortaleza de la Cabaña el 13 de abril de 1961 con 20 años de edad. Abelardo era parte del grupo «29 de Noviembre» con los estudiantes Carlos Raspal y Alberto Sánchez Prado que se habían integrado al DRE. Su militancia religiosa lo llevó a gritar «Viva Cristo Rey» antes de ser fusilado. Un hombre de fe y de integridad que recordaremos siempre con gratitud.

****

No le temo, que venga la muerte, yo voy feliz porque ya veo libre a mi Patria, ya veo como suben jubilosos mis hermanos la gloriosa Colina, ya no habrá mas odio entre hermanos, ya no habrá gargantas que pidan paredón. Todo será amor entre cubanos, amor de hermanos, amor de cristianos.
A ti, estudiante, te cabe esta gloria de liberar a la Patria y de levantar esa Cuba nueva.

A Virgilio Campanería

Su grito ante el paredón de fusilamiento el 18 de abril de 1961, «¡Viva Cristo Rey!», «¡Viva Cuba libre!», «¡Viva el Directorio Revolucionario Estudiantil!», fue un acto heróico inolvidable que nos obliga cotidianamente a recordarlo para seguir amando a Cuba con amor eterno.

Recuerdo nuestra última conversación en la Plaza Cadenas de la Universidad de La Habana, ambos preocupados por el giro autoritario que Fidel Castro imprimía a la revolución cubana planeando y a su vez tratando de definir nuestro camino para evitar la catástrofe comunista que se cernía sobre Cuba libre.

¡Un hombre grande en ideales y coraje!

****

A Alberto Tapia Ruano (Tapita)

Fusilado junto a Virgilio, siempre recordaré su aplomo como un gran aliento. Hombre de fe, de grandeza propia y de humildad de vida.

¡Qué desgarrante y doloroso tener buenos amigos asesinados frente a un paredón de fusilamiento. Todo un dolor y un compromiso moral sin ataduras y sin fin emocional posible. Son mordeduras que se prenden a la piel y no sueltan. Por eso duelen tanto en el alma y realmente no cicatrizan.

Cuando escuché desde el campamento de Los Lirios de Naguas en la Sierra Maestra que Virgilio y Tapita habían sido fusilados, un golpe mortal estremeció mi vida. Todavía lo siento y me estremece con la misma intensidad de aquella madrugada del mes de abril de 1961.

A Juanín Pereira

Asesinado vilmente en la costa norte de Pinar del Río cumpliendo con su deber de recibir a Juan Manuel Salvat que regresaba del exilio para incorporarse a la lucha del DRE por liberar a Cuba. Lo recordaré siempre en la Colina Universitaria con el periódico Trinchera y después con el Directorio Revolucionario Estudiantil. Un hombre de bondad infinita, de religiosidad pura y de coraje sin límites. Su espiritualidad cristiana era contagiosa. Recuerdo con mucho cariño a sus padres, que fueron los míos, ya fallecidos. Por hombres como Juanín estoy obligado a caminar erguido por los caminos de la vida y a morir tranquilo sin temor alguno…

****

A Luis Mayato

Un general de todas las estrellas, tal como escribí en una nota periodísitca de despedida. A su vez un hermano de lucha, con el cual obligadamente había que hablar de Cuba para liberarla. Pocos hombres que he conocido tenían su valor. Vivía con una enfermedad terminal de los músculos. Por eso decidimos en una ocasión aprovechar que teníamos que sacar un documento urgente de la clandestinidad en Cuba hacia el exterior y designamos a Luis Mayato para llevarlo. Pero después regresó para incorporarse a la lucha clandestina. Creo que ese documento fue la carta a Kennedy, pero no estoy del todo seguro.

Después con el paso de los años lo vi morir en el exilio lentamente en su cama consumido en todos los rincones de su cuerpo. Lo recordaré siempre por su hermandad, su cubanía y su valor personal. Era un general de todas las estrellas.

****

A Marcelino Magaña

Un guajiro y amigo entrañable de la Sierra Maestra, con mucha fe en la Virgen María y en Dios. Muy agradecido por nuestra labor educativa en las montañas de la Sierra Maestra con los Comandos Rurales a principios del triunfo revolucionario.

Durante el alzamiento del Directorio Revolucionario Estudiantil fue mi ayudante personal, por eso en mis desplazamientos entre los dos campamentos siempre era la avanzada atenta para evitar un encuentro inesperado. Un hombre bueno hasta la médula de la existencia y de una fortaleza impresionante. En una ocasión, yendo hacia el campamento de La Plata, donde estaba el compañero Juan Ferrer, tuvimos que hacer un rodeo largo porque avistó un grupo de cuatro soldados del Ejército Rebelde venían distantes por el mismo camino hacia nosotros. Inmediatamente decidimos salirnos del camino y subimos a la cima de la montaña para evitar un tope inconveniente y peligroso en esos momentos de preparación del alzamiento. Cuando llegamos al campamento de La Plata, después de más de 6 horas caminando en horas de la media noche, él estaba fresco como una lechuga, mientras que yo estaba exhausto.

Falleció en un combate desigual e innecesario cuando hubo que desmantelar los dos campamentos del DRE en la Sierra Maestra y fue descubierto con un grupo de compañeros alzados en la casa de un campesino amigo.

El Ejército disparó a mansalva contra el bohío y allí cayó asesinado. Estoy seguro de que hoy debe ser un preferido de la Virgen María en la Casa de Dios. Algún día nos volveremos a ver. No tengo dudas.

A Ernesto Díaz-Madruga

Un joven villaclareño muy valiente, vilmente asesinado en el presidio de Isla de Pinos durante la etapa cruel y abusiva del Plan de Trabajo Forzado. Fue el primer mártir de ese proceso denigrante y genocida. A Ernesto lo asesinaron de varios bayonetazos que le perforaron el recto en ocho ocasiones saliendo del Edificio 5 de la prisión de Isla de Pinos durante esa etapa sangrienta y cruel del trabajo forzado o trabajo esclavo.

****

A Juan Ferrer Ordoñez

Un compañero inseparable que enriqueció las filas del Directorio Revolucionario Estudiantil con su humildad y su coraje. Nos reíamos mucho, porque en una ocasión enfermó de gravedad en la prisión de Isla de Pinos y mi hermano Juan Antonio le pudo donar sangre para que sobreviviera, por lo que él decía jocosamente que por sus venas coría sangre Muller.

Una de las primeras visitas que hice cuando fui puesto en

libertad, fue ir a Cienfuegos a visitar a su madre Amparo, que vivía en el cuarto de un solar. Durante su larga enfermedad en Miami, siempre que lo visitaba en el hospital me decía lo mismo: «Alberto no necesito nada, lo tengo todo con mi fe en Dios y el amor de ustedes mis hermanos».

Recordar a Juan Ferrer, el capitán Metralla, cómo le decíamos durante la lucha liberadora en la Sierra Maestra y en el DRE, me hace inmensamente feliz.

****

A Teresita Valdés Hurtado.

Una amiga inseparable y una luchadora incansable. La recuerdo con mucha gratitud, porque nos acompañó desde esas primeras horas tensas de discusión ideológica en la Universidad de La Habana, pasando después por Trinchera, el Parque Central y en las filas del DRE.

Un vez fui atacado cobardemente por un dirigente comunista en la Plaza Cadenas de la Universidad de La Habana y Teresita logró meterse entre los dos y evitar la confrontación.

Su fidelidad era infinita y su coraje contagioso. No tengo dudas que nos volveremos a encontrar en esa dimensión espiritual de la vida.

A José Antonio Echeverría

Y a toda la generación de hombres y mujeres que lo acompañaron en su esfuerzo heroico por liberar a Cuba de la dictadura de Fulgencio Batista. Obviamente incluyo en este grupo heroico a mi hermano Juan Antonio. Ellos todos son nuestros guías e inspiradores más cercanos.

A todos aquellos que integraron ese esfuerzo de coraje y amor del Directorio Revolucionario 13 de Marzo, del cual me siento parte por haber participado desde muy joven en algunos de sus hechos de acción revolucionaria, van también dedicadas estas memorias.

****

Y para cerrar se las dedico a Dios y al Jesús Salvador hecho hombre, creador de todo este misterio humano de existir, que tanto me ha acompañado y me acompaña en esta jornada de vida.

UN COMENTARIO INICIAL

Sé que un libro de memorias que trata de contar lo que se ha vivido puede ser una narrativa conmovedora, irreverente y hasta avasalladora, en ocasiones algo repetitiva, porque los golpes son tan fuertes que las catarsis se hacen indispensables, pero a su vez no deja de ser reconfortante, misterioso y hasta con momentos de alegría personal.

¡Qué enorme paradoja o contradicción! pues de una vida familiar apacible y feliz, espontánea y libre que se producía en la dinámica de nuestro hogar en la casa de la Calzada del Cerro y de nuestro barrio, saltamos al quehacer antinatural de dos regímenes autoritarios, uno detrás del otro, que alteraron la vida de todos los cubanos por sus crímenes y abusos. Contradicciones agudas de la historia y de la vida.

Las primeras torturas

Empecemos sin temor, porque este es un libro para contar lo que hemos padecido. Y desde muy joven, una vez que Fidel Castro optó por desviar el curso de la revolución cubana de 1959 hacia el comunismo y fui expulsado de la Universidad de La Habana, decidí que había que luchar para evitar que Cuba fuese un país comunista. Al entablar esta lucha que tuvo con rapidez un desenlace de derrota por el abandono de nuestro aliado, tuve que padecer persecuciones, ofensas, encarcelamientos y torturas.

Permítaseme relatar las tres primeras torturas que sufrí durante mi largo peregrinar en el presidio político, que comparto con franqueza y quizás con cierta paz interior, pese a ser lacerante el recordarlas. Momentos dolorosos y estremecedores emocionalmente, que en ocasiones nos toca vivir. Misterios de la vida.

La primera tortura fue el Simulacro de Fusilamiento del 23 de abril de 1961 y los dos interrogatorios desnudos en las celdas de condenados a muerte en el Castillito de Santiago Cuba durante los días finales del mes de abril del mismo año.

Obviamente la tortura tiende siempre a ser grosera, abusiva, quebradora y sucia, porque es maltratar a un ser humano indefenso.

Sin embargo, debo decir, que todo en la vida tiene una vía de escape emocional. En ese momento el Simulacro de Fusilamiento me acercó a Dios, a las estrellas, a mis padres, a mis amigos, a mi amiga más cercana en una consagración en cuerpo y sangre para toda la vida, mientras esperaba en mi pecho los impactos del plomo de los fusileros que me apuntaban sin decoro para matarme, según me decían repetitivamente.

Para mí todo se concentraba en esperar el impacto de las balas de los fusiles que me apuntaban. Yo me decía:

«Cuanto sienta los impactos me voy a esa otra naturaleza espiritual de la vida».

Y así, en medio de insultos, amenazas y los fusiles apuntándome, me quedé esperando esos impactos y por eso puedo compartir el relato.

El segundo y el tercero fueron la salvajada moral de ser interrogado desnudo en el Castillito de Santiago de Cuba, sede de la Seguridad del Estado, en una habitación a temperaturas heladas, mientras me amenazaban que sería fusilado inmediatamente. Confieso que esta atrocidad me acercó a los mendigos, a los sin ropa, a los que duermen a la intemperie, a los más necesitados. Y recordé con infinita alegría y gratitud el Sermón de la Montaña:

«Bienaventurados los que tienen hambre y sed de justicia, porque ellos serán saciados...Bienaventurados los que están afligidos, porque ellos serán consolados... Bienaventurados los perseguidos por razón de la justicia, porque de ellos es el reino de los cielos»...

Cuando regresé a la celda oré, oré con la piedad del mendigo que no tiene trapos, ni colonias, ni camastro, ni agua fría ni agua tibia para bañarse; oré con profundo agradecimiento al Dios vivo. Y pude tranquilo cerrar los ojos por un rato en mi celda de condenado a muerte, hasta que un enorme ratón me despertó al sentir que me mordisqueaba los pies. Descubrí entonces que salía del desagüe que servía de inodoro o escusado. Por eso sacrifiqué un trapo sucio que me servía para todo y tapé el hueco.

Este ratón me sirvió de inspiración para mi primer poema escrito durante mis años de prisión: «Al inolvidable ratón que me mordisqueó el pie izquierdo mientras esperaba la muerte»[1].

No sé por qué el recuerdo de mi padre (Francisco Muller San Martín) me estimulaba a resistir estas y otras torturas que tuve que padecer. Solo Dios comprenderá perfectamente el misterio, porque los años son fugaces y perentorios, mientras el amor es infinito, abarcador

[1] Leer poema en Cap. 8 — Documentos.

y encarnado. Y esa enseñanza de valor de mi padre, todavía la siento empozada en mi piel: «Nunca permitas que te ofendan, pero perdona a quienes lo hacen...nunca faltes al trabajo inventando enfermedades...siempre ayuda al desvalido...y al ciego cuando veas la dificultad que tiene al cruzar una calle...ama sin límites que Dios te premiará»...

Estos y otros consejos eran parte del diálogo frecuente con sus dos hijos. Y yo era el más pequeño de los dos.

Perdonen este soliloquio prologal de insistir en el amor infinito que profeso a mi padre, que tanto me ayudó a resistir estas torpes y malignas formas de tratar a cualquier ser humano. Lindo recuerdo que guardo de él como un tesoro de infinito valor.

En la contraparte siempre tuve en el amor de mi madre, un complemento maravilloso para vivir, pues me enseñó a transitar por la vida con la alegría del amor y la generosidad del perdón.

Por eso hace ya mucho tiempo que he perdonado a todos estos inquisidores o torturadores que me maltrataron y torturaron sin piedad. Y soy feliz por eso en esta hora que cuido no tener muchas cosas agarradas en mis manos, para cumplir con el consejo de los filósofos de la poesía por si me tocara partir...

Prometí a mi madre, pianista, que aprendería a tocar el piano; pero no he podido cumplir esa promesa. Y ese es un dolor moral que guardo en lo más profundo de mi ser, aunque todavía tengo entre mis planes, a pesar de la ancianidad que llega, comenzar mis clases de piano. Ojalá Dios me permita cumplirla. Hoy tocar el piano se convierte para mí en una ilusión de vida que trataré de cumplir.

La familia Muller Quintana

De izquierda a derecha, Alberto Muller de niño, Sarah Quintana, su madre, sentada al piano, Juan Antonio Muller, su hermano mayor ya adolescente, y de pie su padre, el Dr. Francisco Muller.

Los hermanos Juan Antonio Muller y Alberto Muller con su mamá Sarah Quintana

PRÓLOGO PERSONAL

No es nada fácil comenzar un libro de memorias, pues son todos recuerdos ya lejanos en el tiempo, que de una u otra forma pueden dejar algunas huellas al lector, sin descontar las que ya marcaron al escritor que las vivió y ahora las vuelve a revivir recordándolas.

Debo confesar que son hechos que nos acompañan con un celo insospechado, como incrustados en la piel y en el alma para siempre. Tal vez porque sean parte del horror, de la quiebra moral y del terror desatado en el siglo XX, del cual fui testigo de excepción en algunos de sus momentos más sensibles y dolorosos.

Sin lugar a dudas el siglo más violento de la historia de la humanidad, con dos guerras mundiales; la guerra en Corea; las sangrientas guerras coloniales contra pueblos indefensos, como las de los Balcanes, Abisinia, Indochina, Argelia, Palestina; las bombas atómicas en Hiroshima y Nagasaki; la Guerra de Vietnam; los campos de concentración y los crímenes del dictador ruso-soviético José Stalin (millones de muertos); los campos de exterminio y las guerras de dominación de Adolfo Hitler (millones exterminados), la Guerra Civil española (cientos de fusilados y miles de prisioneros de ambos bandos).

En la década de los años 60 la juventud se rebeló en distintos lugares del mundo y fue reprimida brutalmente y sin compasión alguna: la Masacre de Tiannamen (China), La Rebelión Estudiantil en Francia, La Represión a estudiantes en Berkeley (EEUU) y la Matanza de Tlatelolco (México), por mencionar solo algunos de estos brotes.

Siendo testigo de los prolegómenos de esta década de rebelión juvenil, ya había sido expulsado de la Universidad de La Habana a principios de 1960, conjuntamente con otros compañeros, por la protesta en el Parque Central contra la visita a Cuba de Anastas Mikoyán, autor de la masacre para aplastar el levantamiento libertario en Budapest, Hungría en 1956.

Si a eso sumamos las dictaduras militares nacionales, ya sean de izquierdas o de derechas —no importa el símbolo con que se marquen, porque los regímenes autoritarios son ambidiestros— ya que acosan, eliminan, matan y encarcelan; no importa el bando en que militen ni la mano con que torturen o disparen.

Ahí están a la vista cercana las marcas de fábrica de Francisco Franco en España, Augusto Pinochet en Chile, Rafael Leónidas Trujillo en República Dominicana, Fulgencio Batista en Cuba, Marcos Pérez Jiménez y Hugo Chávez en Venezuela, Jorge Rafael Videla y otros 'militarotes' de la misma calaña dictatorial en Argentina, Fidel y Raúl Castro en Cuba, y comprobaremos que el acertijo de los ambidiestros en la tortura es francamente escalofriante.

Ya en el siglo que corre, dictadores civiles como Nicolás Maduro en Venezuela y Daniel Ortega en Nicaragua, entre otros, se suman al carnaval autoritario entre los dictadores más sanguinarios de la región y de la historia de la humanidad.

A lo reciente, sumemos las guerras genocidas en Ruanda y en Siria (millones de muertos), el terrorismo de horror de Al-Qaeda y del Califato musulmán.

A todo este maltrato universal, que es muy difícil de asimilar con una simple visión ingenua de la historia, debemos añadir la discriminación y el abuso a la mujer por el machismo imperante en el mundo.

También el rechazo discriminatorio a los miembros de la comunidad LGTBI por su opción de género. Más los niños que se mueren de hambre y de sed en zonas desérticas y en zonas cercanas, como Haití y la Amazonía, por no existir un sentido justo del desarrollo social.

Y para concluir los niños que no nacen por el derecho de la mujer a interrumpir el embarazo y optar por renunciar a la maternidad. Una vida que se sacrifica, digamos que por ignorancia.

En fin, si resumimos con estos ejemplos el acontecer de nuestro siglo XX y añadimos los primeros años del siglo XXI, hay que concluir que algo anda mal en el alma universal de la humanidad. Tal parece que el corazón de la humanidad estuviese enfermo, dislocado o confuso.

Pero lo más complejo para entender este caleidoscopio de violencias y horrores, no son los momentos convulsos y genocidas que hemos visto y padecido, sino que esa circunstancia que conforma nuestra propia naturaleza humana, ha cambiado con el paso del tiempo.

Hoy ya no somos los mismos que sufrimos en carne propia ese mundo pasado enloquecido. No lo olvidamos y hasta nos desvela en ocasiones, pero somos distintos sencillamente por nuestra edad actual. Por lo tanto, la visión que tenemos también tiene su transformación.

El niño aprende, el joven conquista, el maestro enseña, el anciano se prepara para contar antes de morir. Eso es precisamente lo que hacemos ahora, pero no desde la perspectiva del ser humano que sufrió esa transformación, sino desde la perspectiva del ser humano que la recuerda y la cuenta, que son dos momentos de distinta naturaleza. Pensemos en eso.

A esto debemos sumar el Nuevo Mundo Digital, que pierde profundidad temática, pero gana en incorporación y solidaridad humana. La nueva civilización digital es una insurrección contra las ideologías, contra los autoritarismos y contra las élites tradicionales.

Qué decir del maltrato a la Tierra que algunos, inclusive gobiernos, se niegan a cuidarla con el celo que merece.

Y uniendo a nuestra pequeña isla cubana en este marco de universalidad amplia, no podemos negar que Cuba inicialmente fue una isla asediada por piratas o imitadores de piratas.

Desde Diego Grillo, el pirata autóctono que nació en La Habana en 1655, hijo de un militar español y una hermosa esclava negra, hasta el final de ese siglo que nos regala más sombras que luces y nos lega a Henry Morgan, uno de los piratas más temidos de todos los tiempos, pasando también por otros, cómo el francés Jacques de Soros, el inglés Sir Francis Drake, durante el siglo XVI. Saltando al siguiente siglo XVII que nos llegan entonces los piratas holandeses y entre ellos Cornelius Jol, mejor conocido como Pata de Palo.

No resulta difícil entender que Cuba fuese un lugar atractivo para el saqueo y las ansias de piratas, pues la isla cubana era el punto de pase en las travesías de los galeones que regresaban a España con sus bodegas repletas de mercancías y abastos. De ahí la infinidad de leyendas de grandes tesoros enterrados en las costas de Cuba.

Se dice por los historiadores más respetados, que la íntima amistad de la reina Isabel I de Inglaterra con el pirata mulato cubano Diego Grillo, viene de la relación amistosa de Grillo con el pirata sir Francis Drake, gran amigo de su Majestad la reina.

Pero bueno, cómo estamos ante un libro de memorias y no de piratas, continuemos con la memoria sin alejarnos mucho de lo imitadores de piratas, para los cuales nuestra bella isla ha tenido siempre un atractivo singular.

La «Revolución» cubana de Fidel Castro desde 1959 ha sido toda una ficción de justicia política bien contada por sus principales protagonistas para ocultar una verdadera mezcla de piratería y represión política en el mismo corazón del Mar Caribe en el siglo XX, que se fundamentó en la instauración de un régimen de terror, al mejor estilo estalinista soviético en la isla cubana, adjudicándose —al mejor estilo piratesco— todos los bienes encontrados en la isla, que no eran pocos.

Claro, en la isla cubana se unió la metodología del terror del dictador ruso José Stalin (siglo XX), adaptada al mejor estilo de los piratas Drake, Sores, Pata de Palo y Pepe Grillo (siglo XVI y XVII), con la compleja personalidad autoritaria y enfermiza de Fidel Castro, llena de resentimientos contra la sociedad y hasta contra sus propios padres por haber sido un hijo natural oculto en los primeros años de su infancia.

Y esto explica cómo en la Cuba totalitaria del régimen castrista (1959) se instauró con tanta facilidad la tortura, los fusilamientos y los largos años de presidio político para los opositores revolucionarios-demócratas que insistían en que se cumplieran las promesas del proceso revolucionario (1952-1958) que Fidel Castro olvidó y traicionó con tanta premura.

Hoy, a pesar de las enormes dificultades de la población cubana por abandonar la isla, más del 10 por ciento de la misma (se calcula 1.5 millones) se encuentra dentro de una diáspora gigantesca, que algunos llaman exilio, principalmente la mayoría de ellos en territorio de los Estados Unidos de Norteamérica, lo que demuestra el amplio rechazo del pueblo cubano por el régimen totalitario de Fidel y Raúl Castro que impera en la isla.

Contemos al menos nuestra visión de algunos de los hechos que recorrimos en vida, sin olvidar el nombre de algunos de los piratas, para que se conozca la verdad de este fenómeno monstruoso y represivo que algunos todavía se atreven a calificar como la «Revolución» cubana.

Y para concluir este prólogo personal, los cubanos hubimos de confiar en un aliado al cual respetamos y quisimos con pasión política, al joven presidente de los Estados Unidos de Norteamérica, John F. Kennedy, quien tristemente incumplió su compromiso de apoyar al proceso libertario cubano.

Comencemos sin miedo y confianza esta jornada de escribir estas memorias, aunque ya hemos ofrecido algunas muestras de terror inolvidables…

CAPÍTULO 1
NIÑEZ Y JUVENTUD

«Su ventana daba a un desierto, en el cual se fundían indistintamente el cielo y la tierra igualmente grises».

Metamorfosis de Franz Kafka

LA CUBA DE MI NIÑEZ

La Cuba que conocí de niño e intelectualicé de adolescente no era un país perfecto ni justo, pero un principio de entendimiento básico regía esa comunidad de mujeres y hombres cubanos que iba de San Antonio a Maisí, creciendo de forma irregular en todos sus costados, pero creciendo.

Es cierto que no se veían cubanos negros trabajando en las instituciones bancarias, lo que denotaba un reflejo social de cierta discriminación racial y que hubo una guerra racial injusta e innecesaria en la joven república en al año 1912, pero en el parque jugábamos a la pelota y a otros cosas niños blancos, niños chinos y niños negros, sin rechazarnos por el color de la piel ni por el origen étnico. Y muchos de nuestros amigos, lo mismo eran blancos, chinos que negros. Al menos así era en mi barrio del Cerro, entre mis compañeros del Colegio de Belén y en las Escuelas Pías de Guanabacoa, donde me gradué de bachiller. Tengo la intuición de que también así era en casi toda Cuba.

Había desigualdades sociales contrastantes, un por ciento alto de la población rural era analfabeta y en las montañas o zonas rurales lejanas apenas había escuelas ni iglesias ni hospitales, como tampoco cuarteles de la policía. Este esquema de analfabetismo se comportaba distinto en las ciudades urbanas, donde solo un 10 por ciento se podía considerar analfabeto: además, había escuelas, iglesias, hospitales y cuarteles.

En la misma capital había mendigos que vivían debajo de los puentes o por las aceras mendigando alimentos y monedas. Obviamente la situación social en la isla no era de justicia y equidad plena, pero había un margen amplio de decencia y sociabilidad que presagiaba crecimiento económico, espiritual y físico.

Sin embargo, y en otro ángulo visual, en la isla no se veían presos políticos y a ningún cubano le pasaba por la mente abandonar el país. Se luchaba por mejorar y superar las situaciones de pobreza y analfabetismo existentes. Tampoco se fusilaba a nadie por ideas políticas distintas.

Cuba era un país alegre, musical y libre en sentido general durante los años de la República, con la excepción de los períodos autoritarios, cómo las dictaduras de Gerardo Machado (1928-1933), Fulgencio Batista (1952-1959) y también durante la Guerra de Color en 1912, cuando se mostró con fuerza una tendencia racista en nuestra sociedad, y hubo un ambiente de persecución y muertes.

No fue hasta que triunfó la «Revolución» de Fidel Castro en 1959 (no la auténtica y democrática iniciada por los revolucionarios cubanos Frank País y José Antonio Echeverría, entre tantos) cuando todo cambió radicalmente. A partir de entonces, el ambiente se tensó por el autoritarismo y la imposición, que no ha cesado e impera, extendiéndose tras la muerte de Fidel Castro, para entonces ocupar su lugar Raúl Castro, quien a dedo implantó otro sucesor para continuar la opresión iniciada en 1959.

Esta opresión que aún prosigue ahondando la quiebra social que provoca el autoritarismo comunista en la isla, porque del «hombre nuevo» que anunciara la Revolución en 1959 solo queda un país desarticulado, pobre, atrasado y acosado por el autoritarismo imperante, donde el 80 por ciento de la población abandonaría el país si tuviese posibilidades de hacerlo para alcanzar fronteras de libertad.

En estos períodos de violencias y dictaduras que resaltamos, sí hubo maltratos, asesinatos, torturas y prisión política para los opositores. Lamentablemente el país todavía vive esa ausencia de libertades tanto públicas como políticas y un férreo autoritarismo acosa y persigue a toda la población, incluyendo a la mujer cubana.

Intento que este sea un libro de memorias y como ni la rueda de la historia ni la de los pueblos da marcha atrás y gran parte de mi juventud (15 años) la pasé en un presidio político cruel y abusivo, por haber intentado que la revolución cubana no cayera en manos del totalitarismo comunista —luego de participar activamente en pro de los ideales democráticos que propugnara y no de los que tras su triunfo se implantaron— tuve que enfrentar situaciones de riesgo personal, hambre, maltratos, torturas físicas y síquicas. Estas escalofriantes experiencias me estimulan hoy a aferrarme al recurso humano de compartir con el lector estos recuerdos de vida, pues siento que ello me permitirá y ayudará a alcanzar una catarsis capaz de aligerar el enorme peso de los abusos padecidos.

Trataré de hacerlo con la mayor precisión y fidelidad posible. Perdónenme la arrogancia de contarlos. A los que nos maltrataron y torturaron con saña, vaya nuestro perdón sincero ante Dios. De esta forma enterramos para siempre las morderuras del resentimiento y el revanchismo que me parecen denigrantes. El odio no construye y el amor que perdona y reconcilia nos ayuda a respirar y a dormir en paz y tranquilos.

¡Vaya aquel proyecto de la toma revolucionaria inconclusa de La Habana, que discutí aquella tarde nublada de finales del mes de febrero de 1961 con mis amigos y compañeros inolvidables de lucha, Rogelio González Corzo (Francisco), coordinador general del Consejo Revolucionario y Humberto Sorí Marí, excomandante rebelde y coordinador del Movimiento Unidad Revolucionaria, para romper con la inercia dolorosa del abandono incomprensible a la oposición cubana por parte del gobierno de John F. Kennedy y de sus subalternos, que ya en esa fecha, conocíamos sus prolegómenos! De esto volveremos a hablar durante esta jornada plena de memorias en las páginas venideras.

Claro, en todo libro de memorias hay mucha historia obligada y precisa, que vamos recorriendo con la esperanza de que esos momentos sean compartidos con el lector.

NACÍ EN EL BARRIO DEL CERRO

Nací y crecí en el marco de una familia católica de clase media cubana en el barrio del Cerro en La Habana. Nuestra casa estaba situada en la Calzada del Cerro número 1613 frente a la calle Lombillo y la Clínica El Jurídico, junto a la farmacia de los Rodríguez-Baz y al fondo lindaba con la Clínica Covadonga.

Mi padre, Francisco Muller San Martín, médico, era un aficionado a la meteorología y escribió una Guía Ciclónica para Cuba, basada en las leyes científicas del padre Viñes S.J. También amaba la colombofilia (la cría de palomas mensajeras), afición que lo llevó a lograr un record de velocidad con la paloma Sarita, en el vuelo de competencia Pinar del Río-Habana; un vuelo de distancia corta, pero peligroso, porque se volaba en dirección hacia el este y finalmente fue cancelado por la cantidad de palomas que se perdían. Misteriosamente las palomas mensajeras vuelan mejor en dirección hacia el oeste.

Mi madre, Sarah Quintana Chacón, natural de Alquízar, fue una mujer piadosa, muy religiosa y generosa con los más necesitados.

Pianista graduada que interpretaba la música de Federico Chopin y de Ernesto Lecuona, como un sueño. Las notas de la Polonesa, de la Comparsita y de María la O vibrarán en mi mente toda la vida.

Los recuerdo a ambos con infinito y especial cariño. El crecer en un ambiente familiar amoroso y con Dios en el medio de todo, es un privilegio moral poderoso.

También recuerdo a mis dos hermanos mayores, Francisco (ya fallecido), hermano por parte de padre en su relación de pareja con Amelia Ojeda y Juan Antonio, nacido posteriormente, hermano por parte de madre y padre, ambos guías de mis actos. Hubiésemos sido siete hermanos varones, porque mi madre perdió el embarazo de Roberto, el cuarto hermano varón, que pudo ser bautizado, pero que murió enseguida por lo prematuro del parto. Y después mi Madre volvió a salir embarazada de trillizos, todos varones, que no llegaron a nacer. A partir de los trillizos el médico de cabecera aconsejó a mis padres que evitaran otro embarazo por el peligro que representaba para la vida de mi madre. Hubiésemos sido siete hermanos varones pero nos quedamos en tres.

Algo muy grato que recuerdo de mi casa en la Calzada del Cerro es que por la mañana se abría la puerta principal, se mantenía abierta todo el día con un ganchito y se podía entrar sin previo aviso hasta las ocho de la noche. Entonces desde tempranas horas de la mañana entraban el hielero, el carbonero, el lechero, el frutero, el panadero, el bodeguero y el carnicero para entregar los pedidos y así sucesivamente durante todo el día. Nunca durante mi niñez ni mi adolescencia entró nadie para robar ni alterar el orden interno de nuestra casa, lo que indica que el barrio era tranquilo y seguro.

Otro recuerdo familiar agradable de la casona del Cerro donde vivíamos era que convivían en la misma casa, conjuntamente con mis padres otros dos hermanos menores, cada uno con sus respectivos núcleos.

Mi abuelo y abuelastra con mi padre y madre más nosotros los hijos, formábamos el núcleo de la parte central del inmueble y las habitaciones del segundo piso. El hermano menor inmediato de mi padre, el tío Carlos casado con Augusta Mulkay y sus cuatro hijos, Carlos Alberto, Francisco Javier, Elena Bibiana y Alejandro, conjuntamente con la tía Naná Simonetti, formaban el núcleo que vivían en la parte trasera de la casa. Y el tío, Enrique Muller, el banquero, casado con Obdulia Morales y su hija Lourdes vivían en la parte delantera de la casa.

Iconografía

Una interesante foto de la familia Muller hecha en 1903. En ella aparecen sentada la señora Caridad San Martín y de pie su esposo el Dr. Francisco Muller. En los brazos de la señora Muller, su hijo Alfredo, hoy Obispo Auxiliar de La Habana. De pie, sobre una banqueta, su hijo Francisco, actualmente Director del Cuerpo Forense de La Habana. Sentada, la niña Dulce María, hoy esposa del Dr. José E. Gorrín y de pie, Juan Manuel Muller y San Martín, actualmente funcionario en el Ministerio de Hacienda.

Caridad San Martín y Francisco Muller, los abuelos paternos del autor con sus cuatro hijos. De izquierda a derecha con su madre, Alfredo Muller (posteriormente sacerdote y Obispo Auxiliar de La Habana), sentada Dulce María Muller, a su lado Juan Manuel Muller (los tres tíos del autor) y de pie con cuatro años de edad, Francisco Muller San Martín junto a su padre de pie, Francisco Muller Valdés-Faulli.

Elena Muller Mulkay y Francisco Javier Muller, primos hermanos muy cercanos al autor y criados en la misma casona de la Calzada del Cerro donde nacieron.

Carlos Alberto Muller, el mayor de edad entre los siete primos que se criaron en la casona del Cerro..

El recuerdo grato es que durante toda mi infancia y adolescencia nunca escuché ninguna desavenencia ni discusión entre los tres hermanos ni entre los primos. Y ese es el recuerdo grato a que me refería, sin olvidar la relación fraterna entre los siete primos. Algo enriquecedor siempre.

Activismo Católico

El activismo católico que practiqué desde muy joven, heredado de mis padres y de la formación recibida en la Agrupación Católica Universitaria, fue un factor determinante en mi formación SOCIAL CRISTIANA, que me llevó a impartir clases de Moral en el barrio pobre habanero de Las Yaguas, en los colegios de Baldor y La Salle, en la escuela Electromecánica de Belén y en la Sierra Maestra con los Comandos Rurales al principio del triunfo revolucionario de 1959.

Fue un período de mi vida donde aprendí las necesidades de los niveles sociales más bajos, por sus escasos recursos económicos. Los pobres tienen una nobleza especial que los diferencia y los acerca más fácilmente a los seres humanos y a Dios.

En esta etapa conocí al mendigo Simón, quien vivía debajo del puente del río Almendares y visitaba mi casa para recoger la ayuda de mi madre. En varias ocasiones, sobre todo en días de frío y lluvias, mi madre me pedía que lo visitara y le entregara ayudas suplementarias por la ocasión.

Simón tenía un problema de nacimiento en su pierna derecha, por lo que caminaba cojeando sistemáticamente y también hablaba con cierta dificultad; su mirada directa y a los ojos era de una bondad profunda e infinita que reflejaba espontáneamente su fe arraigada en el Dios creador.

Mis visitas a Simón me hicieron conocer la pobreza a la intemperie y en toda su intensidad, sin subterfugios ni paredes para protegerse del viento, la lluvia y el frío. Simón era un hombre admirable, porque manejaba su pobreza con humildad y no dejaba entrever ni un ápice de resentimiento. Siempre lo recordaré con un cariño especial, porque fue un gran maestro de humildad y amor para mí vida personal desde la adolescencia. Hasta los mendigos enseñan, como nos sentencia el Sermón de la Montaña.

Recuerdos imperecederos tengo de mi barrio del Cerro, el Parque de Tulipán, la calle Lombillo, la propia Calzada del Cerro y su parroquia: cuyo párroco era Monseñor Alfredo Muller, el hermano inmediato menor de mi padre. Ambos quedaron huérfanos cuando mi abuela Caridad San Martín falleció contando ellos apenas 4 y 2 años respectivamente.

Mi abuelo contrajo matrimonio con Carolina Mantici de cuya unión nacieron los dos hermanos menores de mi padre, Carlos y Enrique.

Todavía recuerdo al tranvía con sus asientos de mimbre, que nos transportaba por toda la ciudad. El mimbre no se aparta de mi olfato por su frescura admirable de madera flexible recién cortada, que todavía está vivo en mis sentidos olfativos.

Vivíamos relativamente cerca del Stadium del Cerro y el empinar papalotes, jugar baloncesto en casa del amigo y vecino Manuel Delgado (la casa de enfrente), la cría de palomas mensajeras y el pabellón de los enfermos mentales que lindaba con el patio trasero de la casa son recuerdos imborrables.

Desde niño conocí la realidad de los trastornos de la mente, porque en ocasiones se escuchaban las voces estridentes y carentes de toda lógica de los inquilinos de ese pabellón. Seres humanos que merecen permanentemente una atención especial.

Puedo decir que estuve entre los jóvenes adolescentes que jugaron beisbol en los terrenos del Stadium del Cerro antes de ser construido.

No puedo olvidar la imagen serena del anciano ciego en casa de la familia Sagué, que vivía a cuatro puertas de nosotros, y se sentaba en un banco pequeño a engrasar la cerradura de entrada de la casa. Desde entonces los invidentes han tenido un espacio de afecto en mis sentimientos más íntimos y así ha sido toda la vida.

Por eso recientemente publiqué mi tercer libro de poemas, «Cierro mis ojos y escribo estos poemas» dedicado íntegramente a los invidentes. Un proyecto literario frágil, pero largamente acariciado.[2]

Recuerdo que mi padre, de una ternura especial y cotidiana, me decía 'Cayaca', nunca llegué a descifrar por qué, pero me lo decía con tanto cariño que todavía lo recuerdo con agrado, como si él estuviese a mi lado. También el recuerdo de mi madre se une al de mi padre por su bondad infinita. De la mano de ambos conocí el misericordioso amor de Dios que todavía me acompaña.

Mi padre era muy amigo del ingeniero Carlos Millás, Director del Observatorio Nacional de Cuba. Hablaban mucho cada vez que un huracán amenazaba la isla cubana. Lo recuerdo mucho en mi casa o llamando por teléfono a mi Padre para conversar y evaluar el curso de la tormenta o del huracán.

Se explica esta amistad, porque mi Padre había creado y patentizado una Guía Ciclónica para Cuba, fundamentada en las investigaciones relativas a la circulación y traslación ciclónica en los huracanes de las Antillas del sacerdote jesuita Benito Viñes.

De mi abuelo paterno Pancho (Francisco Muller Valdés) y de mi abuelastra italiana Carolina Mantici guardo recuerdos tenues, pues fallecieron siendo yo pequeño. El mayor legado de mi abuelo fue que me enseñó a jugar ajedrez y se lo agradeceré eternamente. Era médico y malacólogo famoso por sus colecciones de caracoles oriundos de Cuba, entre ellos las polimitas. Algunos decían que tenía la más preciada colección de caracoles raros de la historia cubana.

Lo que recuerdo de mi abuelastra Carolina Mantici es que estaba perdiendo la mente, siempre recogiendo todas las hojitas y basuritas visibles del piso. Había que vigilarla todo el día, porque ante cualquier descuido se escapaba de la casa y se iba a caminar por las aceras de la Calzada del Cerro.

Visitaban para conversar con mi abuelo paterno, Alfredo Zayas, Carlos Millás, director del Observatorio Nacional y el padre Modesto Galofré, naturalista escolapio muy reconocido en el mundo de la

[2] Ver en Capítulo 8 — Documentos.

ciencia, entre otros. Todos terminaban admirando la colección de caracoles.

Por eso ya al final de su vida, por su amistad con el padre Modesto Galofré y porque era graduado de bachiller de las Escuelas Pías, donó la colección de caracoles a las Escuelas Pías de Guanabacoa, donde me gradué de bachiller.

De mi abuela paterna, Caridad San Martín Ponce, tengo solo recuerdos fotográficos, pues falleció teniendo mi padre cuatro años de edad. Mi padre y su hermano, el «Tío Cura», como le decíamos los sobrinos a Monseñor Alfredo Muller, hablaban siempre con una tristeza de fondo por no haber conocido a su madre. Por las fotos se ve que fue una mujer muy linda y elegante de ojos azules.

De mi abuela materna, Caridad tengo recuerdos muy gratos. Ella vivía en la calle N casi esquina 19 en el Vedado con su hija Graciela y su esposo Ectore Reynaldo. Mi abuela era muy cariñosa y campechana con todos sus nietos. Recuerdo cuando iba a visitarla, que tomaba el tranvía o el bus, que pasaban por la esquina de L y 23, con el inmenso hueco abierto, donde entonces se construían los cimientos de lo que fuera posteriormente el Hotel Havana Hilton.

En una ocasión le confesé que tenía una novia en el barrio, entonces en un acto de contubernio amoroso inolvidable, me trajo una cajita de bombones para que se la regalara a la enamorada.

Recuerdo a algunos amigos y amigas del barrio que viven en mi mente vivamente, como Enrique (Quique) Massens, mi compañero en la cría y competencia de palomas mensajeras. En ese entonces éramos los únicos colombófilos adolescentes en la Sociedad Colombófila de La Habana. Practicamos la colombofilia siendo ambos menores de edad, pero no tuvimos ningún problema en la autorización de la Sociedad Colombófila de La Habana, porque mi padre era muy conocido en ese «hobby» tan apasionante.

Otros que recuerdo: Miguel Massens, su hermano menor, mi ahijado en la Agrupación Católica Universitaria, Gabriel Rodríguez-Baz, Marta Rodríguez-Baz, Mario Arana, una familia de muchos hermanos, Silvia Sánchez, Beatriz Sánchez, Antonieta Martínez-Font, Manuel Delgado y Silvia Delgado. De todos guardo recuerdos muy especiales. Silvia Delgado fue una amiga excepcional, que tuve la oportunidad de acompañar con frecuencia en Miami por su enfermedad terminal de cáncer antes de fallecer alrededor del año 1980. Manuel Delgado era el mejor amigo de mi hermano Juan Antonio y un gran amigo personal. También recuerdo a los Pazó, vecinos directos de nuestra casa, entre ellos: Raúl Pazó y Zoila Pazó, ambos excelentes seres humano y buenos amigos. Al otro lado vivían los Rodríguez-Baz, donde estaba ubicada la farmacia. Todas familias muy querridas, decentes y solidarias que no olvido. Otro recuerdo imborrable es el del Tío Portela, así le decíamos al chofer del «Tío Cura». Un negro cubano santo y bondadoso.

La formación que recibí de mis padres me hizo inscribirme en los Niños Exploradores (Boy Scouts) y ya de adolescente en la Acción Católica de la Parroquia del Cerro.

Después, casi a punto de empezar la carrera de abogacía en la Universidad de La Habana, me acerqué a la Agrupación Católica Universitaria (ACU), que ya mencionamos anteriormente, una organización mariana dirigida por los jesuitas, cuya sede en Mazón y San Miguel quedaba cerca de los predios de la Universidad de La Habana.

En la ACU recibí una formación social cristiana sólida, basada en las encíclicas papales, en el pensamiento social del filósofo y humanista francés Jacques Maritain, converso al catolicismo, quien ayudó a sembrar las bases del humanismo cristiano del siglo XX. De ahí mi primera formación social y espiritual que preparó mi pensamiento para toda la vida.

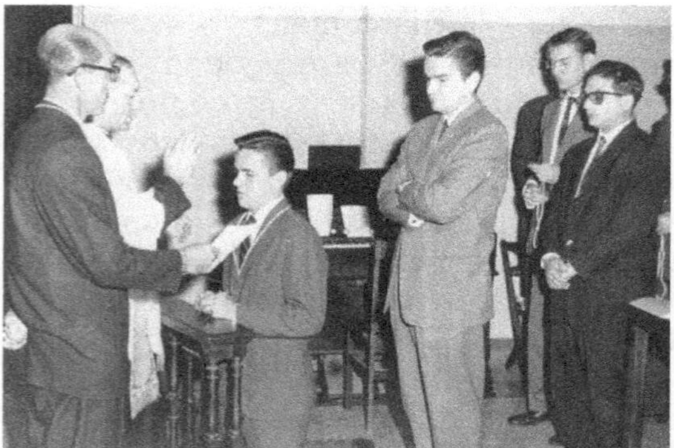

Pase a congregante de la Agrupación Católica Universitaria de Alberto Muller (arrodillado) en diciembre de 1958. En la foto el padre Amando Llorente, SJ., Echarte, presidente de la ACU y Juan A. Muller como padrino. Detrás Eduardo Muñiz.

Recuerdo haber estudiado a fondo la obra de Maritain «Humanismo Integral», que se convierte en su principal propuesta para entender el mundo moderno del siglo XX desde la óptica cristiana. También otro libro que estudiamos entonces fue «Reflexiones sobre la Persona Humana», que define cómo ese ser singular, pero con dignidad propia se hace libre por voluntad del Dios creador y de esa forma teje con pasión esa inmensa red de la historia.

Otro obra que disfruté mucho en esos tiempos, que además es un libro fascinante para ser leído precisamente en nuestro siglo XX es «El Campesino de la Garona», que es una reflexión profunda de algunos errores de la Iglesia Católica anterior al Concilio Vaticano II. Por cierto, en mi biblioteca aún guardo como tesoros casi todos estos libros, además de otros.

Una actividad formativa en la Agrupación de suma importancia eran los Círculos Ascéticos que realizábamos en la azotea del edificio y siempre dirigidos en función de temas teológicos.

GOLPE DE ESTADO 1952

Recuerdo que me alegré cuando mi padre temprano en la mañana del 10 de marzo de 1952 nos dio la noticia del Golpe de Estado de Fulgencio Batista, porque las clases quedaban suspendidas y disfrutaríamos de un día sorpresivo de asueto y diversiones sin tener que asistir al colegio.

¡Pobre Cuba!, recuerdo esa frase de mi padre temprano en esa mañana por la ruptura del orden constitucional y democrático del país. Tenía entonces 12 años de edad y ya empezaba a interesarme en las noticias deportivas en la prensa, tal vez la primera señal de mi posterior vocación periodística. Desde entonces se activaba mi ADN noticioso.

En el marco temporal en que se escenificó el Golpe de Estado del 10 de marzo de 1952 contra el gobierno constitucional del Dr. Carlos Prío Socarrás, con unas elecciones democráticas convocadas en Cuba en un plazo cercano a los tres meses, la acción obviamente fue rupturista y anticonstitucional. Curiosamente, Fulgencio Batista era uno de los candidatos, pero sin ninguna posibilidad de obtener el triunfo electoral. Todo indicaba que esta casi nula posibilidad de ganar la contienda presidencial, fue lo que impulsó la ejecución del Golpe de Estado de forma abrupta y violenta, con la colaboración de sus hombres de confianza, como, el capitán Roberto Fernández Miranda, el ex general Francisco Tabernilla Dolz, el doctor Nicolás (Colacho) Pérez Hernández y el excapitán Rodríguez Calderón, entre otros.

En esa contienda electoral, los otros dos candidatos con posibilidades de obtener el triunfo, de acuerdo con las encuestas y comentaristas de la época, eran el ingeniero Carlos Hevia y el abogado Roberto Agramonte del Partido Auténtico y del Partido Ortodoxo respectivamente. Ambos dirigentes de amplio respaldo popular por su reconocida honradez pública.

FEDERACION ESTUDIANTIL UNIVERSITARIA

Una vez perpetrado el Golpe de Estado, entre las primeras voces de solidaridad con el gobierno destituido y de protesta contra la quiebra del orden democrático del país, se escuchó la de la Federación Estudiantil Universitaria de la Universidad de La Habana, cuyos miembros se trasladaron al Palacio Presidencial para ofrecerle al presidente de la República, Carlos Prío Socarrás, su apoyo en defensa de la Constitución y las Leyes.

José Antonio Echeverría, el carismático líder universitario que se encontraba en Cárdenas con su familia, se trasladó inmediatamente hacia La Habana y se personó en el Palacio Presidencial y allí declaró que, «había que defender al Gobierno constitucional».

A pesar de que el presidente Carlos Prío Socarrás había recibido apoyo del regimiento militar de Matanzas y de otros grupos militares en varias provincias y que a eso se sumarían las fuerzas políticas que representaban los estudiantes de la Universidad de La Habana y el resto de casi todas las fuerzas cívicas cubanas (políticas, sociales y juveniles), su decisión final fue la de no defender la legitimidad democrática de su Gobierno y abandonar el país para evitar derramamientos de sangre, según declaró a la prensa.

El Golpe de Estado de Fulgencio Batista se consolidaba políticamente, mientras Cuba caía en una crisis en su Estado de Derecho, que a pesar de haber transcurrido 69 desde entonces, no ha sido superada porque el derrocamiento de la dictadura batistiana trajo consigo el advenimiento del triunfo de la «Revolución» castrista en 1959.

Sin embargo, aquello que se esperaba de ese triunfo revolucionario, el regreso al país a los cánones de la democracia y la libertad, terminó convirtiéndose en poco tiempo en una dictadura totalitaria de corte estalinista, que aún ostenta el poder en la isla, a más de sesenta años transcurridos desde entonces.

ACTIVISMO REVOLUCIONARIO

Mis primeros sentimientos de rechazo a la dictadura de Fulgencio Batista por el Golpe de Estado del 10 de marzo de 1952 llegaron a mi mente cuando apenas cumplido los 13 años de edad mi hermano Juan Antonio con 17 años, vinculado con la juventud del Partido Ortodoxo de Eduardo Chibás, colgó en el portal de nuestra casa en la Calzada del Cerro una bandera cubana con un crespón negro simbolizando el luto por el primer aniversario del susodicho Golpe de Estado.

Este hecho creó cierta conmoción en el vecindario, ya que la familia era muy conocida en el barrio, teniendo en cuenta que a mi casa iban diariamente muchos enfermos por la consulta médica, que atendían mi abuelo y mi padre, médicos ambos.

O sea que esa bandera con el crespón negro se convirtió en la primera sensación política de sentirme orgulloso de mi hermano Juan Antonio y de sus preocupaciones políticas, que se hicieron mías por esa tradición de los hermanos menores de imitar a los mayores y de los mayores de influenciar en los menores, a pesar de que mi formación política en ese momento era infinitesimal o nula, teniendo en cuenta mis trece años de edad. Pero así se empieza casi siempre en toda actividad.

FIDEL CASTRO Y EL MONCADA 1953

Fidel Castro, a pesar de su pasado gansteril en la Universidad de La Habana con dos causas de asesinatos en su prontuario, la de Manolo Castro (27 de febrero de 1947) y la del sargento de la policía universitaria, Oscar Fernández Caral (4 de julio de 1948), salta a los primeros planos de la actualidad nacional con el asalto al cuartel Moncada el 26 de julio de 1953, donde 121 combatientes intentan el objetivo de derrocar a la dictadura de Fulgencio Batista. Ante el fracaso del ataque, Fidel Castro dio la orden de retirada y de entregarse.

El mismo ataque al Moncada conllevaba la crítica que el combatiente Gustavo Arcos le hiciera directamente a Fidel Castro en la reunión previa a la acción armada, en cuanto a que el ataque era una acción aislada sin ninguna coordinación con grupos armados.

«Un libretazo» fue la frase de Gustavo Arcos. De esa observación nace la impresión en algunos de una acción terrorista en busca de protagonismo, en donde morirían de ambos bandos, pero sin ninguna posibilidad de resultado positivo.

Otro grupo menor coordinado de 28 combatientes atacaría el Cuartel Carlos Manuel de Céspedes en Bayamo. Finalmente ambas operaciones fracasaron por la diferencia numérica entre los asaltantes y la tropa muy bien armada en ambos cuarteles.

La represión de la dictadura fue brutal y desproporcionada. Se calcula que 55 revolucionarios fueron torturados y asesinados vilmente, mientras sólo seis de ellos murieron durante el combate.

Gracias a la gestión de Monseñor Enrique Pérez-Serantes, arzobispo de Santiago de Cuba, se logra evitar el asesinato de Fidel Castro y de una veintena de sobrevivientes que son detenidos y condenados a prisión.

El 15 de mayo de 1955 Fidel Castro es amnistiado y liberado por Fulgencio Batista, lo que le permite viajar a México para iniciar los preparativos de lo que sería posteriormente el desembarco del Granma en 1956.

PRIMERAS DISCREPANCIAS CON FIDEL CASTRO

En mayo de 1955 cuando se produce la excarcelación de Fidel Castro y los moncadistas de la prisión de Isla de Pinos, el primer mensaje de Fidel Castro al Ejército Constitucional fue confuso y desconcertante, pues hizo un llamado de respeto al ejército constitucional y que la única solución eran las elecciones generales inmediatas.

El propio José Antonio Echeverría, entre otros, se sintieron confundidos por considerar que la declaración de Fidel Castro era una claudicación, pues confiaba en las elecciones generales convocadas por el propio dictador Fulgencio Batista.

La misma revolucionaria Haydeé Santamaría diría en un comentario público, «y los muertos Fidel», pero el propio Fidel Castro muy pronto rectificó ese rumbo electoralista aparentemente errado y regresó a la vía insurreccional.

MI HERMANO JUAN ANTONIO Y JOSÉ ANTONIO ECHEVERRÍA

Ya en este momento mi hermano Juan Antonio cursaba sus estudios de Arquitectura en La Universidad de La Habana, donde conoce y entabla amistad con José Antonio Echeverría, a través de su cercano amigo de la Agrupación Católica Universitaria, Julio García Olivera, uno de los dirigentes más respetados entre los que rodeaban a José Antonio.

De ahí mi identificación personal temprana con la lucha y los métodos que bajaban de la Colina Universitaria. Cursaba yo entonces mi segundo año de bachillerato en el Colegio de Belén.

José Antonio se convertía en 1955 en presidente de la Federación Estudiantil Universitaria (FEU) en la Universidad de La Habana, y para separar las responsabilidades de la entidad universitaria con los requerimientos de la lucha revolucionaria contra la dictadura que emergió del Golpe de Estado el 10 de Marzo, se crea el Directorio Revolucionario a finales de ese mismo año, como instrumento revolucionario para la lucha frontal e irregular.

Entre los fundadores del Directorio se encontraban, además de José Antonio Echeverría, Joe Westbrook, Juan Carlos Carbó Serbiá, FructuoSo Rodríguez, Faure Chaumón, Julio García Olivera y mis buenos amigos José (Pepe) Vázquez y Jorge Valls, este último ya fallecido.

Con estos dos últimos mencionados mantuve una larga y cercana amistad. Valls, un poeta filósofo pleno de santidad, murió hace varios años, pero sobrevive José (Pepe) Vázquez. Toda una generación admirable de jóvenes universitarios que dedicaron su vida a la libertad y la democracia en Cuba.

A Julio García Olivera, el gran amigo de mi hermano Juan Antonio, lo visité una vez que salí del presidio político. Pero la recepción fue lo suficientemente fría, para no justificar otro esfuerzo por volverlo a ver. Mi intención iba dirigida a conocer cómo estaba su pensamiento político después de haberse incorporado a cargos oficiales dentro del gobierno del régimen de Fidel Castro.

Con Julio García Olivera la relación era muy cercana. A Julio en la época inicial de la conspiración le decían «El Curita» en la Agrupación Católica Universitaria, pues él mismo consideraba y comentaba su vocación religiosa. Juan Antonio mi hermano, por su íntima amistad con él, era quien lo movía de escondite en escondite más seguro, porque la policía de Batista lo buscaba incesantemente.

De ahí la relación fraterna entre ambos. Cuando Juan Antonio mi hermano cayó preso conspirando contra el régimen de Fidel Castro en 1960, ya Julio García Olivera había hecho la conversión hacia el castrismo y había abandonado los ideales de José Antonio Echeverría, algo que para nosotros fue inconcebible, pero fue una realidad muy triste y dura de asimilar.

A fines de 1953, José Antonio Echeverría organiza un frente revolucionario desde la Universidad de La Habana con el apoyo de todos los centros e institutos de secundaria en todo el país.

Y de esta red estudiantil surge el Foro en Defensa de la Soberanía y la Integridad Nacional, entre otras cosas para rechazar el plan del dictador Fulgencio Batista de construir el Canal Vía-Cuba, que dividiría a la isla en dos partes y a su vez condenar a la dictadura. El Foro se realizó con éxito en la Universidad de La Habana los días 18, 19 y 20 de enero de 1954.

DON COSME DE LA TORRIENTE

José Antonio Echeverría puso en evidencia su nivel de estadista político, aquella tarde en la concentración de la Plaza del Muelle de Luz convocada por el viejo mambí Don Cosme de la Torriente en el mes de octubre de 1956, donde hizo uso de la palabra para definir la postura insurreccional que defendía el Directorio Revolucionario, sin demeritar la empresa de la Sociedad de Amigos de la República que presidía Don Cosme y que luchaba cívicamente por lograr un proceso electoral limpio y salvador.

En abril del mismo año, José Antonio, Fructuoso Rodríguez, Juan Pedro Carbó Serbiá y un grupo de estudiantes se trasladan a Costa Rica para defender el gobierno constitucional y democrático de don Pepe Figueras ante la agresión del dictador nicaragüense Anastasio Somoza. Años más tarde tuve el altísimo privilegio de conocer a Don Pepe Figueras, hecho que contaré cuando transitemos por el año 1960 y la reunión de la Organización de Estados Americanos (OEA) en San José.

A su regreso a Cuba del viaje a Costa Rica, José Antonio, Fructuoso, Carbó Serbiá y los restantes de la comitiva fueron detenidos y trasladados al Castillo de San Severino en Matanzas. Fue admirable la lucha incansable de José Antonio Echeverría todos estos años desde la presidencia de la FEU. Golpizas y detenciones por parte de la policía, más huelgas y manifestaciones estudiantiles de protestas.

Para todos nosotros los de nuestra generación más joven, que seguía los pasos y la trayectoria de José Antonio Echeverría, fue sin lugar a dudas, un ejemplo luminoso a imitar.

PACTO DE MEXICO

En agosto de 1956, aprovechando un viaje a un congreso estudiantil en Chile, José Antonio, acompañado de Fructuoso Rodríguez y de Faure Chomón viaja a México para firmar con Fidel Castro un acuerdo de colaboración revolucionaria, que es conocido, como el Pacto de México.

En el encuentro estuvo presente Frank País, en representación del Movimiento 26 de Julio. Las referencias que quedan de esta reunión son las preocupaciones, tanto de José Antonio, como de Frank País, por el estilo autoritario y egocéntrico de Fidel Castro. El Pacto de México fue una oportunidad, tanto para José Antonio Echeverría, como para Frank País, de conocer de cerca el carácter impulsivo y autoritario de Fidel Castro.

Entre los fragmentos medulares del acuerdo, quedó evidenciada posteriormente al triunfo de la revolución, la traición de Fidel Castro a los principios democráticos que rigieron los lineamientos del proceso revolucionario.

Veamos unos fragmentos del documento del pacto de México:

> «...los dos núcleos que agrupan sus filas, la nueva generación, que se ha ganado en el sacrificio y el combate las simpatías del pueblo cubano, acuerdan dirigir al país la siguiente declaración conjunta: «Que ambas organizaciones han decidido unir sólidamente sus esfuerzos en el propósito de derrocar la tiranía y llevar a cabo la Revolución cubana. Que la revolución llegará al poder libre de compromisos e intereses, para servir a Cuba, en un programa de justicia social, de libertad y democracia, de respeto a las leyes justas y de reconocimiento a la dignidad plena de todos los cubanos, sin odios mezquinos para nadie y, los que la dirigimos dispuestos a poner por delante el sacrificio de nuestras vidas, en prenda de nuestras limpias intenciones».

Hay una anécdota que repite mucho mi buena amiga Lucy Echeverría, la hermana de José Antonio, cuando hemos conversado sobre este momento de la vida de José Antonio.

Ella cuenta que fue al aeropuerto a esperar a José Antonio de su regreso del Pacto de México. Y que él le dijo, «Mi hermana, he tenido que pactar con el Diablo —refiriéndose a Fidel Castro— para el intento final de derrocar a la dictadura de Fulgencio Batista»..

De su viaje a México, José Antonio regresó a La Habana con una opinión muy negativa de Fidel Castro por su autoritarismo.

FRANK PAÍS Y EL LLANO

Desde Santiago de Cuba y como Coordinador del Movimiento Revolucionario 26 de Julio, Frank País organiza un movimiento de Resistencia Cívica en toda la isla, principalmente para apoyar a las fuerzas revolucionarias que se entrenaban en México con el propósito de llegar a la Sierra Maestra y dar inicio al proceso revolucionario contra la dictadura de Fulgencio Batista.

Una vez producido el desembarco del Granma en la Sierra Maestra, el Movimiento 26 de Julio, liderado por Frank País envía un primer contingente de unos 90 hombres perfectamente armados, bajo el mando del capitán Jorge Sotús, que al llegar a la Sierra Maestra, como estaba previsto, fortalecería al movimiento guerrillero.

Empero, la dirigencia de la Sierra Maestra, liderada por Fidel Castro y Ernesto (Che) Guevara, al percatarse de las ideas democráticas y civilistas del capitán Jorge Sotus, al frente del contingente de hombres armados enviados por Frank País, lo sacan inmediatamente de la Sierra Maestra y lo envían para el exterior en una supuesta misión de relaciones públicas internacionales. Querían obviamente sacarlo del ambiente de influencias entre los alzados en la Sierra Maestra.

Este traslado de Jorge Sotús al exterior disgustó mucho a Frank País en Santiago de Cuba; primero, porque no se consultó con él y segundo porque Sotús era un hombre muy útil en el Movimiento 26 de Julio, por su pensamiento democrático y humanista, además de ser un luchador de coraje, honradez y confianza probada.

ESTADIO DEL CERRO

Especial orgullo personal me procura recordar, cuando el 4 de diciembre de 1956, José Antonio Echeverría y un grupo de estudiantes de la Universidad de La Habana, se lanzaron al terreno de pelota en el Estadio del Cerro, en un juego entre los equipos de Almendares y La Habana, para protagonizar una protesta por el Golpe de Estado y contra la dictadura de Fulgencio Batista.

Fuimos designados, conjuntamente con otros compañeros del nivel preuniversitario en distintos centros escolares, vinculados al Directorio, para ir al estadio ese día a apoyar un evento especial que iba a tener lugar, del cual no podíamos comentar nada porque además, en ningún momento fuimos informados de los detalles del mismo.

Pero allí estábamos, con el compromiso y el entusiasmo que nace desde la adolescencia, para acercarnos a la justicia solidaria y al reclamo de la libertad.

Ya una vez en el estadio se nos había indicado que cuando los universitarios saltaran al terreno de pelota para la protesta, a nosotros nos tocaba comenzar a aplaudirlos. Y cuando la policía comenzara a reprimirlos, entonces deberíamos comenzar a abuchear a los policías por el abuso. Un recuerdo grato de juventud y de rebeldía.

ATAQUE AL PALACIO PRESIDENCIAL

El 13 de marzo de 1957 tuvo lugar el asalto al palacio presidencial de Cuba con el objetivo de ultimar al dictador Fulgencio Batista. La operación fue planeada en conjunto por los dirigentes del Directorio Revolucionario y la Organización Auténtica (OA) el grupo armado del Partido Auténtico, liderado por el luchador y dirigente Menelao Mora Morales.

El plan de choque lo formaba un comando de 50 hombres, bajo la dirección de Carlos Gutiérrez Menoyo y Faure Chomón, que tenían como objetivo la toma del Palacio Presidencial y la eliminación física del dictador.

Otros 100 hombres armados tenían el objetivo de ocupar los edificios cercanos de La Tabacalera, el Hotel Sevilla, el Palacio de Bellas Artes y desde estos lugares apoyar y proteger al comando que tomaría el palacio presidencial.

Por otra parte, el grupo dirigido por José Antonio Echeverría, compuesto además por Fructuoso Rodríguez, Joel Westbrook, Raúl Díaz Arguelles y Julio García Olivera tomarían la emisora Radio Reloj para simultáneamente dirigirse al pueblo de Cuba.

Finalmente el plan fracasa porque los tres camiones cargados de armamentos con los 100 hombres para tomar el perímetro y edificios aledaños del Palacio Presidencial, nunca llegaron para cumplir su objetivo.

Paradójicamente desde la Sierra Maestra, Fidel Castro, en lugar de enviar el pésame a los familiares de los mártires que fallecieron ese día en la operación del ataque a palacio, desde las ondas de Radio Rebelde, afirmó que el ataque había sido «un acto putschista contra la Revolución».

Por esa época ya escuchábamos por radio la estación Radio Rebelde. Y esa noche pudimos escuchar esta diatriba baja, traicionera e irrespetuosa de Fidel Castro sobre el Ataque al Palacio Presidencial.

Recuerdo que mi hermano Juan Antonio llegó a la casa ese día en horas de la noche. Venía sumamente caído emocionalmente.

La historia cubana dio un giro inesperado con la muerte de José Antonio Echeverría. Desaparecía el líder honrado y puro de la Universidad de La Habana.

Muy ofensivo que Fidel Castro desde la Sierra Maestra, en una alocución por la estación radial haya acusado a la acción del 13 de marzo, cómo un acto puchista contra la revolución, cuando realmente era todo lo contrario, un acto heroico de proporciones definitorias para el derrocamiento del dictador Fulgencio Batista.

ALZAMIENTO MILITAR EN CIENFUEGOS 1957

De forma muy especial aquellos meses posteriores al alzamiento militar del 5 de septiembre de 1957 en Cienfuegos para derrocar al dictador Fulgencio Batista dejan en mí un sentimiento de responsabilidad que recordaré siempre con plena satisfacción.

La ciudad de Cienfuegos quedó en manos de los revolucionarios por espacio de 24 horas, pero debido a la falta de coordinación con otras provincias y otros grupos revolucionarios, las fuerzas de la dictadura recuperaron el control de la ciudad.

A finales del año en curso de 1957, llegó a mi casa un médico amigo de mi padre que había participado en el alzamiento militar de Cienfuegos. Fue entonces que mi padre me pidió que le sirviera de enlace para trasladarlo a sus reuniones con los contactos clandestinos en La Habana. Su nombre de guerra era Angel, pero nunca supe su nombre verdadero y obviamente por la discreción requerida, tampoco lo pregunté.

Por varios meses durante el primer semestre de 1958 me convertí en una especie de ayudante silencioso de sus movimientos. Todos los traslados los hacíamos en el Simca Arronde, el auto pequeño francés de mi padre, que yo manejaba, porque a él no le gustaba manejar. Casi diariamente lo trasladaba a sus reuniones conspirativas en la ciudad de La Habana y lo recogía posteriormente a la hora convenida para regresarlo a la casa o a algún lugar que él me indicara para pasar la noche.

En ocasiones me pedía que llevara sobres o paquetes a direcciones en la capital. Durante esos meses cumpliendo con este encargo de mi padre, sentí emocionalmente que hacía entrada en el mundo riesgoso de la lucha revolucionaria para rescatar la democracia y la libertad perdida en el país desde el Golpe de Estado de Fulgencio Batista el 10 de marzo de 1952.

Así pasaron los meses como ayuda de esterevolucionario cienfueguero y médico amigo de mi padre, hasta un día ya cercano al verano, cuando me comunicó que no nos veríamos más por un tiempo, porque al día siguiente tomaría rumbo a la provincia de Las Villas para alzarse en las montañas del Escambray. Durante estos meses de camaradería, él me hablaba de la revolución, del objetivo de restaurar la democracia y la Constitución de 1940 en Cuba. Insistía mucho en la importancia de la justicia social y en la decencia pública para enterrar la corrupción de los gobiernos anteriores y de la dictadura.

En el momento que me comunicó lo del alzamiento, le pedí, por la confianza ya existente entre ambos, que me permitiera ir con él a las montañas del Escambray.

Con mucha lógica humana me miró, puso sus dos manos en mis hombros y me dijo que él «no podía hacerle eso a mi padre, pero que no le comentaría mi pedido. Nos volveremos a ver pronto», me dijo.

Así nos despedimos con un fuerte abrazo y nunca más supe de él, pero su recuerdo no se ha borrado nunca de mi mente. Puedo decir que con esta experiencia comencé a sentir realmente los primeros sentimientos de la vida de un revolucionario activo y sus riesgos.

HUELGA ESTUDIANTIL EN 1958

Durante la ayudantía al revolucionario-médico cienfueguero, vino el llamado a la huelga general para el mes de abril de 1958, convocada por la máxima directiva del Movimiento 26 de Julio desde La Sierra Maestra y con el propósito de poner fin a la dictadura.

Fue por esos días que el Departamento de Estado de Estados Unidos decretó el embargo de armas a la dictadura de Fulgencio Batista. Muchos pensaron que el fin de la dictadura sería inmediato. Y no fue así.

El Partido Socialista Popular, los comunistas del patio, muy cercanos a Fulgencio Batista desde el gobierno democrático de 1940, en el cual ocuparon algunos puestos ministeriales, fue la única organización política reconocida, además de las afiliadas a la dictadura, que no apoyaron el llamado a la huelga general del 9 de abril.

El Partido Socialista Popular (PSP) estaba ya en esos momentos muy influenciado por el electoralismo coexistencial que venía recomendado desde la URSS y del Partido Comunista de los Estados Unidos.

No nos olvidemos que César Vila, que fue el único dirigentes del PSP en defender el Ataque al Cuartel Moncada, fue expulsado de las filas por este motivo.

Lo que puso en evidencias la inclinación del PSP y del Partido Comunista en los Estados Unidos, a favor del camino electoral y pacífico y el distanciamiento con la acción revolucionaria.

A pesar de que un hijo de César Vilá murió en combate defendiendo a los comunistas rusos en la Segunda Guerra Mundial, los comunistas cubanos nunca le perdonaron a este sus veleidades revolucionarias en la Cuba de 1954. Agradezco mucho a mi buena amiga Lela Sánchez, que vive en Cuba, que me trajera a Miami el libro de la hija de

César Vilá sobre la odisea que toda esta familia ha padecido con la dictadura de Fidel Castro. Una joya histórica

También Fidel Castro mostró su ingratitud y no tuvo la gentileza humana de reconocer el gesto solidario de César Vilá con apoyar el ataque al Cuartel Moncada.

Fidel comenzaba a negociar con los soviéticos la ayuda militar y económica que necesitaba para desviar el proceso cubano hacia las tensiones y los desencuentros de la Guerra Fría. Ingratitudes de la historia y del propio Fidel Castro.

Por aquellos días convulsos de «dictadura y revolución», ya nos habíamos mudado del barrio del Cerro a la Playa de Tarará, por lo que proseguí mis estudios de Bachillerato desde las aulas de las Escuelas Pías de Guanabacoa.

En 1958 cursaba mi último año de bachillerato y ofrecí —como otros compañeros del curso— mi apoyo entusiasta a la cesación de actividades para colaborar con el llamado a la huelga general del 9 de abril de 1958 que aspiraba a derrocar la dictadura.

Todos los preparativos de la huelga se desarrollaron alrededor de un núcleo conspirativo dentro del colegio y finalmente el movimiento fue exitoso localmente, pues logramos que el alumnado se sumara a la huelga, lo que provocó que tuviésemos que graduarnos posteriormente todos sin la fiesta de graduación acostumbrada, en virtud de que la policía de Guanabacoa, ciudad donde se ubicaba el colegio de las Escuelas Pías, comenzó a vigilar e investigar a quienes habían participado en el proceso de los huelguistas.

Nos graduamos simplemente con una misa muy sencilla y sin anuncio previo por razones de seguridad, oficiada por el padre Pastor González en la finca para Retiro Espiritual de las Escuelas Pías en Cojímar.

Finalmente el resultado de la huelga fue un fracaso al no lograr su objetivo, lo que permitió a la dictadura de Fulgencio Batista, por medio de una represión brutal, debilitar a toda la resistencia cívica del país.

El Directorio Revolucionario, una vez recuperado del golpe que representó el fracaso del ataque al Palacio Presidencial el 13 de Marzo y la muerte de José Antonio Echeverría, su líder indiscutible, entre otros, envió una expedición para abrir un frente guerrillero en las montañas del Escambray al mando de los dirigentes Faure Chomón y Rolando Cubelas.

Graduación del curso de las Escuelas Pías de Guanabacoa 1957-1958. Alberto Muller en la foto graduado de bachiller, en la primera fila, a la derecha. Casi detrás de él, el padre Pastor González.

GRADUADO DE BACHILLER

Ese año de 1958 concluí los estudios de Bachiller en las Escuelas Pías de Guanabacoa en el mes de mayo, con la decisión de iniciar la carrera de abogacía en la Universidad de La Habana, una vez que se reanudaran sus actividades docentes.

De estos dos años en las Escuelas Pías de Guanabacoa, no debo pasar por alto mis respetos y amistad profunda con el padre Pastor González, un profesor de altos quilates humanos y religiosos y un verdadero mentor que recordaré con inmensa gratitud mientras viva.

El padre Pastor González me ayudó mucho a manejar emocional e intelectualmente ese difícil tránsito de la adolescencia a la adultez, en medio de una situación convulsa en el país por la dictadura existente y el proceso revolucionario que se llevaba a cabo.

Otro profesor que recuerdo con mucho cariño y gratitud fue el padre Modesto Galofré, una de las mentes más lúcidas y enciclopédicas en materia de Ciencias Naturales en Cuba y gran amigo de mi padre y de mi abuelo.

Pastor González y Modesto Galofré fueron dos verdaderos hombres de Dios y educadores de excelencia.

Dejada atrás las Escuelas Pías de Guanabacoa, mis Padres me matricularon por unos meses en la Universidad Católica Santo Tomás de Villanueva en espera de la apertura de la Universidad de La Habana.

LOS MÁRTIRES DE GUAJAIBÓN

Allí me encontré con Julián Martínez Inclán, al que conocía desde el inicio del curso de bachillerato del Colegio de Belén que se graduaría en 1957. Fuímos siempre buenos amigos por nuestra afición deportiva al basquebol, voleibol y balompié. En ese grupo conocí también a amigos entrañables –siéndolo para toda la vida—como Antonio (Tony) García Crews, Joaquín Pérez Rodríguez, Ernesto Fernández-Travieso, Armando Acevedo, Manolo Comellas (ya fallecido), José Miguel González Llorente (ya fallecido), Juan Manuel Salvat, Eduardo Muñiz y José Ramy, entre otros que harían interminable esta lista.

Coincidí con July Martínez Inclán en el camino preparatorio para convertirnos en congregantes marianos en la Agrupación Católica Universitaria

Recuerdo que un domingo a principios del mes de diciembre, antes de irse a alzar en las Montañas de la Sierra de los Organos en Pinar del Río, para unirse a un frente guerrillero occidental del Movimiento 26 de Julio, jugamos un partido de balompié en las instalaciones deportivas del campus universitario.

Al final del partido nos sentamos en el césped a conversar un rato y me dijo que en unos días se iba para las montañas con un grupo en una misión revolucionaria-guerrillera. No le pregunté detalles, pero me alegré por él, pues se le veía contento con la misión a la que se encaminaba.

Por esa acción cívico-revolucionaria Julián Martínez Inclán se convierte así en uno de los últimos mártires del proceso revolucionario para derrocar a la dictadura de Fulgencio Batista, porque cuando junto a los jóvenes Javier Calvo Formoso, Ramón Pérez Lima, José Ignacio Martí y Manuel Zabalo Rodríguez, fueron descubiertos mientras se dirigían a la zona del alzamiento y llevados al Cuartel Militar de Las Pozas el 27 de diciembre. Al día siguiente fueron trasladados a Guajaibón donde fueron nuevamente torturados y finalmente ahorcados.

Cuando el incidente del crimen colectivo fue descubierto en los primeros días del triunfo revolucionario, me percaté de que era buen amigo de todos los que componían ese grupo, menos de Manuel Zabalo, al que no conocía. Todos eran miembros de la Agrupación Católica Universitaria.

Todavía tengo el recuerdo vivo y alegre de Julián esa tarde jugando balompié y por supuesto también los recuerdo a todos con profunda tristeza por lo que debieron sufrir por las torturas y la forma en que murieron. No tengo dudas de que esos amigos inolvidables descansan en paz.

Julián Martínez Inclán

Javier Calvo

DESPLOME DE LA DICTADURA BATISTIANA, 1958

La etapa final del proceso revolucionario contra la dictadura de Fulgencio Batista se caracterizó por la desorganización de las fuerzas políticas gubernamentales, la apatía de las Fuerzas Armadas de Fulgencio Batista para combatir a los alzados de la Sierra Maestra que se desplazaban hacia otras provincias y el distanciamiento de la dictadura con el gobierno de los Estados Unidos.

Fracasada la ofensiva militar del general Eulogio Cantillo y del capitán Sánchez Mosquera en junio de 1958 en la batalla de Santo Domingo, la desmoralización se expandió entre la tropa y la oficialidad batistiana, que terminó dejando sus armas y los cuerpos de los soldados muertos en el campo de batalla.

El general Cantillo, conjuntamente con el capitán Quevedo, intentó de nuevo atacar desde la costa a los guerrilleros de la Sierra Maestra para expulsarlos del territorio montañoso, pero sin ningún éxito. Los soldados batistianos terminaron rindiéndose a los rebeldes. La guerra para la dictadura entraba en su declive final. Fue entonces cuando los alzados de la Sierra Maestra se dividieron en seis columnas. Tres tomarían distintas zonas de la provincia oriental, las de Juan Almeida, René de los Santos y Huber Matos y otras tres marcharían hacia el occidente de Cuba, la del Che Guevara, Camilo Cienfuegos y Víctor Mora.

Ya en el trimestre final de 1958, los soldados de la dictadura no querían pelear y entre la oficialidad batistiana comienzan las deserciones y conspiraciones. El propio capitán Quevedo se suma a los rebeldes. Y el general Eulogio Cantillo, con la mediación del padre Guzmán (sacerdote católico), realiza una última maniobra de entendimiento entre las partes, que fracasa por falta de acuerdos.

En la madrugada del 1ero de enero de 1959, Fulgencio Batista huye de Cuba y la Revolución Cubana asume el poder político del Estado Cubano.

Fideo Castro, un abogado revolucionario con excelentes credenciales de gánster universitario y dotes indiscutibles de autócrata contemporáneo, asumía el liderazgo de la Revolución y de la Nación cubana.

¡Qué lejos estábamos de pensar entonces la pesadilla que se gestaba y se avecinaba sobre Cuba y su pueblo, semejante humanamente a lo padecido por los Mártires de Guajaibón!

CAPÍTULO 2

TRIUNFA LA REVOLUCIÓN EN 1959

«Somos tan pequeños y frágiles como una estrella junto a la Luna».
Metamorfosis de Franz Kafka

TRIUNFA LA REVOLUCIÓN 1959

Al triunfo de la revolución cubana en 1959, compartí el gozo con la inmensa mayoría del pueblo y con la pléyade de luchadores y dirigentes revolucionarios, que con sus esfuerzos y riesgos, habían hecho posible esta inmensa celebración popular en toda Cuba por el derrocamiento de la dictadura de Fulgencio Batista.

La huída inesperada del dictador Fulgencio Batista desencadena en la capital un vacío de autoridad. Las fuerzas armadas del Directorio Revolucionario toman el Palacio Presidencial, por haber sido el escenario de la más heroica acción armada del proceso revolucionario. También toman la Universidad de La Habana, cuartel de la rebeldía estudiantil y la estación radial Radio Progreso.

Mi hermano Juan Antonio fue designado administrador del periódico COMBATE, órgano oficial del Directorio Revolucionario, por lo que participó en la coordinación de la programación inicial de Radio Progreso y en la publicación del rotativo de la organización.

Alrededor de esas horas, en la ciudad de Santiago de Cuba, Fidel Castro designa a los miembros del primer Gobierno Revolucionario, entre quienes se encuentran figuras de prestigio, moderación y decencia pública probadas, como el doctor Manuel Urrutia, quien ocupará la silla presidencial; y el doctor José Miró Cardona, que será primer ministro. Entre los que fungirán como ministros, se escuchan los nombres de Felipe Pazos, Roberto Agramonte, Raúl Chibás, Manolo Ray Rivero, Humberto Sori Marín, Raúl Cepero Bonilla, Enrique Oltuski Ozacki, Luis Orlando Rodríguez, Faustino Pérez Hernández y Regino Boti León, entre otros.

David Salvador estaría al frente de la Confederación de Trabajadores Cubanos. Un buen empezar, según algunos observadores del quehacer nacional e internacional.

Sin embargo, al no ser consultados para estos nombramientos, los dirigentes del Directorio 13 de Marzo se sintieron realmente molestos y así lo manifestaron públicamente.

Indiscutiblemente, las ausencias de José Antonio Echeverría, muerto en combate durante el ataque al Palacio Presidencial en marzo de 1957, y de Frank País, asesinado en Santiago de Cuba el 30 de noviembre de 1958, comenzaron a sentirse en las primeras medidas arbitrarias, autoritarias y sectarias de Fidel Castro, porque ambos - Frank y José Antonio- podrían haber jugado un papel de freno y contrapeso que realmente faltó en el desarrollo del proceso revolucionario inicial.

No demoró mucho en sentirse la falta de contrapeso de estos dos hombres -ya mártires en la historia cubana- en los primeros meses del proceso revolucionario.

Todavía a más de 60 años de aquel momento, Cuba vive el poder absoluto de todo el país en las manos de Raúl Castro, el hermano sucesor, o del sucesor designado recientemente a dedo, Miguel Díaz Canel, en medio de todo un proceso ilegítimo de una nueva constitución totalitaria y de los decreto 349 en contra de la libertad de la creación artística y el 337 en contra de la creación audiovisual y cinematográfica, pues todo sigue su curso dentro del mismo marco de control autoritario absoluto.

Acto seguido y relatando los acontecimiento de los primeros meses de 1959, se produjo la tensión lógica cuando el comandante Ernesto Guevara pidió a las fuerzas del Directorio Revolucionario 13 de Marzo que le entregaran el Palacio Presidencial.

Cuando se entrega el Palacio Presidencial el 8 de enero, día que llega Fidel Castro a La Habana, el Directorio emitió una nota, de la cual adjunto algunos extractos, por su importancia histórica:

> «Con dolor de cubanos, hermanos de lucha y de revolucionarios hemos contemplado los primeros pasos dados, y hemos guardado silencio, esperando la consolidación de la situación [...] en silencio hemos visto prolongar innecesariamente una huelga general que estuvo a punto de crear graves problemas de orden público [...] en silencio hemos visto designar un gobierno sin previas consultas con otras organizaciones que, como la nuestra, también han participado en el derrocamiento de la tiranía [...] el Directorio Revolucionario 13 de marzo demanda la participación de las organizaciones revolucionarias que han derrocado a la dictadura, para:

a) La designación de un Gobierno Provisional, que debe ser forzosamente un Gobierno de Unidad Revolucionaria.
b) La fijación del plazo y forma de celebración de las elecciones generales democráticas, que deben de realizarse en menos de 18 meses.
c) La confección del programa del Gobierno provisional, a cuyo cumplimiento se obligue éste ante el pueblo, las organizaciones revolucionarias y las Fuerzas Armadas.

Esto lo hemos planteado al señor Presidente provisional de todos los cubanos en la noche de ayer y ahora lo planteamos ante todo el Pueblo de Cuba.

Y no se intente tergiversar nuestros pensamientos, no nos interesan las posiciones, que por otra parte tendríamos derecho a ocupar, lo que en definitiva nos importa es impedir que bajo ningún concepto un proceso revolucionario que tanta sangre útil ha costado vaya a caer en algunos de los vicios por los que hemos combatido».

Estos incidentes distanciaron inicialmente a algunos dirigentes y militantes del Directorio Revolucionario con la metodología impositiva y abarcadora de Fidel Castro que comenzaba a palparse y que tanto José Antonio cómo Frank País habían intuido con preocupación desde su participación en el Pacto de México en 1956.

LAS ARMAS DE SAN ANTONIO

En estos mismos días, un comando del Directorio toma la base militar aérea de San Antonio de los Baños, ocupando un cargamento de armas considerable, lo cual conllevaría a la impugnación total de Fidel Castro hacia esta acción expresándolo públicamente en el discurso a su llegada a la capital:

«Pues yo les digo a ustedes que hace dos días elementos de determinada organización fueron a un cuartel que estaba bajo la jurisdicción de Camilo Cienfuegos y bajo la jurisdicción mía, y las 500 armas 6 ametralladoras y 80,000 balas que estaban allí se las llevaron. Yo les voy a hacer una pregunta: ¿armas para qué? ¿Para luchar contra quién? ¿Esconder armas, para qué? ¿Para chantajear al Presidente de la República? Y honradamente les digo que no se pudo haber cometido provocación peor y lo que hemos hecho nosotros no es ir a buscar los fusiles esos; porque, precisamente --lo que les decía antes-- lo que queremos es hablar con el pueblo, utilizar la influencia de la opinión pública para que los lidercillos que andan detrás de esas maniobras criminales, se queden sin tropa».

Se refería Fidel Castro al Directorio Revolucionario, organización que tenía todo el derecho de tomar y guardar esas armas, porque fue el Directorio la organización revolucionaria que había ocupado militarmente ese cuartel y sus créditos de lucha estaban más que probados ante la opinión pública cubana.

Fui testigo entonces, con un grupo de jóvenes universitarios, que acompañábamos a Julio García Olivera, comandante del Directorio en un recorrido por los predios de la Universidad de La Habana, cuando debido al disgusto que le causó el discurso demagógico y mentiroso de Fidel Castro sobre las armas del Cuartel de San Antonio, comenzó a arrancar todos los retratos de Fidel que adornaban la escalinata universitaria desde el triunfo de la revolución.

El mismo Julio García Olivera, no dejó un solo retrato de Fidel por esos lares. Todavía las clases en la universidad no se habían reanudada, pero ya el movimiento interno de estudiantes en toda la universidad era numeroso.

Debo destacar que este fue un hito muy al inicio de distanciamiento emocional respecto a la forma centralizante y autoritaria de gobernar de Fidel Castro, que se fue agravando con la avalancha de fusilamientos por toda Cuba. Muchos de ellos sin ningún fundamento jurídico ni moral.

Finalmente, el Directorio y ante ciertas presiones cívicas, entregó las armas tras una reunión con Fidel Castro en la Universidad de la Habana. Comenzaba para Cuba la triste presencia de un líder autoritario, que poco a poco, iría decidiendo de forma absoluta y arbitraria los destinos de la nación cubana, sin consultar con nadie.

UNIVERSIDAD DE LA HABANA

En enero de 1959, la Universidad fue ocupada por las fuerzas militares del Directorio Revolucionario 13 de Marzo y una vez superada la polémica entre Elvira Díaz Vallina, presidenta de la Escuela de Pedagogía y miembro del Movimiento 26 de Julio y José Puente Blanco, presidente de la Escuela de Derecho y miembro del Directorio Revolucionario al mediar el Consejo Universitario a favor de Puente Blanco, como presidente legítimo de la FEU, comenzaron las actividades docentes y universitarias a normalizarse con rapidez.

Así, en el verano de 1959 se iniciaron las clases que habían sido suspendidas el 30 de noviembre de 1956. Las elecciones para elegir al nuevo presidente de la FEU entre el comandante Rolando Cubelas y Pedro Luis Boitel se caracterizaron por una fuerte pugna sectaria, que protagonizaron el Directorio y el Movimiento 26 de Julio. Pero lo paradójico de esta situación fue que Fidel y Raúl Castro prefirieron apoyar a Rolando Cubelas, a pesar de que pertenecía al DR 13 de Marzo y no a Pedro Luis Boitel quien militaba en las filas del Movimiento 26 de Julio.

Por tal motivo, ambos fueron citados al Campamento Militar, Ciudad Libertad, por el comandante Raúl Castro para intentar una mediación en busca de una candidatura única y así evitar el proceso electoral.

Pero a pesar de toda la presión de los dos dirigentes máximos de la revolución para evitar este proceso de votación en los predios de la Universidad de La Habana y de lograr la renuncia de Pedro Luis Boitel, anunciada por las emisoras de radio y en la asamblea multitudinaria citada en la Plaza Cadenas por este motivo, los estudiantes presentes en la asamblea de la Plaza Cadenas rechazaron de plano la mediación de Fidel Castro y en la asamblea se pidió a gritos casi unánimemente, «Elecciones, Elecciones, Elecciones» para elegir democráticamente a las nuevas autoridades.

Así se desencadenó el proceso en esta coyuntura universitaria en 1959, que tuvo la intención de los máximos dirigentes de la Revolución cubana de obstaculizar el proceso democrático en el Alma Mater. Comenzaba a desvelarse la visión autoritaria de Fidel Castro y sus más cercanos colaboradores y su interés por enterrar para siempre, la naturaleza de la Autonomía Universitaria.

Nuestro grupo del periódico Trinchera con vinculaciones en el Directorio Revolucionario 13 de Marzo y considerando que la candidatura de Rolando Cubelas representaba con más fidelidad los ideales de José Antonio Echeverría, apoyamos con entusiasmo su candidatura y fuimos parte de ella en algunas escuelas.

Lamentablemente debemos decir, que nos equivocamos, pues al pasar del tiempo comprobamos que Pedro Luis Boitell, ya hoy un Mártir de Cuba, hubiese representado en ese momento la oposición al régimen autoritario de Fidel Castro con más claridad y verticalidad que Rolando Cubelas desde la presidencia de la Federación Estudiantil Universitaria. Posteriormente Cubelas también se integró al campo de la oposición y de la conspiración, pero hay que decirlo, tardíamente.

De nuestro grupo de estudiantes revolucionarios, Juan Manuel Salvat, Joaquín Pérez Rodríguez y Luis Fernández-Rocha fueron elegidos secretarios de los ejecutivos de las Escuelas de Agronomía, Ciencias Sociales y Medicina. Luis Boza fue elegido presidente de la Escuela de Física. En la Escuela de Derecho fui elegido Secretario de Cultura en la candidatura de July Fernández-Cosio que fue electo a la presidencia de la Escuela de Derecho, lo que me permitió compartir la delegación que se reunió con Fidel Castro a los pocos días para discutir los planes de cultura abierta y popular que habíamos elaborado para realizarlos desde la Colina Universitaria.

La entrevista con Fidel se efectuó en la casa de Cojímar que usaba en esos días cómo residencia personal. Recuerdo a un Fidel cordial, pero sin prestar mucha atención al tema que nos ocupaba. Al final, Fidel mostró su apoyo a la idea de nuestro proyecto de cultura popular y nos estimuló a que siguiéramos en contacto con él y contando con su apoyo. Sin embargo, nunca más volví a ver a Fidel Castro de cerca, tras el vertiginoso desarrollo de los acontecimientos posteriores.

Debo decir que obviamente ya me distanciaba de Fidel Castro por el proceso de los fusilamientos injustificados y sin los adecuados procesos judiciales, su comportamiento con los Comandos Rurales en la Sierra Maestra, el enjuiciamiento arbitrario al comandante Húber Matos y su actitud crítica y sectaria contra el Directorio Revolucionario 13 de Marzo en ei incidente de las armas de San Antonio.

COMANDOS RURALES (PRIMER PROYECTO ALFABETIZADOR 1959)

Después de la euforia por el triunfo revolucionario del primero de enero de 1959, donde vimos logrado nuestro anhelo de que Cuba regresara a la vida democrática y dejara atrás las horas oscuras de la dictadura de Fulgencio Batista, fui parte del grupo de estudiantes universitarios católicos, bajo el auspicio del doctor Humberto Sorí Marí, ministro de Agricultura del Gobierno Revolucionario, del doctor Manuel Artime, primer teniente del ejército rebelde y del ingeniero Rogelio González-Corzo, sub-secretario del mismo ministerio de Agricultura, que integraron los **Comandos Rurales,** una brigada juvenil de maestros y formadores para alfabetizar a los campesinos de la Sierra Maestra y construir escuelas en toda la zona. Por esa razón partimos en el mes de marzo para la Sierra Maestra en la primera actividad alfabetizadora del proceso revolucionario.

Debo compartir el sentimiento de felicidad que sentí cuando me percaté de que el servicio que ofrecía a Cuba era educativo y social.

Este grupo pionero trabajó voluntariamente en las labores de alfabetización de menores y adultos, de fabricar escuelas e iniciar la educación higiénica, moral y cívica del campesinado de la Sierra Maestra.

La Sierra Maestra se dividió en zonas y a cada zona se designaron dos compañeros de los inscritos en los Comandos Rurales. Conmigo recuerdo al estudiante de medicina y amigo personal, Dámaso Oliva. Todos los participantes íbamos vestidos del uniforme verde olivo del ejército rebelde, pero sin arma alguna. Éramos educadores. Nuestras armas eran la educación de niños y adultos, y la construcción de escuelas.

El trabajo educativo que asumimos era agotador. Pues teníamos sesiones para adultos en las noches y para los niños durante el día.

Estando en la zona montañosa asignada dando clases, conocí a una familia que tenía un niño de nombre Ángel Luis, que tenía una malformación de nacimiento en su pie derecho, por lo que caminaba permanentemente con mucha dificultad, apoyando el hueso de la pierna como si fuese el pie.

Hice una gestión con mi madre en La Habana para ver si lo podían ver y diagnosticar en el Hospital Infantil. Sus padres inmediatamente autorizaron los trámites y Angel Luis se trasladó a La Habana con su Madre. Después de dos operaciones y de una estancia larga en el Hospital Infantil de más de un año, el niño regresó a la Sierra Maestra caminando normalmente. Aquello fue una gran alegría para todos.

La labor que se realizó en los Comandos Rurales en unos cuantos meses fue intensa y admirable por lo educativo y por la formación cívica, además de la construcción de decenas de escuelas. Eso nos permitió conocer de cerca a cientos de campesinos y a sus familias.

Pero la experiencia de los Comandos Rurales muy pronto encontró un gran escollo, cuando los comunistas del Partido Socialista Popular de Manzanillo informaron a Raúl Castro de la filiación católica de los estudiantes que integrábamos el grupo alfabetizador, noticia que de inmediato llegó a oídos de Fidel Castro y a principios del verano comenzaron los obstáculos para proseguir con el objetivo educador. Los Comandos Rurales tuvieron que cancelar su proyecto ya para finales de 1959.

Entonces regresé a la Universidad de La Habana que reanudaba sus clases para proseguir mis estudios de abogacía en la Escuela de Derecho.

LOS EQUIPOS PARA LA REFORMA AGRARIA

En las primeras horas de la mañana de ayer, el ministro de Agricultura doctor Sorí Marín y la directora de Enseñanza y Propaganda Agrícola señora Gipsy Matamoros de Vera concurrieron a la Estación Terminal para despedir a los médicos y dentistas y a los integrantes del comando rural que junto con las Unidades Móviles laborarán en la Sierra Maestra en el desenvolvimiento de la primera etapa del Plan de Reforma Agraria. En la primera foto, la señora Matamoros de Vera y el ministro Dr. Sorí Marín se despiden del Jefe del comando rural; en la otra: la doctora Matamoros de Vera, rodeada de los maestros agrícolas que integran el comando rural que salió para la Sierra Maestra.

En la foto superior, Humberto Sorí Marín con la directora de Enseñanza del Ministerio, señora Gispy Matamoros, se despiden del jefe de los Comandos Rurales.

El ingeniero Rogelio González Corzo (de traje), rodeado de todos los estudiantes que integraban los Comandos Rurales. De pie, el cuarto de izquierda a derecha, Alberto Muller.

En camino a la Sierra Maestra con los Comandos Rurales. En el Jeep detrás a la derecha, Alberto Muller. De pie Roberto Borbolla.

PERIÓDICO UNIVERSITARIO TRINCHERA

En junio de 1959 se nos ocurrió a Juan Manuel Salvat y a mí la creación de un periódico universitario que titulamos **Trinchera**, con el lema de José Martí: «Trinchera de ideas valen más que trinchera de piedras».

Inmediatamente invitamos a participar en la empresa periodística a los compañeros universitarios Reinaldo (Ronnie) Ramos, María Elena Diez, Lilliam Abella, Juanín Pereira (fallecido en combate posteriormente) y a Yara Borges, fallecida después de haber cumplido varios años de prisión política. Un grupo excelente de compañeras y compañeros universitarios, al cual nos unía una profunda amistad.

Hay que decir que el correr de ese año 1959 fue intenso y de innumerables tensiones sociales y revolucionarias, precisamente porque comenzaba de forma inusitada el giro de Fidel Castro hacia el autoritarismo comunista, del cual ya hemos expresado algunas situaciones muy particulaes.

Una de esas decisiones discutibles y definitorias del proceso revolucionario encabezado por Fidel Castro fue el que a finales del año 1959 se invitara a La Habana a Anastas Mikoyán, vice primer ministro de la Unión de Repúblicas Socialistas (URSS).

En la historia, Mikoyán queda como el responsable directro del envío de las tropas rusas para aplastar de forma criminal el levantamiento juvenil libertario en Budapest en el año 1956, que fue apoyado solidariamente por las Fuerzas Armas húngaras. Para nosotros, estudiantes de filiación cristiana y revolucionarios de convicciones democráticas, el invitar a Mikoyán a Cuba representaba una afrenta a los miles de jóvenes asesinados por los tanques rusos en las calles de Budapes, Hungría, y un olvido imperdonable de los principios democráticos que sustentaron el desarrollo y el trinunfo de la propia revolución cubana de 1959.

El periódico Trinchera no demoró en situarse como medio informativo en los predios de la Colina Universitaria. En pocos meses llegamos a tener una circulación respetable y esperada, ya que el periódico oficial de la FEU, Alma Mater, se plegó a una posición de absoluto apoyo al gobierno autoritario de Fidel Castro y por tal motivo su circulación espontánea desapareció. A nadie le interesaba leer un periódico que había perdido el respeto por la libertad y por una posición crítica e independiente.

Debo confesar que sentirme director del periódico Trinchera en la Universidad de La Habana, en medio de un proceso incesante de polémicas y tensiones, me preparó para lo peor que estaba por venir. Tenía entonces apenas 21 años de edad.

Este marco, unido al fracaso del proyecto de los Comandos Rurales por el solo hecho de que sus participantes fuesen de filiación cristiana, llevó al periódico Trinchera a intensificar la necesidad de un proceso revolucionario para reencausar a Cuba dentro de la civilidad, la libertad, la democracia y la Constitución de 1940, compromisos todos quebrados por el Golpe de Estado del 10 de marzo de 1952 que derrocó al gobierno constitucional del Dr. Carlos Prío Socarrás y sorpresivamente traicionados por los dirigentes máximos del proceso revolucionario liderado por Fidel Castro.

Desde las páginas de Trinchera no dudamos en criticar al gobierno de Fidel Castro, después de encarcelar al comandante Húber Matos por su carta de renuncia, alertando sobre el peligro comunista dentro de las filas de la revolución.

A partir de entonces se inicia con más claridad lo que podría denominarse el giro marxista leninista de Fidel Castro, traicionando todos los postulados y pactos democráticos con los cuales se había comprometido directamente durante todo el proceso revolucionario.

La naturaleza del **gánster universitario** que yacía en la personalidad de Fidel Castro comenzaba a aflorar sobre el líder revolucionario de la Sierra Maestra.

Hay dos pactos fundamentales violados por Fidel Castro que debemos destacar: el de México con José Antonio Echeverría y Frank País como testigos de excepción, firmado en agosto de 1956, y el Pacto de la Sierra Maestra con los doctores Felipe Pazos y Raúl Chivás, firmado a mediados de 1958 en la montañas de la Sierra Maestra.

Ambos pactos establecían el compromiso de restaurar la democracia, la libertad de expresión, la Constitución de 1940 y elecciones democráticas en un plazo de 18 meses. Hay otro pacto firmado en Caracas en 1958 entre el Directorio Revolucionario 13 de Marzo y el Movimiento 26 de Julio con los demás grupos revolucionarios menores existentes, que se suma a los compromisos anteriores y que por supuesto Fidel Castro también incumplió, a pesar que no fue firmado directamente por él, sino por sus delegados exiliados en esa ciudad.

TRINCHERA 5 cts.
• Por una Universidad digna
• Por un estudiantado honrado
• POR UNA PATRIA FELIZ
Trinchera se proyecta en su próximo número hacia tópicos nacionales.

5 cts.
TRINCHERA
Siempre Alzando la voz ante las injusticias, ante las inmoralidades.
EN EL PROXIMO NUMERO
Pedimos depuración inmediata
Alerta compañeros

Anuncios del periódico universitario TRINCHERA, que circuló en la Universidad de La Habana en 1959-1960 hasta la expulsión de su Director, Alberto Muller.

TRINCHERA:

Director: Alberto Muller
Redacción: Manuel Salvat
Sub-director: Lilliam Abella
Corresponsales: R. Ramos

SUPLEMENTO

"Trinchera de ideas valen más que trinchera de piedras"

La posición de la F.E.U.
dijo el Com. Rolando Cubela

Ni Comunismo
Ni Capitalismo
¡Humanismo!

Trinchera anuncia su próximo número "13 de Marzo"...

En dicho número:

- Manifiesto al estudiantado cubano.
- La Lucha ideológica.
- José Antonio - 13 de Marzo.
- Ni yankismo Ni comunismo.

Suplemento del periódico universitario TRINCHERA después del primer intento de expulsión de los dirigentes universitarios democráticos en mayo de 1960.

PRIMERAS DESERCIONES 1959-1960

En ese ambiente de tensión entre Comunismo, Democracia y Revolución se producen las primeras deserciones en el proceso revolucionario con la renuncia del comandante Húber Matos, jefe militar de la provincia de Camaguey y la deserción del comandante Pedro Díaz Lanz, Jefe de la Aviación Revolucionaria.

Los dos renunciaron públicamente por discrepar con el rumbo marxista que iba trazando con abundantes evidencias de control autoritario el propio Fidel Castro.

Estos hechos avivaron la polémica en toda Cuba sobre el tema del comunismo infiltrando a la revolución cubana, porque la mayoría de los revolucionarios, con excepción del grupo de incondicionales de Fidel Castro en la Sierra Maestra, representado por su hermano Raúl Castro, Ramiro Valdés, Juan Almeida, Camilo Cienfuegos y el argentino Ernesto (Che) Guevara, entre otros cercanos, el resto de los revolucionarios aspiraban a una revolución democrática que instaurara la Constitución de 1940, la División de Poderes y las Libertades Públicas.

Desde las páginas del periódico Trinchera en la Universidad de La Habana nuestra línea editorial estimulaba el debate a defender el proceso revolucionario, pero dentro de un perfil de democracia, libertades, humanismo integral y en elecciones democráticas en el plazo pre-fijado de 18 meses.

Por eso Trinchera apoyaba decididamente la integración del primer gobierno revolucionario que formó Fidel Castro al triunfo de la revolución por el perfil democrático y la decencia pública conocida en muchos de ellos, como las del propio presidente entonces, el Dr. Manuel Urrutia Lleó; el Dr. José Miró Cardona, primer ministro; el Dr. Roberto Agramonte, ministro de Relaciones Exteriores.

Y así sucesivamente Ministro de Obras Públicas el Ing. Manuel Ray, ministro de Justicia, el Dr. Humberto Sorí Marín; ministro de Economía, el Dr. Rufo López Fresquet; ministro del Interior, el periodista Luis Orlando Rodríguez; ministro de la CTC, el líder sindical David Salvador; ministro presidente del Banco Nacional, el Dr. Felipe Pazos y ministro de Fomento, el Dr. Justo Carrillo.

En aquellos momentos, en Cuba cinco grandes organizaciones revolucionarias y políticas, el Movimiento 26 de Julio, el Directorio 13 de Marzo, el Partido Auténtico, la Triple A y el Segundo Frente del Escambray, (un desprendimiento del Directorio), monopolizaban un bloque de aspiraciones y expresiones democráticas dentro del proceso revolucionario.

En estas organizaciones se aglutinaba el grueso de los dirigentes revolucionarios que habían combatido a la dictadura de Fulgencio Batista y que aspiraban al regreso de la democracia en Cuba, con todos sus atributos de participación, alternabilidad, libertad de expresión y elecciones en un plazo no mayor de 180 días. Pero obviamente muy pronto nos percatamos de que esa no era la intención de Fidel Castro.

El Partido Socialista Popular (PSP) venía a ser realmente el Partido Comunista Cubano. Y hay que señalar que paradójicamente había estado distante del proceso revolucionario hasta finales de 1958.

Este partido que seguía las directrices de Moscú, había formado gobierno en alianza con Fulgencio Batista en su período democrático 1940-1944 y a su vez había expulsado de sus filas al dirigente comunista César Vila por ser el único dentro de la dirigencia del partido en apoyar el ataque de Fidel Castro al Cuartel Moncada en 1953.

Pues de la noche a la mañana, ya durante el curso de 1959, el PSP se convierte en el principal aliado de Fidel Castro en su giro de traicionar los lineamientos democráticos y de libertad de la revolución cubana. Era de esperar. Algunos pillos también gustan de vestir uniformes inesperados por oportunismo, que en tiempos anteriores habían rechazado y hasta condenado.

A esa relación de dirigentes que integraban ese bloque opositor, al doctor Justo Carrillo del Movimiento Montecristi, al doctor Aureliano Sánchez Arango de la Triple A, un desprendimiento del Partido Auténtico, al doctor Antonio de Varona, dirigente del Partido Auténtico.

Seríamos injustos si no mencionamos la incorporación de tantas mujeres honorables en la lucha por impedir la instauracion de un régimen totalitario en la isla y por denunciar las violaciones de los derechos humanos, cómo Raquel La Villa, Polita Grau, Laura Pollán, Rosa Garcerán, la doctora Isabel Rodríguez, la doctora Elena Mederos, la doctora Mercedes García Tudurí, María Comella, María Oduardo, Zoila Aguila (La Niña del Escambray), Hilda Felipe, Rimi Rivas, Haydee Fadhel, la dirigente revolucionaria Pepita Riera, Yolanda Lindner y Bertha Santa Cruz de Kindelán, todas unas verdaderas heroínas de la historia reciente de Cuba, entre otras.

También las actrices Aleida Leal, Cary Roque, Vivian de Castro, y Grisela Nogueras, entre tantas, que se sumaron a la lista de mujeres luchadoras. Sabemos que estas listas son una mínima expresión de todas las mujeres que se incorporaron a esta lucha heroica, pero intentamos al menos recordar a las más cercanas, al menos para que se sepa la importancia del papel de la mujer en la lucha por devolver la libertad a Cuba.

Si revisamos que el primer gobierno revolucionario tuvo que renunciar por discrepancias con Fidel Castro, debido a su autoritarismo desleal con las promesas revolucionarias y que la dirección del Directorio Revolucionario 13 de Marzo, cuyo líder indiscutible, José Antonio Echeverría, había caído cuando salía de Radio Reloj durante el ataque al Palacio Presidencial, comprobamos con preocupación cómo el liderazgo del Directorio 13 de Marzo pasaba entonces a las manos del comandante Faure Chaumón, de pensamiento marxista.

Este cambio de liderazgo inesperado alteró de forma indiscutible la correlación y el contrapeso de fuerzas que hubiera representado un Directorio 13 de Marzo bajo la conducción de José Antonio Echeverría. Pero así se mueven los hilos de la historia.

A esto se suma la ausencia de Frank País, jefe del Movimiento 26 de Julio en la clandestinidad por su muerte el 30 de noviembre en Santiago de Cuba.

Este marco autoritario permitió entender que muchos revolucionarios sintieran el peligro que se cernía sobre el proceso de la revolución cubana, demostrado en el encarcelamiento del comandante Huber Matos y en otras pequeñas decisiones pro-comunistas que ya se iban tomando.

Y esto explica por qué cuando Fidel Castro opta por traicionar los lineamientos que sustentaron la lucha armada contra el dictador Fulgencio Batista y asume el camino totalitario del comunismo soviético, la oposición contra esa traición fue tan fuerte, contundente y en algunos casos muy bien organizada.

Y la razón fue sencilla y fácil de entender, pues ese proceso revolucionario contaba entre sus filas con hombres y mujeres de mucha calidad cívica, democrática y libertaria que inmediatamente reaccionaron contra esta desviación hacia el marxismo.

Nosotros, apenas sin percatarnos, sentimos que el periódico universitario Trinchera se fue convirtiendo dentro de la Colina Universitaria en una tribuna de denuncias, consultas y debates, porque desde sus páginas se cubrían los temas más diversos que venían aconteciendo en Cuba, como lo sucedido el 19 de octubre de 1959 con la carta de renuncia del comandante Huber Matos y la deserción de Díaz Lanz a la jefatura de las Fuerzas de la Aviación Revolucionaria. Dos acontecimientos que estremecieron a la opinión pública cubana que esperaba ansiosa el regreso de la democracia a Cuba.

El crecimiento de Trinchera, como órgano de prensa universitario en la Universidad de La Habana, fue todo un proceso de maduración periodística, pleno de tensiones por sentir la obligación de informar al estudiantado universitario. Podría decir que comenzaba para mí una vocación personal: la del periodismo.

ENTREVISTA A ALEXANDER ALEXEIV — 1959

Por el mes de octubre de 1959 nos enteramos a través del doctor Angel Fernández-Varela, sub-director del periódico Información y buen amigo nuestro de la Agrupación Católica Universitaria, de la presencia en La Habana de Alexis Alexeiev, un supuesto corresponsal de la Agencia Noticiosa Pravda y también nos informó de la visita de Anastas Mikoyán a Cuba programada inicialmente para el mes de noviembre de ese año.

Esta fecha inicial de la invitación a Mikoyán se pospuso por el Congreso Católico que se efectuó en La Plaza Cívica el 28 de noviembre de 1959 y la visita fue programada para el 5 de febrero de 1960.

En cuanto a la presencia en el Hotel Sevilla en La Habana de Alexander Alexeiev, la información recibida asume que era un alto oficial de la Inteligencia Soviética y no un periodista de la Agencia de Noticias Pravda.

Recuerdo que monitoreamos esta información de Alexeiv en el hotel Sevilla y confirmamos la presencia del misterioso personaje.

Entonces decidimos visitarlo en el Hotel Sevilla con el objetivo de entrevistarlo para el periódico Trinchera. Me acompañó en esa misión Jorge Garrido, compañero de estudios de la Escuela de Derecho, de mucho valor personal.

En cuanto llegamos al lobby del hotel nos comunicamos con Alexeiv llamándolo a su habitación. Primeramente nos dijo que carecía de tiempo para la entrevista, pero enseguida nos preguntó quiénes éramos.

Sin demora le contesté «que éramos una grupo de estudiantes revolucionarios desilusionados con el comportamiento del Partido Socialista Popular (partido comunista cubano) ante el proceso revolucionario por su rechazo a incorporarse a la lucha hasta bien entrado ln año de 1958».

Esto parece que despertó en Alexeiev cierto interés por conocer detalles de la crítica al Partido Comunista local (PSP).

Le insistimos en reunirnos, aunque fuese por un rato corto. Nos dijo entonces que lo esperáramos unos minutos que bajaría al lobby para conversar con nosotros.

No habrían pasado 5 minutos cuando apareció en la puerta del ascensor mirando para todos los ángulos del lobby un hombre de tes rubia, mirada firme, delgado, de complexión fuerte y de más de seis pies de estatura. Definitivamente era Alexeiev.

Nos acercamoa y después de los saludos de rigor, nos presentamos personalmente y le insistimos en nuestra decepción con la conducta pública del Partido Socialista Popular por su apoyo a la dictadura de Fulgencio Batista hasta bien entrado el año 1958, que inclusive había sido el mismo comportamiento durante la huelga general que derrocó al dictador Gerardo Machado en 1932.

Inmediatamente Alexeiv desvió el tema del PSP hacia los planes de la internacional comunista en Cuba y nos aseguró «que la revolución cubana iba en rumbo directo hacia el comunismo. No tengan dudas. Esos cuadros equivocados del PSP quedarán desplazados».

Añadió que la URSS apoyaría al gobierno de Fidel Castro sin vacilaciones. Después de un rato de conversación alrededor del tema de la revolución cubana y de los comunistas del Partido Socialista Popular, nos dijo que al día siguiente seguiría rumbo a Buenos Aires, pero que a su regreso a La Habana quería mantener contacto con nosotros para reunirnos nuevamente en la capital cubana.

Al final de la entrevista nos regaló algunas insignias de la Unión Soviética, además de las fotos que nos tomamos, los tres y que nos sirvieron posteriormente de prueba testimonial cuando Alexeiev intento negar que se había reunido con nosotros.

Decidimos publicar la entrevista con Alexander Alexexiev en el periódico Trinchera de la Universidad de La Habana, por las importantes revelaciones que había compartido con nosotros sobre su seguridad de que la Revolución iba a marcha apresurada hacia el comunismo.

La prensa local, como el Diario de la Marina, Prensa Libre, El Mundo, El Crisol e Información, entre otros medios nacionales, más algunos medios internacionales, decidieron hacerse eco a la entrevista con Alexander Alexeiev publicada por Trinchera debido a su repercusión informativa.

El revuelo por la entrevista a Alexexiev fue de tal magnitud, que a su regreso de Argentina a La Habana inmediatamente hizo una declaración pública negando que se hubiese entrevistado con nosotros.

Pero nosotros teníamos las pruebas de las fotos de la reunión y de los obsequios de varios prendedores de solapa con las insignias de la URSS y de la Hoz y el Martiillo, que nos había regalado.

Por Alexeiv supimos con certeza del apoyo de la URSS al giro inesperado de Fidel Castro hacia el comunismo soviético y su traición a la revolución genuina de 1959.

La conmoción creada por la entrevista a Alexander Alexeiev marcó fuertemente mi vocación periodística. Me percaté en vivo de la importancia de la noticia y de la entrevista que develaba una realidad que los dirigentes Fidel Castro y su grupo más cercano trataban de ocultar.

FIDELITO CASTRO Y SU SALIDA HACIA EL EXTERIOR

Por estos días de tantas tensiones en el país debido el giro marxista de la revolución, recuerdo que Emilio Núñez Blanco y Mirta Díaz-Baralt, ambos amigos del mismo reparto donde vivíamos, se me acercaron preocupados por el futuro en la isla de Fidelito, el hijo de Mirta con Fidel Castro.

En el reparto había entablado amistad con el niño que conocía por mi amistad con sus padres, debido a un accidente que tuvo en un jeep en que viajaba, por lo que que fui al hospital a visitarlo.

Ellos, Mirta y Emilio, comenzaban a evaluar la posibilidad de abandonar Cuba hacia España con sus hijas, pero faltaba por resolver la salida de Fidelito sin que Fidel Castro se enterara.

Comenzaba a gestarse en la isla la operación Pedro Pan para evitar que los hijos cayeran bajo la égida del control castrista y no perdieran la patria potestad. Ante esta preocupación expresada por Emilio Núñez, el esposo de Mirta, me comprometí a consultar el tema con el embajador de España en La Habana, Juan Pablo de Lojendio.

Utilicé como intermediario para esta gestión al padre jesuita Amando Llorente, director de la Agrupación Católica Universitaria, muy amigo del embajador y a su vez ex maestro de Fidel Castro en el Colegio de Belén y excelente amigo personal.

La respuesta de Lojendio fue inmediata y venía acompañada de un plan para sacar a todo el núcleo familiar de los Blanco-Díaz Balart en el trasatlántico Marqués de Comillas. A la hora indicada irían todos a visitar al barco de forma discreta. Si fueran detectados, pues el hecho era una simple visita de cortesía y todos volverían a salir. Pero lo más seguro era obviamente que no fueran detectados, por las distintas entradas que tenía el trasatlántico. Todo esto sería a una hora previa a la salida del barco para España.

Por esa vía llegarían todos a España y sólo habría que esperar la reacción del dictador Fidel Castro. El embajador Lojendio estaba muy deseoso de ayudarlos. Así lo comuniqué inmediatamente a Emilio y a Mirta.

Pero al final, ellos mismos decidieron no usar el medio que ofrecía el diplomático español, pues temieron que la reacción de Fidel Castro podría ser traumatizante para el niño.

Foto de Fidelito Castro quien vivía con su madre, Mirta Díaz-Baralt y su esposo Emilio Núñez Blanco, en el mismo reparto donde residía Alberto Muller.

El científico Fidel Castro Jr. desarrolló su vida a la sombra de su padre, hasta la fecha relativamente reciente del 2 de febrero del 2018, que se publicó en la prensa cubana sobre su muerte por causa de suicidio. El resto quedará obviamente a la especulación. Mi recuerdo de Fidelito Castro niño fue siempre grato y amistoso. Cada vez que me veía por el barrio me gritaba para que lo llevara a algún lugar cercano.

PROTESTA CONTRA VISITA DE ANASTAS MIKOYÁN

Con la información que ya teníamos sobre la visita de Anastas Mikoyán para el 5 de febrero, una parte del grupo de estudiantes amigos de la Universidad de La Habana, al cual pertenecían entre ellos Juan Manuel Salvat, Joaquín Pérez Rodríguez, Ernesto Fernández-Travieso, Luis Fernández-Rocha, Luis Boza, Antonio García-Crews, Isabel Alonso, Teresita Baldor, Rafael Orizondo, Virgilio Campanería, Reynaldo (Ronnie) Ramos, Juanín Pereira, Jorge Garrido, Teresa Valdés-Hurtado, Josefina Suárez, María Elena Diez, Mary Vega, Yara Borges y Ady Pino y otros, comenzamos a pensar qué hacer ante este evento inusitado e incomprensible desde una visión de decencia y respeto por la historia de la libertad. Entre todos se inicia un conversatorio sobre el tema, que recuerdo con agrado.

En la reunión para discutir ya la organización de la protesta por la afrenta que representaba que Anastas Mikoyán, vice primer ministro de la URSS, quien en el año 1956 había ordenado a los tanques soviéticos aplastar con sangre el levantamiento libertario en Budapest, fuese el primer dignatario político de alto nivel en visitar la isla después del triunfo de la revolución, nos reunimos Juan Manuel Salvat, Joaquín Pérez Rodríguez, Antonio García-Crews, Luis Fernández-Rocha, Willy Barrientos, Jorge Garrido y yo. La primera propuesta que discutimos fue interrumpir el tráfico de la caravana oficialista en la carretera de Rancho Boyeros para que la comitiva con MIkoyán no pudiese llegar a La Habana. Consideraciones de seguridad hicieron que esta primera propuesta fuese eliminada.

La segunda propuesta fue bajar la escalinata universitaria en protesta por la visita. Esta propuesta también fue eliminada, porque iba a provocar un enfrentamiento en la misma escalinata entre estudiantes y lo que buscábamos era la confrontación directa con Mikoyán. Y la tercera propuesta fue la de llevar una corona en desagravio al Parque Central, porque en el programa del visitante acompañado de Fidel Castro, estaba el colocar un corona de flores ante la estatua de José Martí a las 11 de la mañana de ese 5 de febrero.

Esta última información nos inclinó por la tercera opción de llevar una Corona de Flores, simbolizando una bandera cubana, que depositaríamos al mediodía ante la estatua del Apóstol de la Independencia cubana en el Parque Central de La Habana, con una dedicatoria que rezaba en un lazo que adornaba la corona: «A ti querido Apóstol en desagravio por la visita a Cuba de Anastas Mikoyan».

Cómo la convocatoria era pacífica y no violenta, pues la hicimos pública en los predios de la Universidad de La Habana, en los centros pre-universitarios públicos y privados, incluyendo la Universidad Católica de Villanueva.

La corona la ordenamos a la Florería Mena, por nuestra amistad con Gloria Mena. Un poco antes del mediodía recogí en un taxi la corona en la florería y tomamos rumbo al Parque Central. Me acompañaba en el taxi Jorge de la Torre un buen amigo y compañero de la Universidad de la Habana.

Al mediodía, cuando llegué con la corona de flores al Parque Central, ya varias decenas de compañeros universitarios se encontraban en el lugar.

Recuerdo como algo anecdótico y familiar, que la primera persona que me encuentro a mi lado ya con la corona colocada en la acera, fue con Antonia Mulkay, la abuela de mis primos hermanos Carlos Alberto, Francisco Javier, Alejandro y Elena Muller-Mulkay.

Corona en forma de bandera cubana como desagravio a Martí en el Parque Central de La Habana el 5 de febrero de 1960.
En la foto, detrás de la corona está Alberto Muller, a la izquierda Joaquín Pérez Rodríguez y detrás Ernesto Fernández Travieso.

Me preguntó qué hacíamos allí y enseguida le dije: «Antonia abandone inmediatamente la zona, pues esto es una protesta universitaria que comienza ahora mismo».

Enseguida iniciamos el camino para acercarnos a la estatua de José Martí, mientras Antonia cruzaba la calle para alejarse del Parque Central. Ya en ese momento junto a mí estaban Joaquín Pérez Rodríguez, Juan Manuel Salvat, Jorge Garrido y otros.

El grupo fue inmediatamente repelido por algunos agentes de la seguridad que custodiaban la corona de MIkoyan. Durante este primer forcejeo, el guardía armado junto a la estatua de Martí y supuesto custodio de la corona con la hoz y el martillo, efectuó un disparo al aire para dispersarnos. Enseguida todos los guardias que custodiaban el área desde las azoteas de los edificios, por un acto protocolar en el Centro Asturiano, muy cerca del Parque Central, donde estaban presentes Fidel Castro y Anastas Mikoyán, comenzaron a disparar al aire y se creó un tiroteo ínfernal al aire que más bien parecía el combate de una batalla convencional, que un tiroteo dirigido al cielo.

Enseguida que cesó el intenso tiroteo al aire, que impidió que cientos de estudiantes pudieran llegar al Parque Central, empezaron a detener a algunos de los participantes.

Entre los detenidos hubo un herido, Fernando Trespalacios, que se rompió la cabeza cuando lo introdujeron de un empujón dentro del auto policial.

En otra perseguidora íbamos detenidos Juan Manuel Salvat y yo, que fuimos trasladados a la Unidad principal de la Seguridad del Estado en Quinta y Catorce en Miramar, en lugar de a la estación policial de la Habana Vieja, donde trasladaron al resto de los estudiantes detenidos.

En la sede del G-2 en Quinta y Catorce recuerdo que recibimos las visitas de varios oficiales amigos del Ejército Rebelde, como el doctor Armando Zaldivar y el también médico Octavio de la Concepción de la Pedraja, que unos años después murió junto al Che Guevara en Bolivia.

En la protesta contra la visita a Cuba de Anastas Mikoyan. Alberto Muller y Joaquín Pérez en pleno forcejeo con los agentes que custodiaban la corona de Mikoyán, en medio de un tiroteo infernal al aire.

También una visita hostíl recibida que debemos reseñar fue la del comandante Abelardo Colomé Ibarra, alias Furry, quien entabló una sonada discusión con nosotros al acusarnos de agentes de la CIA e hijos del imperialismo, al cual le dijimos en su cara que debería darle vergüenza la traición a la Revolución, al desviarla hacia el comunismo/estalinismo soviético e invitar a Cuba a un asesino como Anastas Mikoyán.

Entre los estudiantes detenidos podemos enumerar a los universitarios: Juan Manuel Salvat, Jesús Permuy, José A. Ramy, Antonio Crespo, Alberto Muller, Fernando Trespalacio y Julita Díaz, la única mujer detenida, entre otros.

La Protesta del Parque Central se convertiría en la primera protesta pública por la traición de Fidel Castro a los postulados democráticos de la Revolución . Nos tocó ese privilegio sin darnos cuenta. Fue como nuestra prueba de fuego y plomo, apenas teníamos 19 o 20 años.

La revista norteamericana LIFE publicó un reportaje sobre el acto de protesta contra la visita de Mikoyán a Cuba en febrero de 1960.

«Las flores que quería Martí» fue la frase del editorial del Diario La Marina que mejor reflejaron nuestra acción de protesta ante una crisis, que aún está pendiente de ser resuelta.

Cuba

febrero 05, 2020

Alberto Müller

Cuando los jóvenes de la FEU protestaron por la presencia soviética en Cuba (VIDEO)

Imágenes de la protesta publicadas en la revista Life.

Foto de la Protesta por la visita de Mikoyán en el Parque Central de La Habana el 5 de febrero de 1961. Al frente Tony Crespo, a su derecha, Johny Koch, de espalda, Julita Díaz y otros compañeros estudiantes.

Aquel gesto nuestro en el Parque Central se convertiría en la primera protesta pública contra una flagrante mentira del gobierno de Fidel Castro para alertar a la ciudadanía de cómo el líder de la revolución intentaba desviar el rumbo prometido de la revolución de la Sierra Maestra.

Durante aquellas horas de detención, por la discusión con Furry Colomé, más la cobertura de la prensa local y por los visitantes que luego tuvimos en la celda del G-2, me percaté por primera vez de que estábamos haciendo historia.

Recuerdo que en un momento jocoso en la celda el Gordo Salvat me dijo: «tú sabes Alberto que yo no nací para estar preso». Yo lo miré serio y le contesté casi irónicamente. «Bueno coño yo tampoco nací para estar preso». Entonces me dijo, «pero tu tienes más madera de presidiario que yo». A lo que finalmente le dije jocosamente, «vete al carajo».

Con el tiempo tuve que reconocer que Salvat estaba en lo cierto, por los quince años de prisión política que tuve que padecer y cumplir.

LUIS CONTE-AGUERO

En medio de este ambiente de decepción, discusión y tensión a nivel nacional entre los revolucionarios de pensamiento democrático, el conocido periodista y destacado líder del Partido Ortodoxo, Luis Conte Aguero desde su popular programa televisivo en CMQ (estación de televisión), inició una campaña que se convirtió en un llamado a Fidel Castro a que no permitiese un desvío del proceso revolucionario hacia el comunismo.

El periodista y abogado, Dr. Luis Conte Aguero

Esta campaña tuvo un gran efecto y conmoción dentro de la opinión pública en Cuba, pero terminó con el asilo del periodista Luis Conte Aguero en un término relativamente rápido.

Estas promesas incumplidas por Fidel Castro de que hablaba Conte Aguero, también expresadas por los revolucionarios demócratas en todo el país, se resumen en:

—Celebrar elecciones libres en un plazo de 18 meses.
—Restaurar la libertad de expresión.
—Activar la vigencia de la Constitución de 1940.
—Devolver a Cuba a un Estado de Derecho.

En la campaña televisiva del periodista santiaguero Luis Conte-Aguero, amigo personal de Fidel Castro, la Protesta contra la visita a Cuba de Anastas Mikoyan encontró una expresión solidaria y una gran divulgación por parte de su programa denuncia del mediodía por CMQ.

Este accionar periodístico de Conte Aguero nos colocó en la polémica nacional sobre el desvío hacia el comunismo de la revolución cubana y provocó una amistad sincera con el periodista ortodoxo, que se ha mantenido hasta nuestros días. Ya Luis debe tener alrededor de 97 años y siempre que nos vemos el afecto y el recuerdo se juntan en el abrazo fraterno.

Por esa reciprocidad es que nosotros fuimos a los estudios de la CMQ para apoyarlo en su campaña, por lo que fuimos testigos cuando sindicalistas «fidelistas» gritaban «paredón para Conte Aguero». Entre estos sindicalistas pidiendo paredón estaba el periodista Armando Pérez Roura, aunque hay que decir, para ser justos con la verdad, que posteriormente Pérez Roura rectificó esa conducta y conspiró contra el régimen castrista en las propias filas del Directorio Revolucionario Estudiantil y se convirtió en Miami en un periodista muy activo contra al comunismo instaurado en Cuba.

El comportamiento de Fidel Castro mostró relativamente pronto su decisión de incumplir estas promesas y orientar a Cuba bajo la premisa totalitaria ratificada en el Congreso de los Intelectuales en 1961, cuando sentenció, «[...]dentro de la revolución, todo, fuera de la revolución, nada y ningún derecho»[...]

A eso se sumó el slogan de «elecciones para qué» y el acoso y la persecución de los revolucionarios que exigían la vía democrática prometida y no la vía marxista-leninista que tomaba fuerzas entre las filas del castrismo que asumía el control del proceso revolucionario en 1959.

EXPULSIÓN DE LA UNIVERSIDAD

Después de estos dos hechos muy vinculados con nuestra campaña por defender la Autonomía Universitaria desde las páginas del periódico Trinchera, fuimos sometidos a un injusto proceso de acoso por los castristas y de expulsión de los predios de la Universidad de La Habana.

De aquellas horas de tensión por defender la autonomía de la Universidad de La Habana y denunciar a los líderes de la revolución cubana por abandonar los postulados democráticos y humanistas de la revolución cubana, expuestos en todos los documentos revolucionarios del Movimiento 26 de Julio durante todo el proceso revolucionario, recuerdo que una mañana, al acudir a mis clases de Derecho, me encontré con una muñeco de trapo colgado en un árbol de la Plaza Cadenas con un letrero que rezaba: «cuelguen a Muller». Triste evento de amedrantamiento moral. Pero aquí, por ser persistente puedo contar estos hechos a que fui sometido por el aparato de seguridad cubano y soviético.

En otra ocasión fui agredido cobardemente por el estudiante José Revellón, presidente de la Escuela de Ingeniería de la FEU, quien sin previo aviso ni discusión entre ambos me lanzó un golpe, que gracias a la intervención de la estudiante Teresita Valdés-Hurtado, que se interpuso entre ambos, y evitó se hiciese efectivo. Eran horas de mucha tensión peligrosa en los predios de la Universidad de La Habana. Y nosotros éramos el foco del ataque.

En esos meses, también recuerdo muchas discusiones sobre el comunismo con los jóvenes afiliados al Partido Socialista Popular (comunista) que generalmente terminaban en ofensas y agresiones.

Fueron realmente meses de muchas tensiones, trifulcas y peligros en la Colina Universitaria. No puedo olvidar a los compañeros que se sumaron a acompañarnos en todas esas veladas de situaciones de violencias físicas que tuvimos que padecer, entre ellos cabe mencionar a Isidro (Chilo) Borja, Fernando Puig, Juanín Pereira (ya fallecidos), Teresita Valdés Hurtado, María Elena Diez, Josefina Suárez, Mateo del Collado, Ronnie Ramos y Virgilio Campanería, y otros.

Los más acosados fuimos Joaquín Pérez Rodríguez, Ernesto Fernández Travieso, Juan Manuel Salvat, Jorge Garrido y yo.

Confieso que fue un día de profunda tristeza y angustia cuando nos comunicaron a Juan Manuel Salvat, a Ernesto Fernández Travieso y a mí de nuestra expulsión de la Universidad de La Habana.

Fue un punto de inflexión inolvidable en nuestras vidas. La ilusión de todo joven de graduarse profesionalmente en su universidad querida se cerraba drásticamente, sin saber hasta cuando. Horas de muchas tristezas e ilusiones truncadas.

REFUGIO EN CONVENTO DE SAN FRANCISCO

Ese punto de inflexión que representó la expulsión de la Universidad de La Habana, vino acompañado de amenazas diversas y de registros de nuestras casas por parte de la Seguridad del Estado.

Esto nos llevó a evaluar la salida momentánea de la isla hacia Miami para evaluar perspectivas futuras. Ya habíamos conversado entre nosotros sobre la posibilidad de tener que crear nuevamente el Directorio Revolucionario Estudiantil.

Durante este lapso de tiempo muy difícil para tomar decisiones, decidimos salir de circulación y buscar un refugio, mientras gestionábamos la salida de Cuba.

El primer lugar de refugio lo encontramos en el Convento de San Francisco en la Habana, donde nos esperaba una revelación insospechada de contenido místico a través del hermano franciscano que nos llevó hasta el dormitorio que ocuparíamos, quien nos dijo que cuatro años antes en esa misma habitación a la que nos llevaba había estado alojado José Antonio Echeverría antes de salir para la acción del 13 de marzo.

Nos sentimos privilegiados los tres, tanto Ernesto Fernández Travieso, Juan Manuel Salvat, como yo, por estar escondidos en este mismo rincón del convento lleno de historicidad desde donde salió José Antonio Echeverría para morir.

Después se hizo una gestión con Alberto Alejo, yerno de Sierra, el dueño de la cervecería Polar, cuya residencia en Miramar compartía con la embajada de Perú.

RUMBO A MIAMI

En esa residencia compartida con la embajada del Perú estuvimos aproximadamente tres meses hasta que la embajada de Brasil, hizo la gestión con el gobierno castrista para que nos permitieran abandonar el país. Por eso salimos del país rumbo a Miami bajo la protección diplomática del embajador de Brasil en Cuba, Vasco Leitao D'Acuña

Confieso lo doloroso que fue abandonar la tierra donde nací y donde dejaba tantas ilusiones de vida. En esos meses escondidos maduramos extraordinariamente la creación del Directorio Revolucionario Estudiantil, una vez llegados a Miami. Era un idea recurrente y hasta obsesiva. Todo se explica por la influencia de José Antonio Echeverría en nosotros. La confrontación con el traidor Fidel Castro era inevitable.

CAPÍTULO 3

DIRECTORIO REVOLUCIONARIO ESTUDIANTIL (DRE)

«Pero así como el amor te corona, también te crucificará»
Metamorfosis de Franz Kafka

RUMBO AL EXILIO CORTO (1960)

Llegó la decisión de abandonar la isla para evaluar y decidir el camino a seguir, sin los sobresaltos de la Seguridad de Estado visitando nuestras residencias, siguiendo todos nuestros movimientos y pisando nuestros talones permanentemente. Esta etapa antes de ingresar en la embajada fue muy incómoda por la presión que ejercía sistemáticamente la persecución de la Seguridad del Estado.

Recuerdo en una ocasión cruzando el túnel para dirigirme a mi casa en La Habana del Este, que un carro como con 5 individuos me venía siguiendo desde la Universidad. Al llegar a la casilla para pagar el paso del túnel veo en la fila contigua a Emilio Nuñez Blanco, el esposo de Mirta Díaz-Baralt. Nos saludamos y aproveché para decirle, «Oye empareja tu auto al mío, porque me vienen siguiendo desde la Colina y no sé las intenciones de estos desconocidos».

Así lo hizo Emilio y al llegar a la rotonda de Guanabacoa, el auto sospechoso tomó rumbo sur hacia Guanabacoa o Regla y dejó de seguirme.

La masa universitaria fue testigo de cómo sus dirigentes principales, Rolando Cubelas, José Revellón y Ricardo Alarcón, entre otros, se convertían en voceros de la recién inaugurada dictadura de Fidel Castro. Y esto lo decimos con dolor, porque todos éramos compañeros universitarios. Para entonces, Juan Manuel Salvat, Ernesto Fernández Travieso y yo habíamos sido expulsados de la Universidad de La Habana, lo que provocó en nosotros la profunda angustia expresada.

Cuando llegó el día de partir, fuimos previamente informados por los funcionarios de la Embajada del Perú, que la embajada de Brasil se ocuparía de acompañarnos al aeropuerto del que partiríamos hacia Miami.

Recuerdo cuando llegamos al aeropuerto de Miami, los tres habíamos recorrido juntos la expulsión de la Universidad de La Habana, el acoso de la Seguridad del Estado, la estancia en el Convento San Francisco y el refugio en la embajada del Perú. Fueron meses de reflexión, de preparación y de tomar decisiones cruciales.

Finalmente, la gestión de Vasco Leitao D'Acuña, embajador de Brasil en La Habana, nos permitió viajar de La Habana a Miami.

En Miami más de medio centenar de personas, entre familiares y amigos, nos esperaban en las instalaciones del aeropuerto de dicha ciudad. Fue una emoción muy grande volver a encontrarme con mis padres, que habían salido de Cuba unos meses antes.

Esa misma noche en casa de mi prima Graciela Ponce esposa de Ectore Reynaldo (ambos fallecidos), nos volvimos a reunir con amistades y familia. En la casa no cabía un alma. Un día de muchas emociones encontradas.

Alberto Muller abrazado con su madre al llegar al aeropuerto de Miami en agosto de 1960, unos meses antes había sido expulsado de la Universidad de La Habana.

Alberto Muller abrazado a su padre al llegar al aeropuerto de Miami en agosto de 1960.

EISENHOWER SE COMPROMETE CON CUBA

Al llegar a Miami nos enteramos del compromiso del gobierno del presidente Dwight Eisenhower con la causa de Cuba, a través de su Programa de Acción Encubierta aprobado el 17 de Marzo de 1960 y fundamentado en la Resolución NSC 5412, donde se autorizaba en 1960 el entrenamiento de un ejército de liberación de cubanos bajo la dirección de la Agencia Central de Inteligencia.

Este Programa de Acción Encubierta constaba de varios pasos:

1ero.— Estimular y ayudar a una oposición responsable y legítima fuera de Cuba.

2do.— Orquestar una propaganda amplia contra el régimen de Fidel Castro.

3ero.— Estimular y ayudar a organizar una oposición dentro de Cuba.

4to.— Ayudar a desarrollar una fuerza paramilitar en el exterior para una futura acción guerrillera.

Este mismo mes se produce en la isla el asalto al prestigioso medio de prensa Diario de la Marina, tomado por las turbas y fuerzas de Seguridad del Estado de Fidel Castro.

Por esos días se había realizado en Maracay-Venezuela el Segundo Congreso Pro-Libertad y Democracia presidido por Rómulo Betancourt, con la presencia de José Figueres, Carlos Llera Restrepo, Eduardo Frei, Galo Plaza, Paz Estenzoro, Rafael Caldera y Salvador Allende, entre otros.

Este Congreso Pro Libertad puso en evidencia la traición de Fidel Castro al proceso revolucionario cubano que había derrocado al dictador Fulgencio Batista con el objetivo principal de reinstaurar la democracia en Cuba.

VIAJE A LA OEA EN COSTA RICA

A las pocas horas de mi llegada a Miami, se me comunicó directamente por los dirigentes más cercanos del Frente Revolucionario Democrático —organización que aglutinaba a las principales organizaciones revolucionarios para combatir a la dictadura de Fidel Castro— que había sido designado para unirme a la delegación del Frente Revolucionario Democrático (FRD), como el representante de la juventud universitaria cubana en las sesiones de la VII Conferencia de Consulta de los Ministros de Relaciones Exteriores de la OEA en San José, Costa Rica, programada para realizarse del 22 al 29 de agosto de

1960, con el fin de evaluar el marco de la dictadura comunista que amenazaba a Cuba y las acciones a seguir.

El Frente Revolucionario Democrático lo integraban el Movimiento Demócrata Cristiano, dirigido por el doctor José Ignacio Rasco; el Movimiento de Recuperación Revolucionaria, dirigido por el doctor Manuel Artime; la Organización Auténtica, dirigida por el doctor Antonio de Varona; el Movimiento de la Triple A, dirigido por el doctor Aureliano Sánchez Arango y el Movimiento Montecristi, dirigido por el doctor Justo Carrillo. Otros dirigentes de prestigio integraban el FRD, como el doctor Andrés Vargas Gómez, Pedro Martínez Fraga y Ricardo Lorié.

Confieso que muy lejos estaba mi mente política en esos momentos de pensar que todo el accionar del Frente Revolucionario Democrático era un plan perfectamente organizado por el gobierno de los Estados Unidos y coordinado con estos dirigentes que menciono. Definitivamente una gran dosis de ingenuidad política de mi parte.Y menciono esto, porque en nuestra mente no había ninguna idea o propuesta para vincular la creación del Directorio Revolucionario Estudiantil ni con el Gobierno de los Estados Unidos ni con la Agencia Central de Inteligencia. Nuestro objetivo era continuar con la obra libertaria de nuestro guía José Antonio Echeverría.

Claro, posteriormente no tuvimos ningún reparo en discutir ayudas con funcionarios del Gobierno de los Estados Unidos, teniendo en cuenta que en el marco de la Guerra Fría resultaba utópico no estar alineado a unas de las dos potencias involucradas: Estados Unidos de una parte y la Unión Soviética de la otra.

Con la invitación a Anastas Mikoyan para visitar La Habana en Febrero de 1960, Fidel Castro ponía en evidencia la ayuda que comenzaba a negociar aceledaradamente con la Unión de Repúblicas Socialistas Soviéticas para armar al Ejército Rebelde y consolidar en Cuba una cabeza de playa comunista contra los Estados Unidos.

Desde principios de 1960 funcionarios del Departamento de Estado de los Estados Unidos, del Pentágono, la CIA y la Casa Blanca habían creado un grupo especial, llamado también Comité Especial 5412 para evaluar acciones y medidas a tomar ante el sorpresivo giro del caso cubano hacia el comunismo.

Las primera acciones decididas por «los amigos», como todos los vinculados al Frente Revolucionario Democrético (FRD) en Miami llamábamos a los funcionarios del Gobierno de los Estados Unidos que trataban directamente con nosotros, fueron todas vinculadas al

Programa de Acción Encubierta contra el régimen de Fidel Castro, del cual nos habíamos enterados en detalles desde nuestra llegada al aeropuerto de Miami y que el presidente Eisenhower había aprobado en el mes de marzo.

Durante años este Programa de Acción Encubierta fue considerado un documento secreto y sensitivo. Sin embargo, necesario conocer los detalles del mismo para entender los acontecimientos anteriores a la invasión de Playa Girón y la poca importancia que los funcionarios de los Estados Unidos dieron realmente a la clandestinidad organizada para luchar contra el régimen de Fidel Castro, que finalmente fue abandonada inexplicablemente (para nosotros) por el gobierno del presidente John F. Kennedy, de la misma forma que fue abandonado el esfuerzo de la propia invasión de la Brigada 2506.

Los primeros días en Miami fueron muy agitados. Muchas reuniones de familia y reuniones políticas, muchas invitaciones a entrevistas en la prensa y en la radio local. Una época para nosotros de formación política acelerada, pero paralelamente de mucha ingenuidad sobre los complicados entresijos de la política y de la Guerra Fría. Para nosotros, novatos en los quehaceres políticos, fue una etapa de aprendizaje acelerado.

El tiempo voló y hubo que preparar las maletas y los documentos para el viaje a la OEA, como parte de la Delegación Cubana del FRD.

Recuerdo que a la llegada al aeropuerto internacional 'Juan Santamaría' en San José, Costa Rica, un funcionario migratorio me detuvo y me apartó del resto de la delegación, llevándome hacia una oficina, en donde me comunicó que mis papeles no estaban en regla y que tenía que devolverme a Miami en el mismo vuelo.

Lo que no me dijo era que ese vuelo se regresaba a Miami haciendo parada en el aeropuerto internacional José Martí en La Habana.

Inmediatamente después que me apartaron en el aeropuerto, el resto de la delegación denunció ante las autoridades costarricenses de mi detención. Y ahí se enteraron que el vuelo de retorno hacía una parada en La Habana.

Parece que la intención de este funcionario, posiblemente vinculado con la Revolución cubana, era que de regreso a Miami, las autoridades de la Seguridad del Estado pudieran detenerme en esa parada en la capital cubana.

Pero la maniobra fue detectada por los funcionarios gubernamentales costarricenses que nos esperaban en el aeropuerto, y en menos de 20 minutos fui liberado de la maniobra de este agente encubierto del castrismo en Costa Rica. Una prueba de que había riesgos por todas partes. El trabajo durante esos días fue arduo todo el tiempo que sesionó la Asamblea de la OEA.

Alberto Muller detenido al llegar al aeropuerto de Costa Rica

Fue una experiencia enriquecedora, pues la delegación cubana del exilio, se reunía todas las noches hasta altas horas de la madrugada para dar respuesta a los discursos de Raúl Roa, ministro de Estado del Gobierno Revolucionario Cubano y para denunciar la traición de Fidel Castro a la revolución cubana por tomar el camino del autoritarismo estalinista.

Ante la Federación de Estudiantes Universitarios de la Universidad de Costa Rica me tocó la responsabilidad de presentar el caso de Cuba y de los estudiantes cubanos. Informé con detalles de la sombra del comunismo que se cernía sobre nuestra tierra cubana.

Para satisfacción personal y logro de la delegación de exiliados, la Federación de Estudiantes Universitarios (FEU) de Costa Rica emitió una declaración pública criticando al gobierno de Fidel Castro, convirtiéndose así en la primera Federación de Estudiantes Universitarios en Latinoamérica en romper con la revolución cubana por su giro estalinista y autoritario.

Delegación del FRD a la reunión de la OEA, en Costa Rica. De izquierda a derecha: Alberto Muller, Enrique Llaca, José Ignacio Rasco, Erick Aguero y Néstor Carbonell.

Alberto Muller hablando en el Auditorium de Miami en conmemoración del 10 de Octubre. En los extremos inferiores de la foto. Tony Varona a la izquierda y Pepita Riera a la derecha. Atrás de traje oscuro Fernando Puig.

En el acto del 10 de octubre en el Auditorium de Miami: Alberto Muller, Enrique Llaca, Manuel Artime y Antonio (Tony) Varona.

FUSILAMIENTO DE PORFIRIO RAMÍREZ

A las pocas semanas de concluida esta reunión de Ministros de Relaciones Exteriores en San José de Costa Rica, fue fusilado el 12 de octubre de 1960 en la ciudad de Santa Clara, Porfirio Remberto Ramírez, presidente de la Federación de Estudiantes Universitarios de la Universidad Central de Las Villas.

Este fusilamiento de Porfirio Ramírez conmovió a la opinión pública cubana y estimuló a las poblaciones de todas las universidades cubanas a luchar contra la dictadura castrista, lo que vino a confirmar con creces la denuncia que habíamos presentado antes los compañeros de la FEU de Costa Rica.

No debo dejar de mencionar la ayuda inapreciable que recibimos de Damarys Freud, directora del periodico de la FEU costarricense y del grupo de dirigentes universitarios que nos recibió solidariamente en esta ciudad. El agradecimiento será para siempre.

Siento que en mi comparecencia ante los dirigentes de la FEU de Costa Rica se estrenaba mi naturaleza política.

Porfirio Ramírez, presidente de la Federación de estudiantes de la Universidad de Santa Clara, fusilado por el régimen castrista.

DIRECTORIO REVOLUCIONARIO ESTUDIANTIL

Al regreso del viaje a San José, Costa Rica, se celebró en Miami una asamblea de estudiantes universitarios, provenientes de los distintos grupos revolucionarios que se vinculaban al Frente Revolucionario Democrático, así como otros estudiantes independientes, donde se acordó por unanimidad la creación del Directorio Revolucionario Estudiantil (DRE) para seguir con la tradición de lucha de José Antonio Echeverría y su heroica generación.

Curiosamente, en el caso de todas las expresiones autoritarias durante la República los estudiantes cubanos se nucleban alrededor de una organización bajo el nombre del Directorio. Tal vez un legado para oponerse al terror y al autoritarismo que heredamos en varias expresiones de la Revolución Francesa.

En la historia cubana, el primer **Directorio Estudiantil Universitario (DEU)** y el segundo germinan en dos momentos cruciales cercanos como oposición a la dictadura de Gerardo Machado. El primero fue el que convocó a la manifestación del 30 de septiembre de 1930 en repudio a la prórroga de poderes que intentaba la dictadura de Gerardo Machado, donde muere el estudiante Rafael Trejo. También en esos años se produce el asesinato del líder estudiantil Julio Antonio Mella en México, que algunos atribuyen al dictador Gerardo Machado y otros culpan directamente al dictador ruso José Stalin por sus discrepancias con el espíritu libertario y democrático de Julio Antonio Mella.

El segundo lo escenifican los jóvenes Carlos Prío Socarrás, Juan Antonio Rubio Padilla y Eduardo Chibás, entre otros ya en la etapa final del dictador Gerardo Machado.

Posteriormente, el 4 de septiembre de 1933, la alianza de los estudiantes del Directorio Universitario con el sargento Fulgencio Batista logra la dimisión del dictador Machado. Eso explica fundamentalmente la pujanza del Segundo Directorio en la historia cubana.

El Tercer Directorio lo convoca José Antonio Echeverría cuando es elegido presidente de la Federación Estudiantil Universitaria en la Universidad de La Habana en 1955, con el fin de separar las responsabilidades legales de la entidad universitaria con los requerimientos de confrontación de la lucha revolucionaria contra la dictadura de Fulgencia Batista.

Entre los fundadores del Directorio Revolucionario de 1955, además de José Antonio Echeverría, se encontraban: Joe Westrbook,

Juan Carlos Carbó Serbiá, Tirso Urdanivia, Fructuoso Rodríguez, Rolando Cubelas, Jorge Valls y José Vazquez, entre otros.

El Cuarto Directorio Revolucionario Estudiantil (DRE) se convoca en este proceso asambleario de estudiantes universitarios en la ciudad de Miami el 12 de septiembre de 1960 con el objetivo de sumar todos los esfuerzos de la juventud para luchar por el derrocamiento de la dictadura de Fidel Castro.

Lo lógico era esperar que Fidel Castro hubiese cumplido con el programa revolucionario del Movimiento 26 de Julio y sus compromisos contraídos en el Pacto de México con José Antonio Echeverría en 1956; en el Pacto de la Sierra Maestra en 1958, firmado por Felipe Pazos, Raúl Chibás y Fidel Castro y en el Pacto de Caracas en 1958, firmado por los dirigentes del Movimiento 26 de Julio en el exilio y el resto de las organizaciones, en donde tanto Fidel Castro, como el Movimiento 26 de Julio se comprometían a realizar elecciones democráticas en 18 meses y respetar el Estado de Derecho, pero no lo hizo y el curso de la revolución cubana se vio torcido hacia el totalitarismo comunista.

Pero hay que decir como anecdotario histórico que este **Cuarto Directorio** tiene un antecedente directo contra el estalinismo ruso en el hecho de que un grupo de estudiantes de la Universidad de La Habana se reunieron en el mes de febrero de 1960, para organizar la protesta por la visita a Cuba de Anastas Mikoyán, viceprimer ministro de la Unión Soviética.

Cómo explicar y entender que el primer invitado internacional del proceso revolucionario cubano y de Fidel Castro, haya sido el asesino Anastas Mikoyan? Difícil de procesar y entender.

Recuerdo que al triunfo de la revolución, durante ese primer año de 1959, siendo un simple joven universitario lleno de ideales revolucionarios y cristianos, conocí en Cuba a don Pepe Figueres, expresidente de Costa Rica y a Emilio Máspero, secretario general de la Confederación de Sindicatos Libres de América Latina. Dos personalidades extraordinarias del mundo político y sindical de nuestra América. Estuvieron en La Habana para celebrar el Primero de Mayo de 1959.

¡Qué lejos estábamos entonces de predecir la pesadilla autoritaria que se cernía sobre Cuba por la traición de Fidel Castro a los postulados democráticos de la revolución cubana!

Para nuestro grupo inicial, organizadores de la Protesta del Parque Central el 5 de febrero de 1960 en contra la visita a Cuba de Anastas Mikoyán, quedaba evidenciado que Fidel Castro intentaba desviar el proceso revolucionario y entregarlo al estalinismo soviético, personificado en la Unión de Repúblicas Socialistas Soviéticas (URSS).

Por eso ya desde esas primeras reuniones preliminaries entre nosotros, se planteó la necesidad de crear las bases del Directorio Revolucionario Estudiantil, que se convertiría en el **Cuarto Directorio** en la historia cubana, hasta ese momento.

En ese evento asambleario y unitario de Miami fui nombrado secretario general del Directorio que se acababa de crear, pero lo más importante fue el acuerdo de que la dirigencia tendría que trasladarse a Cuba para así cumplir con los requerimientos propios de la lucha. Fue entonces nombrado José Antonio Echeverría, ya un mártir de Cuba, Presidente de Honor del Directorio Revolucionario Estudiantil.

Entre los firmantes del documento estaban: Abel de Varona (secretario de Relaciones Públicas), Jorge Mas Canosa (secretario de Organización), Julio A. Moré (secretario de Inteligencia), Guillermo Guerra (secretario de Finanzas), Oscar Cerallo (secretario de Comunicaciones), Orestes Guerra (secretario de Planificación), Juan Manuel Salvat (secretario de Propaganda), Pedro Roig (secretario de Asuntos Universitarios), Julio Sánchez (secretario de Captación), Ernesto Fernández-Travieso (secretario de Asuntos Militares), Alejandro Portes (secretario de Actas), Teresita Valdés Hurtado (secretaria de Asuntos Femeninos) y Alberto Muller (secretario General).

Los acuerdos del pleno asambleario explican la entrada y el retorno a la isla para sumarse en pocas semanas a la clandestinidad en Cuba. Los primeros en lograr el traslado fueron Antonio García Crews, Juan Manuel Salvat, Isidro Borja, Miguel García-Armengol, Ernesto Fernández-Travieso, entre otros, más quien escribe, segundo en regresar a la isla después de García Crews.

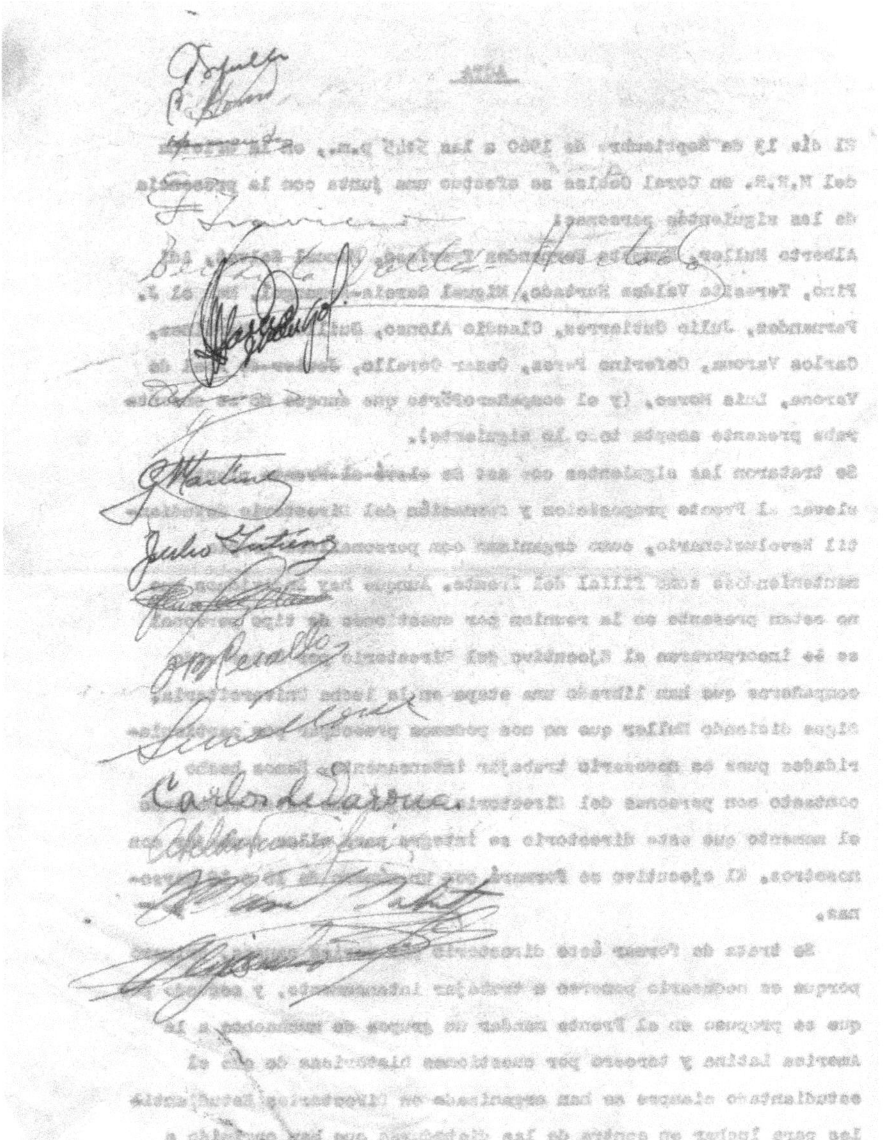

ACTA

El día 13 de Septiembre de 1960 a las 5:15 p.m., en la morada del M.R.R. en Coral Gables se efectuó una junta con la presencia de las siguientes personas:

Alberto Muller, Ernesto Fernandez Travieso, Manuel Salvat, [illegible] Pino, Teresita Valdes Hurtado, Miguel Garcia-Armengol, Manuel J. Fernandez, Julio Gutierrez, Claudio Alonso, [illegible], Carlos Varona, Ceferino Perez, Oscar Ceballo, [illegible] de Varona, Luis Nuvo, (y el compañero [illegible] que aunque no estaba presente acepta todo lo siguiente).

Se trataron los siguientes con [illegible] elevar al Frente proposicion y formación del Directorio [illegible] Revolucionario, como organismo con personalidad [illegible] manteniéndose como filial del Frente. Aunque hay [illegible] que no estan presentes en la reunion por cuestiones de tipo personal se le incorporaran al Ejecutivo del Directorio por [illegible] compañeros que han librado una etapa en la lucha universitaria. Alguno diciendo Muller que no nos podemos preocupar por personalidades pues es necesario trabajar intensamente. Hemos hecho contacto con personas del Directorio [illegible] al momento que este directorio se integre para [illegible] con nosotros. El ejecutivo se formará con [illegible] personas.

Se trata de formar este directorio [illegible] porque es necesario ponerse a trabajar intensamente, y además [illegible] que se propuso en el Frente mandar un grupo de muchachos a la America Latina y tercero por cuestiones historicas de que el estudiantado siempre se han organizado en Directorios Estudiantiles para luchar en contra de las dictaduras que han querido a nuestra patria.

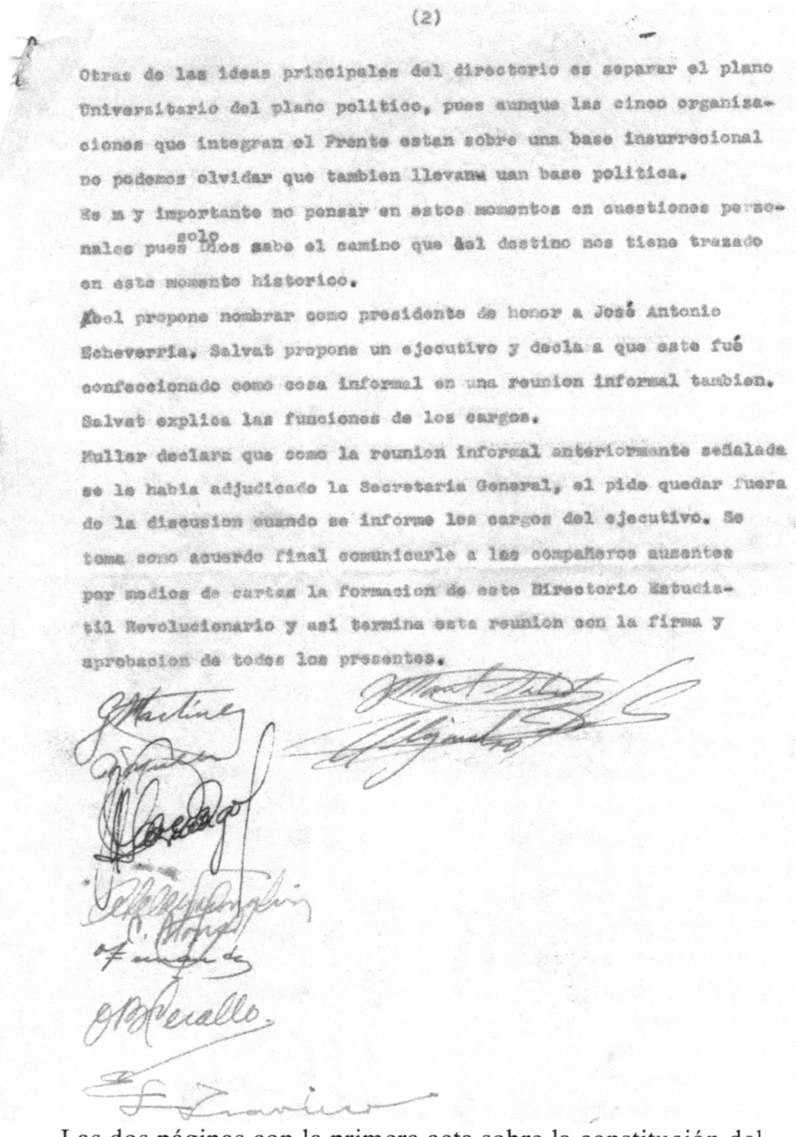

(2)

Otras de las ideas principales del directorio es separar el plano Universitario del plano politico, pues aunque las cinco organizaciones que integran el Frente estan sobre una base insurreccional no podemos olvidar que tambien llevamu uan base politica.

Es m y importante no pensar en estos momentos en cuestiones personales pues solo Dios sabe el camino que del destino nos tiene trazado en este momento historico.

Abel propone nombrar como presidente de honor a José Antonio Echeverría. Salvat propone un ejecutivo y decla a que este fué confeccionado como cosa informal en una reunion informal tambien. Salvat explica las funciones de los cargos.

Muller declara que como la reunion informal anteriormente señalada se le habia adjudicado la Secretaria General, el pide quedar fuera de la discusion cuando se informe los cargos del ejecutivo. Se toma como acuerdo final comunicarle a las compañeros ausentes por medios de cartas la formacion de este Directorio Estudiantil Revolucionario y asi termina esta reunion con la firma y aprobacion de todos los presentes.

Las dos páginas con la primera acta sobre la constitución del Directorio Revolucionario en Miami, 1960, con la firma de los miembros del primer ejecutivo.

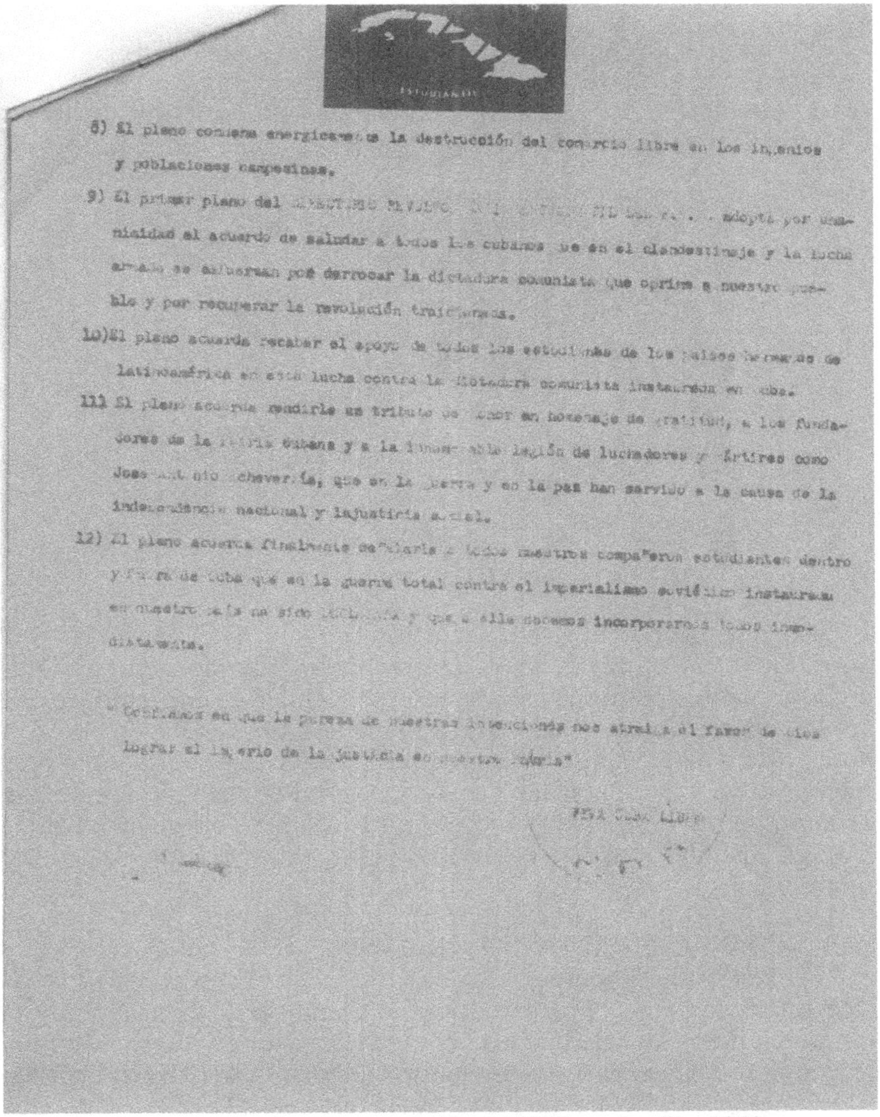

8) El pleno condena energicamente la destrucción del comercio libre en los ingenios y poblaciones campesinas.

9) El primer pleno del [illegible] adopta por unanimidad el acuerdo de saludar a todos los cubanos que en el clandestinaje y la lucha armada se esfuerzan por derrocar la dictadura comunista que oprime a nuestro pueblo y por recuperar la revolución traicionada.

10) El pleno acuerda recabar el apoyo de todos los estudiantes de los paises hermanos de latinoamérica en esta lucha contra la dictadura comunista instaurada en Cuba.

11) El pleno acuerda rendirle un tributo de honor en homenaje de gratitud, a los fundadores de la patria cubana y a la inmensurable legión de luchadores y mártires como Jose Antonio Echeverría, que en la guerra y en la paz han servido a la causa de la independencia nacional y la justicia social.

12) El pleno acuerda finalmente señalarle a todos nuestros compañeros estudiantes dentro y fuera de Cuba que en la guerra total contra el imperialismo soviético instaurado en nuestro país ha sido [illegible] y que a ella debemos incorporarnos todos inmediatamente.

"Confiamos en que la pureza de nuestras intenciones nos atraiga el favor de Dios [para] lograr el imperio de la justicia en nuestra patria"

[illegible] Cuba Libre

Acta con acuerdos de una reunión del DRE en el exilio, 1960.

La entrada del compañero Antonio García Crews tenía el objetivo de preparar el camino organizativo del DRE, pero un alzamiento en las montañas del Escambray, al que se vinculó circunstancialmente, lo llevó de forma inesperada a la prisión política.

Antonio García Crew con Alberto Muller

No puedo olvidar que ese día fundacional del DRE al irme a dormir tuve una profunda meditación sobre mi persona. ¿Por qué Dios ponía sobre mis hombros tamaña responsabilidad? Tenía entonces 21 años. Todavía hoy a 60 años de la fundación del DRE no tengo una noción clara para responder la pregunta, porque la responsabilidad era inmensa y la experiencia era escasa y frágil. Pero todo lo acepté con la humildad necesaria que me permitió asumir con generosidad y entrega absoluta todas las decisiones que caían sobre mi vida en ese momento.

DISCUSIÓN CON MANUEL ARTIME

Esta decisión de regresar a Cuba a organizar el Directorio Revolucionario Estudiantil y luchar desde la clandestinidad provocó una discusión fuerte en Miami con el compañero y amigo Manuel Artime, jefe militar del Frente Revolucionario Democrático (FRD) y líder del Movimiento de Recuperación Revolucionario (MRR), quien nos comunicó a Juan Manuel Salvat y a mí que el grupo nuestro tenía que ingresar en los campamentos de la Brigada 2506 en Guatemala, porque esa era la directriz estratégica del Frente Revolucionario Democrático y de los «amigos».

Le dijimos a Artime que respetábamos mucho el signo estratégico del Frente Revolucionario Democrático y el entrenamiento de los compañeros brigadistas, que la mayoría eran amigos nuestros, pero que el Directorio Revolucionario Estudiantil (DRE) tenía el compromiso estratégico de sumarse a la lucha desde la clandestinidad y que no aceptábamos que la CIA dirigiese nuestra estrategia de lucha, como dirigía y controlaba la entrada y los viajes a los campamentos en Guatemala, por lo que teníamos que cumplir con esa misión de ingresar a Cuba de cualquier forma.

La discusión terminó a altas horas de la madrugada sin un acuerdo entre las partes. Lo que motivó en los días subsiguientes que nosotros decidiéramos recoger donaciones para alquilar una embarcación que nos permitiera ingresar a la isla de forma clandestina y cumplir con el compromiso acordado.

Recuerdo que hicimos un viaje a Palm Beach para reunirnos con algunos amigos de Ernesto Fernández Travieso, pues necesitábamos recolectar una cierta cantidad de dinero para alquilar una embarcación que hiciese varios viajes a la isla para así poder ingresar de forma ilegal a toda la dirigencia. Cada viaje ya sabíamos que nos podía costar unos mil doscientos dólares.

En Miami siempre tuvimos una gran amiga y colaboradora en Evorita Arca, hija de Manolo Arca, el conocido empresario arrocero y ganadero de Manzanillo, quien nos ayudó con el monto de MIL DOSCIENTOS dólares, lo que cubría el primer viaje clandestino a Cuba. Hay que decir que Evorita Arca fue una colaboradora muy fiel y atenta a las necesidades del DRE.

Mientras tanto en Miami organizamos la oficina del DRE que sería el punto de contacto entre todos para reuniones y directrices.

Claro, este era un ejecutivo provisional hasta tanto no estuviésemos todos clandestinos en Cuba, como nos ordenaban los acuerdos del pleno de la asamblea constitutiva y fundacional.

SEGUNDA REUNIÓN CON ARTIME

Cuando estábamos a punto de acordar los términos del primer viaje con el viejo marino estadounidense del río de Miami para alquilar la embarcación que nos llevaría a la isla, parece que el contacto se filtró a las autoridades del Frente Revolucionario Democrático (FRD) y Manuel Artime vino a vernos para decirnos que el ejecutivo del FRD había decidido facilitarnos nuestra entrada clandestina a la isla en sus embarcaciones.

Recuerdo que fue un día de plena felicidad para todos. ¡Qué hermoso pensar que asumir el riesgo pleno nos hacía felices!

Comienzan entonces para mí los preparativos del viaje para entrar clandestino a la isla. Una responsabilidad abrumadora de organización y riesgos caían sobre mis hombros con apenas 20 años de edad. ¡Qué enriquecedor desde el punto de vista espiritual! Ahí estaba la voluntad de Dios.

Me despedí de mis padres por carta, no personalmente, para evitar cualquier comentario emocional e indiscresión alrededor de mi entrada clandestina a la isla. Tuvimos largas y agotadoras reuniones entre nosotros para ultimar detalles. Ya Tony García Crews había partido para su misión preparatoria.

Me preparé espiritual y emocionalmente para mi nueva vida. Sabía que no sería fácil emocionalmente y que sería altamente riesgosa, pero pedí mucho a Dios en mis oraciones para que me acompañara siempre. Revisé y estudié minuciosamente todas las reglas de la vida clandestina en libros y folletos alrededor de la segunda guerra mundial y la Resistencia Francesa contra Hitler, que tienden a ser reglas de vida muy estrictas y severas contra uno mismo para evitar ser detectado en un cruce casual con el enemigo.

DISCURSO EN EL AUDITORIUM

El 10 de Octubre fui invitado, conjuntamente con Juan Manuel Salvat y otros líderes del Frente Revolucionario Democrático a hablar en un acto público en el Auditorium de Miami conmemorando el Grito de Yara.

Hablaron en ese acto el doctor Manuel Antonio de Varona, el doctor José Ignacio Rasco, el doctor Manuel Artime, el estudiante Juan Manuel Salvat y yo.

Fue mi primer discurso público ante un teatro lleno de cubanos que esperaban con ansias la liberación de Cuba. Poco a poco fui ascendiendo a la naturaleza de un hombre público, a pesar de mi juventud. Un día que recuerdo con satisfacción, porque a los pocos días me embarcaría en un viaje pleno de ilusiones y de incertidumbres para unirme a la clandestinidad cubana.

Acto en el Dade County Auditorium el 27 de noviembre de 1960 anunciando que Alberto Muller ya había entrado clandestino en Cuba. En la foto: Pepita Riera, Ernesto Fernández Travieso, Juan Manuel Salvat, y otros. Hablando José Caragol.

Público en el acto. En primera fila Teresita Valdés Hurtado y Ady Pino.

REGRESO A CUBA CLANDESTINO

Este intento el 15 de noviembre de entrar a la isla fracasó por un mal tiempo provocado por una ola de frío que azotó la Florida y el norte occidental de la isla de Cuba. De todas formas, en la embarcación capitaneada por Enrique (Quiquio) Llansó, por cierto un gran amigo y un gran patriota, pudimos llegar hasta el norte de La Habana, lo que se llama la «clareta» a unas cinco millas de la costa, pero con un tiempo de oleajes horrible e infernal.

Última foto de Alberto Muller conversando con su prima Margarita Contreras, unos días antes de ingresar en Cuba clandestino.

Recuerdo que en ese entonces se nos apagó un motor y al capitán Llansó le pareció peligroso el intento de entrar al punto de encuentro en el Reparto Naútico de Marianao, por lo que se planteó el regreso a Cayo Maratón, desde donde habíamos salido.

Entonces Quiquio Llansó se acercó a mí para conocer mi opinión sobre regresar a Miami. Le dije que apoyaba la decisión que él tomara, teniendo en cuenta que él era el capitán y yo de navegación conocía muy poco.

En la embarcación viajaba un telegrafista también para ingresar en la clandestinidad, quien entraba para una misión no vinculada con el DRE, por lo que no volví a verlo durante los meses venideros.

El regreso fue muy movido, porque el oleaje lo teníamos de frente en todo el trayecto. También habíamos perdido la comunicación por telegrafía, lo que hizo que en la oficina de Miami nos dieran por perdidos. Finalmente después de más de catorces horas de navegación, divisamos un faro que estaba más al sur de Maratón, pero que nos facilitó la orientación. Adicionalmente el capitán se acercó todo lo que pudo a tierra, puese teníamos poca gasolina. Pero así, navegando muy lentamente pudimos llegar a Cabo Maratón.

Como era un viaje irregular acordamos que cada uno tratara de coger un taxi hacia Miami para no llamar mucho la atención con la facha que traíamos todos. Así lo hice y llegue a la oficina del DRE en Miami, después de casi 20 horas perdidos en altamar. Fue un momento de mucha alegría para todos. Besos y abrazos entre todos, estábamos vivos.

Volvimos al segundo intento con un mar tranquilo y pude ingresar clandestino a la isla por el Naútico de Marianao el 21 de noviembre de 1960.

Me despedí del capitán, Enrique (Quiquio) Llansó, muy conocido en los círculos conspirativos de Miami. En la embarcación iba también Eugenio Rolando Martínez, alias Musculito, un cubano que se hizo muy famoso posteriormente por su participación en los sucesos de Watergate en Washington. En este viaje nació nuestra amistad.

LA VIDA CLANDESTINA

Después del arribo y de los saludos de rigor, comencé a aplicar con severidad las reglas exigentes de la vida clandestina. Había estudiado con calma y a profundidad estas exigencias, más los peligros que sistemáticamente conllevaba. Con la única persona que conversaba largo era con la designada por el movimiento para que se ocupara de mi seguridad, de mis movimientos, de mis reuniones y a su vez me manejara el auto, pues no era aconsejable que yo mismo lo manejara.

Inicialmente fue la entrañable amiga Josefina Suárez, holguinera y compañera de estudios en la Universidad de La Habana. No tengo palabras y gestos para agradecer a Josefina Suárez su fidelidad al DRE, a mi persona y el profundo cariño que profesó a mis padres.

En el grupo de recepción en el Club Naútico, estaba Bebo Acosta, un viejo amigo luchador revolucionario y alto dirigente del Frente Revolucionario Democrático con otros dirigentes de la misma organización. También recuerdo a la compañera Cary Roque, otra luchadora incansable que se ofreció para teñirme el pelo de negro. Y así lo hizo.

Cary Roque amiga del autor. Fue la persona que le tiñó el pelo de negro a Alberto Muller cuando ingresó en Cuba de forma clandestina.

Josefina Suárez

Comenzábamos cumpliendo con la regla de cambiar algo el rostro conocido.

Después Cary cayó prisionera en una causa del DRE en la ciudad de Sancti Spiritu y cumplió una larga condena en el maltratado y heroico presidio político de mujeres. Posteriormente hablaremos de esta calvario de la mujer cubana.

Al día siguiende de arribar a territorio cubano, me reuní con Josefina Suárez, que se convirtió en mi ayudante y manejaría inmediatamente el auto que se me asignaba para el primer recorrido que realicé por toda la isla. También me reuní con Luis Fernández-Rocha, alias Luciano, una reunión de suma importancia para la historia de consolidar al DRE, porque la Sección Estudiantil del MRR que él lideraba, nucleaba a muchos estudiantes universitarios.

Esta reunión con Luciano fue el primer paso, entre otros posteriores, para construir la unidad que al final logramos entre todos para crear el primer ejecutivo nacional del DRE en tierra cubana.

A los pocos días hice mi primer recorrido clandestino por algunas provincias para comenzar la estructura organizativa del DRE en todas las provincias y principales ciudades en la isla.

Mi primera reunión en la ciudad de Santa Clara fue con Roberto Jiménez de la Universidad Central y dirigente del movimiento de la Acción Católica Cubana, pero a Roberto no le interesó la integración con el DRE, pues él ya tenía un cargo de responsabilidad en el Movimiento Revolucionario del Pueblo que lideraba Manolo Ray. Lo sentí, porque teníamos mucha confianza en él, pero no pude convencerlo a que se integrara al DRE.

Al día siguiente me reuní con José González Silva, alias Puchi, que terminó aceptando la responsabilidad de Jefe Provincial del DRE en Las Villas y haciendo un trabajo organizativo y revolucionario estupendo en todos los sentidos conspirativos y revolucionarios. Salimos de Las Villas rumbo a Sancti Spíritu para reunirnos con el líder estudiantil Rafael Orizondo, quien con entusiasmo se integró al DRE.

Antes de partir de Santa Clara hice una parada obligada en casa de dos viejos amigos, Máximo Díaz y su esposa Sara, vinculados al MRR que nos habían recomendado fuertemente el contacto con Roberto Jimenez.

De las Villas seguimos a Camaguey y en esa ciudad nos reunimos con el compañero y amigo Gustavo Caballero Oñoz, capitán de la Columna Rebelde del comandante Húber Matos en la Sierra Maestra, que aceptó gustoso convertirse en el Jefe Provincial del DRE en Camaguey. Gustavo era un líder estudiantil de un enorme prestigio en la ciudad, además de que venía de unos antepasados de familia mambisa.

De Camaguey continuamos hacia Santiago de Cuba para reunirnos con los líderes estudiantiles José Guerra Bueno, Raúl Pintado y Ramiro Gómez Barrueco, quienes aceptaron con agrado integrar el liderazgo del DRE en la provincia de Oriente.

En Santiago, una situación coyuntural en cierto sentido complicó e hizo más riesgoso el viaje de regreso a La Habana. Dos mujeres dirigentes del MRP habían tenido problemas con los dirigentes provinciales del Gobierno y el Padre Rivas, sacerdote revolucionario, que había estado alzado en la Sierra Maestra con Fidel Castro, nos pidió si podíamos trasladar a La Habana a esas dos compañeras de Santiago.

Obviamente le dijimos que sí, a pesar de que aumentaba el riesgo de la travesía. A la salida de Holguín, que era la ciudad de nacimiento de Josefina tuvimos un pequeño percance al chocar el auto con la cerca de una vivienda.

Entonces ella me pidió que yo manejara el auto un rato para relajarse un poco. Asumí el timón y así finalmente llegamos a La Habana en horas de la noche, sin ningún otro contratiempo.

A las dos compañeras las dejamos en las direcciones que nos indicaron. Como conclusión de este viaje debo decir que el entusiasmo con que los dirigentes se integraban al Directorio Revolucionario Estudiantil era contagioso y estimulante. Añado, que sin la compañía de Josefina Suárez en este viaje, un cuadro inapreciable de liderazgo en todo el transcurso de la ejecutoria del DRE, hubiese sido imposible realizar este primer recorrido por la isla, lleno de reuniones y movimientos riegosos durante casi 10 días.

EJECUTIVO NACIONAL DEL DRE

Al regreso a La Habana (mediados de diciembre de 1960) volví a reunirme con Luciano (Luis Fernández-Rocha) para conversar sobre la llegada a la clandestinidad, procedentes de Miami, de los compañeros Juan Manuel Salvat (Gordo), Miguel García Armengol, Isidro (Chilo) Borja y Ernesto Fernández-Travieso y seguir madurando el proceso unitario por realizar entre todas las secciones estudiantiles de los diferentes movimientos revolucionarios, interesadas en integrarse al DRE, incluyendo obviamente la Sección Estudiantil del MRR, al cual ellos habían denominado ya el Directorio Estudiantil del MRR.

Cabe decir que en ese momento el MRR era la organización más numerosa entre todas. Además, con Luciano teníamos una vieja amistad en la Universidad de La Habana y en la Agrupación Católica Universitaria, y aún más importante: Luciano tenía la misma visión nuestra de que había que crear el Directorio Revolucionario con el espíritu de José Antonio Echeverría.

Por esos días tuve una reunión en La Habana con Anita Díaz Silveira, a la cual había conocido en Miami, pero que se había comprometido en volver a Cuba para integrarse al DRE. Le pedí que se ocupara de mi seguridad personal en la clandestinidad, porque Josefina Suárez, que me había acompañado en el primer recorrido que hice por las provincias, por su liderazgo y experiencia universitaria pasaba a responsabilidades mayores dentro de la organización.

Inicialmente se hicieron contactos con todas las secciones estudiantiles de los movimientos revolucionarios. Estos contactos comenzaron con Virgilio Campanería que era el coordinador de un grupo estudiantil revolucionario que se denominaba 'Salve a Cuba' (SAC). Nos conocíamos de la Escuela de Derecho de la Universidad de La Habana y éramos buenos amigos. El SAC se integró al DRE para beneplácito conspirativo de todos.

Proseguimos estos contactos con Roberto Puente Blanco, hermano de José Puente Blanco, presidente de la Federación Estudiantil Universitaria de la Universidad de La Habana al triunfo de la revolución en 1959 y que pertenecía al Frente José Antonio Echeverría. Por su nivel político y experiencia revolucionaria aceptó ocupar una responsabilidad ejecutiva de Inteligencia en el primer ejecutivo nacional del DRE.

También nos reunimos con Julio (July) Hernández del Movimiento Demócrata Cristiano, amigo y compañero de estudios de las Escuelas Pías en Guanabacoa, donde nos graduamos juntos de bachiller. Otro cuadro de mucho valor que se integraba al DRE.

Igualmente nos reunimos con el grupo de Carlos Raspal, Alberto Sánchez Prado y Abelardo Aguiar, posteriormente fusilado en la Fortaleza de la Cabaña el 13 de abril de 1961. El grupo se incorporó al DRE.

Otro contacto importante que hicimos fue el del grupo sindical de Rubiera y Rodolfo Vidal —alias «Pancho el Rápido»—, ambos dirigentes sindicales que ingresaron en las filas de DRE para alegría de todos.

Esto nos dio una fortaleza conspirativa tremenda, porque nos permitió llegar a centros sindicales diversos, lo que fortaleció la estructura organizativa del movimiento.

Y así la vida clandestina que comenzaba en esta fase preliminar fue dando sus frutos de crecimiento estructural relativamente rápido, también el decidir las primeras líneas tácticas para cumplir con la misión estratégica-revolucionaria de liberar al país nos atrajo muchos simpatizantes.

La mayoría de los restantes presentes en la Asamblea de Universitarios en Miami, ante las dificultades mencionadas para la entrada clandestina a la isla, se integraron finalmente a la Brigada 2506.

Debo confesar que el trabajo clandestino era agotador por las decisiones que se iban tomando y por la tensión que provocaban las reuniones con los contactos que desde las provincias venían a La Habana para recibir instrucciones y tomar decisiones conjuntas. Esto nos obligaba a movernos discretamente a las casas de seguridad que se utilizaban para estas reuniones.

Era un mecanismo complejo, el compañero del interior reportaba su llegada a una base de recepción con el tema para el cual había sido citado. Entonces se esperaban unos dos o tres días para verificar si no traía alguna contaminación de seguimiento.

Finalmente se procedía a la reunión con el dirigente provincial. Nunca tuvimos inconvenientes de ningún tipo por lo exigente que éramos en cumplir con este requisito de seguridad.

Finalmente, antes de concluir el mes de diciembre de 1960 pudimos nombrar al primer ejecutivo nacional del DRE, con el mismo espíritu unitario que predominó en Miami y cuyos principales dirigentes fueron: Luis Fernández-Rocha y Alberto Muller que asumían la Secretaría General conjunta; Juan Manuel Salvat, Juanín Pereira, Antonio Abella y Juan Antonio Rodríguez Jomolca en Propaganda;

General Fatjo y Fausto Álvarez en Finanzas; José María Lasa y Fernando García Chacón en Organización; Miguel García Armengol, José (Cheo) Guerra, Carlos Alberto Muller (Electrón), Mariano Loret de Mola, Ismael Pérez, Aldo Mesulán y Rafael Sánchez (Warry) en Acción; Roberto Borbolla, Josefina Suárez, Siro del Castillo, Guillermo Aspert y Orestes García en Pre-Universitario; Roberto Puente Blanco en Inteligencia; José Antonio González-Lanuza, Eduardo Muñiz y Lula Santos en Relaciones Internacionales e Isidro Borja, Rodolfo Vidal, Virgilio Campanería, Bernabé Peña y Juan Madruga, en Abastecimiento; Luis Boza con Luis Maderal (alias Yiyo) y Luis Gutiérrez en Formación.

Dr. Luis Fernández-Rocha

Se nombran inmediatamente los equipos provinciales con Pedro Ladislao Guerra, Raúl Pintado, Ramiro Gómez Barruecos, Juan Marcelo Fiol y Teresita Manduley en Oriente. Gustavo Caballero y Alberto (Chicho) González, Ricardo Rubiales y Sixto Rubiales en Camaguey. José González Silva (Puchi), Rafael Orizondo, Carlos Orizondo, Rafael Marqués, César Menéndez, Manuel Alzugaray, Reinaldo Morales, René Morales, Juan Ferrer, Pedro Corzo y José A. Albertini en Las Villas. Nicolás Pérez, Kiko Torres y Margarita Rodríguez

Cayro en Matanzas. René de Armas, Carlos de Armas, Carlos Cacicedo, Aldo Mesulán, Mariano Loret de Mola, Fausto Álvarez, Vicente Castro Lara, Luis Camps, Bernardo González, Julio Hernández-Rojo, Roberto Quintairos Ricardo Menéndez, Eraise Martínez, Frank Blanco, y Carlos Obregón en La Habana. Mateo del Collado y Enrique Labrador en Pinar del Río.

General Fatjó fue Secretario de Finanzas del DRE en Cuba y en el exilio. Falleció en Miami. Una personalidad afable de hombre íntegro. Gran amigo del autor.

Una vez creado el Ejecutivo Nacional del DRE se decide la estrategia en dos grandes frentes: el alzamiento en la Sierra Maestra que dirigiría Alberto Muller, como Secretario General del DRE, con

Patrocinio Castillo, representando al campesinado de la Sierra Maestra, más Carlos Cacicedo y Juan Ferrer al frente de los campamentos guerrilleros en los Lirios de Nagua y en La Plata, respectivmante. Enrique Casuso se ocuparía del cargo de las comunicaciones y de la estrategia militar.

Debo compartir que desde nuestra estancia en la embajada del Perú, antes de salir de Cuba, la idea de un alzamiento en la Sierra Maestra estuvo rondando mi mente con la misma intensidad que la creación del Directorio.

Teníamos los contactos y las relaciones cordiales con esas comunidades de caseríos de campesinos y además era una forma de retar al tirano en la que había sido su guarida.

En los primeros pasos para organizar el alzamiento en la Sierra Maestra fueron designados Jorge (el Pico) Marbán Escobar, un cuadro que traía la experiencia de los Comandos Rurales y con el cual ya habíamos conversado en Cuba sobre el tema, José González Silva (Puchi), Jefe Provincial del DRE en la Provincia de las Villas y Rodolfo Vidal (Pancho el Rápido) para la organización del campesinado en la Sierra Maestra. En este movimiento organizativo también colaboraron Miguel García-Armengol e Isidro Borja por sus responsabilidades de Jefes de Acción y de Abastecimiento de la organización.

Y la otra parte del DRE fue la organización del llano en las provincias dentro del activismo estudiantil, la acción militar, la propaganda, la organización y las finanzas, más la colaboración estrecha con el alzamiento en la Sierra Maestra y con cualquier coordinación con el Consejo Revolucionario Cubano (nuevo frente aglutinador de las organizaciones revolucionarias cubanas) que supuestamente dirigiría toda la operatividad con los compañeros de la Brigada 2506, que se entrenaban en las montañas de Guatemala.

Al frente de la organización del llano quedaba el resto del Ejecutivo Nacional, cuyos dos dirigentes principals eran Luis Fernández-Rocha (Luciano) y Juan Manuel Salvat.

La confrontación con el regimen de Fidel Castro tomaba cuerpo y agresividad. En la clandestinidad el DRE pudo hacer acciones de propaganda muy novedosas, como interrumpir los programas televisivos a la hora pico de las 8 de la noche para enviar llamamientos y consignas de la organización al pueblo de Cuba.

Esta operación estuvo bajo la dirección técnica de Mario Albert, Miguel Lasa y Eddy Crew. A su vez, se imprimían los ejemplares del periódico Trinchera de forma clandestina para circularlos por toda la isla.

También la exitosa huelga estudiantil del 5 de febrero en 1961, que lanzó la consigna de «caigan los libros para que caiga el tirano» demostró nuestra pujanza política y revolucionaria.

De acuerdo a criterios expuestos en documentos secretos de la Agencia Central de Inteligencia (CIA), ya algunos de naturaleza públicos, consideraban que la estructura organizativa del DRE estaba entre la más pujantes y efectivas de todo el espectro clandestino cubano.

En una dirección muy acertada, el DRE comenzó a organizar un ejército clandestino que llegó a tener más de mil jóvenes nucleados solamente en la provincia de La Habana. Los grupos, bajo la coordinación de Miguel García-Armengol, Jefe de Acción del DRE, se entrenaban por escuadras de 7 u 8 hombres cada una.

En un momento dado eran tantos cubanos, sobre todo obreros y sindicalistas dentro de Cuba con interés de integrarse al Directorio Revolucionario Estudiantil, que en el Ejecutivo Nacional decidimos hacer una sección obrera para integrarlos adecuadamente.

CARTA A KENNEDY

En esta primera fase de la vida clandestina se acordó escribir una carta al nuevo presidente de los Estados Unidos, John F. Kennedy, para informarle de la situación cubana y de la manera de pensar de la juventud cubana.

Hay que decir que recibí con alegría que John F. Kennedy llegara a la presidencia de los Estados Unidos en el mes de enero de 1961, por el interés expresado en defender los Derechos Civiles y Humanos, unido a su política social hacia América Latina, proclamada en la Alianza para el Progreso.

Toda esta manera de pensar de Kennedy me pareció un cambio innovador, justo y necesario en los Estados Unidos.

La mayoría de la dirigencia del DRE compartíamos estos puntos de vista. Después, el quehacer y algunas de sus decisiones sobre Cuba, terminaron decepcionándonos.

Trabajamos en la carta a Kennedy: Luis Boza, Juan Manuel Salvat, Luis Fernández-Rocha, Ernesto Fernández-Travieso, Luis Maderal, Eduardo Muñiz y yo.

Leamos algunos fragmentos de esta carta enviada al presidente Kennedy durante los días finales del mes de febrero de 1961, que para nosotros tenía un valor intrínseco por haber sido concebida y escrita desde la clandestinidad[3]. La delegación del DRE que llevó la carta a la Casa Blanca para ser entregada directamente al presidente Kennedy, estuvo integrada por los miembros DRE: Ernesto Fernández-Traviso, Eduardo Muñiz, Lourdes Casals y Teresita Valdés-Hurtado.

EXTRACTOS DE LA CARTA A KENNEDY

«Señor Presidente: En la larga historia del mundo solamente a unas pocas generaciones les ha sido concedido el papel de defender la libertad en sus horas de máximo peligro.

Como Vuestra Excelencia conoce, problemas de orden muy diverso se conjugan para provocar en nuestros pueblos latinoamericanos, un estado especial que desde hace mucho tiempo comenzó a ser explosivo.

La existencia de dictaduras o democracias meramente formales, la excesiva influencia de castas militares, la escasa representatividad de la prensa.

La poca integración latinoamericana, la debilidad internacional, el colonialismo apenas disfrazado que aún subsiste en algunas regiones:

Queríamos un desarrollo de lo económico vertebrado por la mentalidad de **que era necesario poner la economía al servicio del hombre. Queríamos un desarrollo de lo social**: una maduración del pensamiento nacional lograble unicamente si las grandes mayorías se hacían conscientes de los fines pretendidos, a través de un proceso de libre confrontación y evaluación de las ideas. **Queríamos un desarrollo de lo político**, el acceso al poder de generaciones nuevas, compenetradas con las aspiraciones más profundas del pueblo, dispuestas a no dejarse tentar por el burocratismo y el aislamiento. **Queríamos un desarrollo de nuestra mentalidad internacional,** que nos hiciera conscientes de la igualdad de nuestros problemas y aspiraciones con los problemas y aspiraciones de la inmensa mayoría de los países subdesarrollados y que por tanto independizara nuestra política del estrecho concepto de bloque para organizarlo sobre el concepto del mundo.

---

[3] La carta completa aparece en el Capítulo 8 de Dcumentos.

Por conseguir todo esto el estudiantado estuvo dispuesto a luchar y a morir. Por conseguirlo, se inmoló el 13 de Marzo de 1957…

Señor Presidente, estamos de Nuevo en la lucha. Si antes luchamos por implantar unos principios, ahora luchamos contra un régimen que los niega y por implantarlos en un futuro. Nuestra orientación ideológica no ha variado. Queremos lo mismo. Los sufrimientos y las penalidades no nos han hecho cambiar.

Aprovechamos esta oportunidad para reiterar a Vuestra Excelencia el testimonio de nuestra más alta consideración».

Por el Ejecutivo Nacional del Directorio Revolucionario Estudiantil: Alberto Muller Quintana - Secretario General.

OTRAS COMPAÑERAS QUE SE SUMAN AL DRE

Otras universitarias muy valerosas que se sumaron al trabajo clandestino del DRE en esta etapa primeriza fueron Silvia Haro, Berta Kindelán, Lula Santos, Eladia Aguilera, Mercedes Aguilera, Raquel La Villa, Cecilia La Villa, Natalia Lasa, María Oduardo y Zoila Díaz. Otras como Ady Viera, Teresita Valdés Hurtado, Elena Dussag, Marta Elena González y Teresita Baldor se integraron en el exilio.

Todas habían estado vinculadas al evento de la Manifestación de Protesta en el Parque Central de La Habana o al grupo del periódico Trinchera. Finalmente todas se vincularon al DRE en el exilio.

CAPÍTULO 4

CLANDESTINAJE Y ALZAMIENTO EN SIERRA MAESTRA

«Todos los sacrificios que exigía la pobreza, ellos los cumplían con resignación»
Metamorfosis de Franz Kafka

REUNIÓN CON ÁNGEL FERNÁNDEZ VARELA

Recién instaurado el proceso unitario del primer ejecutivo del DRE en Cuba y nombrados todos los responsables de provincias y ciudades importantes, estructurados con un Jefe Provincial o local, recibimos un mensaje urgente del doctor Ángel Fernández-Varela, sub director del periódico Información, dirigente de la Agrupación Católica Universitaria quien tenía estrechos contactos con la Embajada de los Estados Unidos en La Habana y con la Agencia Central de Inteligencia de los Estados Unidos, donde nos solicitaba una reunión urgente para conversar con Juan Manuel Salvat y conmigo.

Hay que decir que Fernández Varela, desde su posición de subdirector del Periódico Información había colaborado estrechamente con nosotros, facilitándonos papel para publicar nuestro periódico Trinchera.

En el momento en que la organización tomaba fuerza y pujanza organizativa a principios del año 1961, tanto en la Sierra Maestra como en el llano, recibimos este reclamo del buen amigo, el doctor Fernández-Varela, con el cual estábamos obligados al encuentro solicitado.

Por venir el recado de un hombre de la relevancia y el respeto de Fernández-Varela, se preparó inmediatamente la reunión que se pudo realizar a principios del mes de febrero en la residencia de Georgina Menocal, hija del ex presidente Mario García Menocal y una inapreciable amiga y colaboradora del DRE.

El motivo de la reunión urgente, según las palabras de Fernández-Varela, era para recomendarnos que abandonáramos inmediatamente la clandestinidad y regresáramos a Estados Unidos, porque los planes iniciales del Gobierno norteamericano para ayudar a los focos clandestinos por toda la isla habían sido eliminados para centrar la estrategia de confrontación en la invasión de la Brigada 2506.

En el mes de noviembre un informe de Allan Dules, director de la Agencia Central de Inteligencia, que se conoce ahora, fue aceptado por el presidente electo John F. Kennedy. En el texto del informe se reiteraban las instrucciones de la CIA:

El Dr. Ángel Fernández Varela fue abogado, elegido para la Cámara de Representantes de Cuba, subdirector del periódico Información en Cuba, También dirigió la programación de Radio Swang en Miami y antes de retirarse fue presidente de Consolidated Bank.

****

a) Continuar y aumentar las actividades de propaganda, actividad polítca y sabotaje en la isla.
b) Revisar la utilización de la fuerzas anticastristas en territorio cubano.

c) El Departamento de Estado debería preparar otro plan de acción con otros países latinoamericanos para aislar al regimen castrista.

Resulta interesante en el informe de la CIA el incerto a revisar el uso de las fuerzas anticastristas. Tenía esta revision de la CIA alguna relación con el llamado de Fernández-Varela a que abandonáramos la estrategia clandestina y regresáramos a territorio de los Estados Unidos? Al parecer efectivamente esa era la interpretación correcta. No querían otra acción que la que generara la Brigada 2506.

¡Vaya información confidencial que nos traía el emisario amigo en un momento de tantos esfuerzos conspirativos por toda la Isla!

En esa reunión recuerdo que le dije al doctor Fernández Varela, «Angel, nosotros no podemos abandonar la clandestinidad bajo ningún concepto ni circunstancia. Las responsabilidades y los compromisos se enfrentan, cueste lo que cueste».

Y añadí: «Me parece gravísima la decision del gobierno de los Estados Unidos —en manos ya de John F. Kennedy desde el mes de enero de 1961— de no prestar ayuda a los cubanos que luchaban en la clandestinidad por la libertad de su país, porque además esa decision de abandono violaba el compromiso del presidente anterior, Dwight Eisenhower, de ayudar a los cubanos libres».

Al final la información de Fernández Varela fue cierta en esencia, aunque parcialmente, porque el abandono no solo se concentró en la clandestinidad, sino que se extendió a los heróicos combatientes de la Brigada 2506, que fueron abandonados en las costas de Playa Girón y Playa Larga sin el apoyo aéreo requerido, como recomendó el Departamento de Seguridad Nacional de los Estados Unidos directamente al presidente John F. Kennedy, cuando sentenció que para lograr el triunfo de la Brigada 2506 «había que inutilizar o neutralizar a la fuerza aérea enemiga del gobierno cubano».

Por eso sustancialmente se habían planeado antes de la invasion, siete bombardeos a las bases aéreas del gobierno de Fidel Castro. Sólo se realizó el primero y el resto de los bombardeos fueron suspendidos por el presidente Kennedy.

He aquí en palabras muy simples y directas, la genesis del fracaso de toda la estrategia que se había elaborado con el gobierno de los Estados Unidos por parte del Frente Revolucionario Democrático, primero, y después por el Consejo Revolucionario Cubano para liberar a Cuba de la dictadura comunista de Fidel Castro.

Se puede decir que el Consejo Revolucionario era básicamente la inclusión del Movimiento Revolucionario del Pueblo que lideraban

Manolo Ray, Reynol González, Felipe Pazos y Raúl Chibás, una organización que competía en fortaleza y militancia con el Movimiento de Recuperación Revolucionaria. Una forma de fortalecer la unidad entre todos los cubanos que luchaban por derrocar el comunismo castrista.

Pero poco valió este esfuerzo necesario de unidad, al no cumplirse con los requisitos básicos para que un esfuerzo combinado entre el movimiento clandestino y el impacto de la Brigada 2506 pudieran dar al traste con el régimen de Fidel Castro.

Precisamente por esta circunstancia aérea de dejar en pie a la aviación castrista, la Brigada 2506 fue derrocada en Girón, al quedarse sin protección frente a los tres aviones SEA FURY, que no fueron finalmente inutilizados al suspenderse los bombardeos a las bases aéreas castristas.

A los pocos días de efectuarse esta reunión con el doctor Ángel Fernández Varela, tuvimos un encuentro con el ingeniero Rogelio González Corzo, alias Francisco, Coordinador General del Consejo Revolucionario Cubano, y con el doctor Humberto Sorí Marín, dirigente de Unidad Revolucionaria y ex comandante rebelde en la Sierra Maestra.

Tanto «Francisco», como Sorí Marín, estaban sumamente molestos y yo añadiría hasta deprimidos por el cambio del plan estratégico del gobierno de los Estados Unidos, del que ya sabían, en cuanto a incumplir con el compromiso asumido de prestar ayuda a la lucha clandestina.

De esta reunión Francisco me comunicó la decisión de organizar la Toma de La Habana, a los efectos de abrir otro frente para colaborar con el momento que se produjera la invasion planeada de la Brigada 2506. Obviamente me pareció un plan de impacto efectivo, aunque todos estos planes tropezaban con el mismo syndrome del fracaso, la falta del armamento requerido para combatir.

Pero «Francisco» y Sorí Marín se negaban a cruzarse de brazos. Y eso mismo nos pasaba a nosotros dentro del DRE, que debo confesar abrigamos siempre la esperanza de convencer al gobierno de los Estados Unidos a cumplir con la ayuda básica prometida. Nunca aceptamos, por inexperiencia o ingenuidad que la información de Fernández-Varela se cumpliría a más del 100 por ciento.

En este plan de la Toma de La Habana, al Directorio se le asignó tomar la Universidad de La Habana, el antiguo Palacio Presidencial, convertido en ese momento en museo y la estación Radio Progreso.

De todas formas nosotros en el DRE decidimos proseguir con nuestros planes, que incluían el alzamiento en la Sierra Maestra, con la esperanza de un cambio por parte del gobierno del presidente Kennedy, lo que nos permitiría tener el armamento requerido para el mismo.

Obviamente también nos comprometimos con la Toma de La Habana, por lo que citamos a una reunión inmediatamente con Miguel García-Armengol e Isidro Borjas para evaluar los requerimientos básicos para el cumplimiento de ese compromiso.

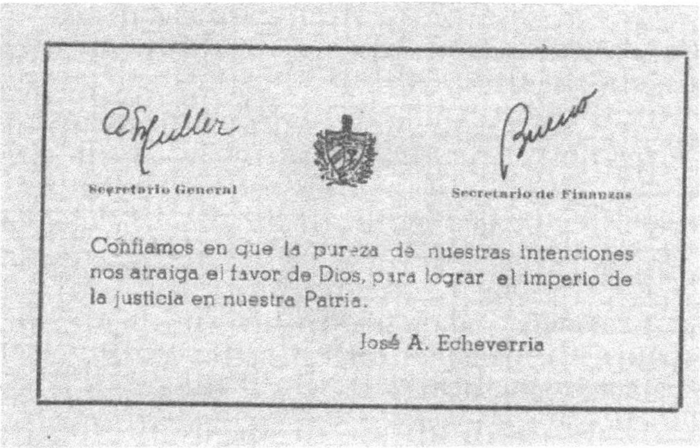

Bonos del DRE para conseguir fondos para la lucha. Firmados por el autor y por Bruno (nombre de guerra de General Fatjó Mijares.

Esta reunión sobre la Toma de La Habana concluyó en el mismo marco por la falta de armas que había que solicitar. El síndrome de la ayuda volvía a aparecer con más fuerza. ¿Cómo tomar la capital si carecíamos del armamento básico para combatir?

ALZAMIENTO EN LA SIERRA MAESTRA

Durante los preparativos del alzamiento en la Sierra Maestra participaron varios compañeros claves por el conocimiento que adquirieron con el Plan Alfabetizador de los Comandos Rurales del año 1959 y por su experiencia campesina y de abastecimiento, que fueron José (El Pico) Marbán Escobar, José (Puchi) González Silva, Roberto Borbollla, Isidrio (Chilo) Borja y Miguel García-Armengol..

El Pico Marbán y José González Silva (Jefe Provincial de Las Villas) fueron la avanzada organizativa del alzamiento. Después se sumaron Chilo Borja para planear el abastecimiento y Miguel García-Armengol para concebir las primeras acciones y llevar el primer alijo de armas a la Sierra Maestra, cuyo objetivo era básicamente defensivo, con 8 pistolas, 3 ametralladoras, 4 fusiles, 10 mil balas y 200 libras de C-4. Además Roberto Borbolla por sus conocimientos de los Comandos Rurales.

A principios de febrero, antes del traslado definitivo al campamento de los Lirios de Nagua en las montañas orientales para iniciar la materialización del proyecto de alzamiento del DRE, que se realizaría a finales de este mismo mes, efectúamos una reunión importante entre varias secretarias con la participaron del Gordo Salvat (Propaganda), Luciano (Secretario General Adjunto), Chilo Borja (Abastecimiento) y Miguel García-Armengol (Acción), entre otros compañeros para evaluar nuestra participación y posibilidades factibles de la Toma de la Habana,

Todos coincidimos que era un plan hecho a la medida ante la falta de apoyo de los Estados Unidos de Norteamérica, a pesar del poco armamento de armas que poseíamos.

Fue sorprendente y admirable en estos dos meses en la Sierra Maestra, cómo diariamente los campesinos se acercaban a las postas de los campamentos para alzarse y quedarse con nosotros. No tuvimos una sola delación, lo que mostraba el apoyo masivo de los campesinos con el alzamiento.

Como no teníamos todavía las armas correspondientes solicitadas, les pedíamos a los campesinos, que esperaran con paciencia hasta nuestro aviso.

Antes del fracaso de la invasión de Girón hicimos dos intentos técnicos en puntos señalados para recibir armamentos, y así lo informamos a nuestra base de recepción en Miami, pero ambos fracasaron.

En el primer intento no apareció ningún avión, a pesar de que los puntos estuvieron señalados correctamente en la fecha y hora acordados.

En la segunda fecha señalada, el 19 de abril, ya combatiéndose en Playa Larga y Playa Girón, sí vimos la barriga de un avión a la hora esperada, que nos pasó muy cerca del área de recepción iluminada correctamente y a media milla de distancia del campamento, pero no lanzaron ni un solo paquete.

Y lo más grave del hecho es que el avión fue detectado por el Ejército Rebelde que intentó derribarlo con sus antiaéreas.

Durante esa madrugada, nuestro cuerpo de guías en la zona nos informó que dos batallones perfectamente armados se dirigían hacia el área por donde había pasado el avión misterioso, que era precisamente el lugar en el que se encontraba el campamento de los Lirios de Naguas, donde nos encontrábamos. ¡El avión misterioso de los «amigos» parece que nos había delatado!

Ante esa realidad tan desconcertante de no lograr el abastecimiento militar requerido y prometido por el Gobierno de los Estados Unidos y la Agencia Central de Inteligencia, tuvimos que tomar la dura decisión de desactivar los dos campamentos del alzamiento en la Sierra Maestra.

Lo más llamativo en esta circunstancia es que en ningún momento de la comunicación establecida entre Enrique Casuso —entrenado como telegrafista— y la base del gobierno de los Estados Unidos, en donde se recibían nuestros mensajes, fue que ellos nos dijeran «que nuestra solicitud de armamentos para el alzamiento no se materializaría». Pienso que estaban en la obligación de decirnos la verdad.

O sea, nosotros mantuvimos la ilusión —hasta el último momento— que nos iban a ayudar y a enviar lo que estábamos solicitando para levantar en armas a una parte de la provincia de Oriente.

Pero al final llegó el desastre y tuvimos que decidir el desmantelamiento de los dos campamentos rebeldes del DRE.

Dividimos el campamento por pequeños grupos de alzados y a cada grupo le designamos un guía para que intentara sacarlo de la zona hacia las ciudades cercanas, a la mayor brevedad, evitando así que los batallones del Ejército Rebelde nos cercaran en la zona. Triste momento

En esta operación estuvimos toda la madrugada hasta el mediodía. Al final Patrocinio Castillo salió con el último grupo y quedamos Casuso y yo en el campamento. Fuimos los últimos en abandonarlo.

Caminamos varias horas hasta llegar a la casa de un campesino que colaboraba con nosotros. Aquí discutimos la disyuntiva de enterrarnos en la zona que parecía segura y tranquila o intentar llegar lo antes posible a la ciudad de Bayamo. Optamos por la vía más rápida de intentar llegar a la ciudad de Bayamo.

Un momento doloroso de reflexión. Una zona rebelde contra el Gobierno de Fidel Castro que pudo alzar a MIL QUINIENTOS HOMBRES, se tenía que desactivar por falta de armamentos para combatir. Ironías de la lógica militar.

Todavía en mi mente martillea esta reflexión y el recuerdo solidario de los campesinos de la Sierra Maestra, que siempre nos agradecieron por haber sido los mismos Comandos Rurales, los únicos revolucionarios que al triunfo del Primero de Enero, celebramos con ellos construyendo escuelas y alfabetizando a sus hijos, mientras los dirigentes de la revolución se olvidaban de ellos en diversiones y bacanales sexuales en las capitales de provincias, especialmente en La Habana.

Un proyecto lleno de humanidad, como el de los Comandos Rurales al principio del proceso revolucionario, convertía a una gran parte de la Sierra Maestra en una zona rebelde contra la traición de Fidel Castro de querer entregar la revolución cubana en manos del totalitarismo comunista soviético, apartándola de los fines de justicia social, entrega de tierras y libertad prometidos en todos los documentos programáticos de la revolución.

En este caso que relatamos del alzamiento del DRE en la Sierra Maestra ganó la irresponsabilidad del Gobierno de John F. Kennedy, que nunca entendió que los cubanos querían y tenían toda la voluntad y capacidad para ser libres, como le dijimos en la carta que le enviamos.

Y hay que decirlo sin dobleces, confiamos en un aliado que desconfiaba de nosotros o que no tuvo la capacidad de entender el amor y el coraje de los cubanos por la libertad.

No captamos a tiempo ese ángulo de desconfianza, a pesar de la advertencia de Fernández-Varela para que abandonáramos la clandestinidad.

Claro, de ninguna manera íbamos a abandonar a los miles de hombres y mujeres que luchaban junto a nosotros. Los cataclismos hay que enfrentarlos. Y esto fue un cataclismo humano para nosotros de dimensiones catastróficas.

Hacer el recuento no solamente es hondo y triste, sino profundamente doloroso. Al momento de producirse la llegada de los primeros cuadros de compañeros universitarios al alzamiento, ya teníamos varias cuevas con carne salada para garantizar la alimentación de los primeros meses y varias arrias de mulos para trasladar mercancías procedente de las ciudades aledañas hacia la zona montañosa del alzamiento. También se había adquirido un jeep que serviría de movilidad y apoyo para toda la operación guerrillera. Realmente el soporte básico de apoyo lo teníamos bastantes adelantado en espera de las armas que nunca llegaron.

Inicialmente se abrieron dos campamentos, uno en los Lirios de Nagua y el otro en la zona de La Plata para recibir a los compañeros que iban llegando al alzamiento y desde allí empezar a operar el plan estratégico del mismo, que contemplaba como objetivo principal la toma de las ciudades aledañas a la zona, Manzanillo y Bayamo, y la joya de la corona que sería posteriormente la toma de Santiago de Cuba. Nos sobraban hombres para esos objetivos de estrategia militar.

En el primer campamento, el de los Lirios de Nagua, cercano a la ciudad de Estrada Palma, fue designado el compañero Carlos Cacicedo, alias El Gallego, como el jefe del mismo. El compañero René de Armas sería el segundo al mando. En el campamento de La Plata, fue designado el compañero Juan Ferrer Ordoñez (ya fallecido), con la misma responsabilidad de jefe del mismo. Un campesino del grupo fue designado para ser el segundo al mando. Omitimos el nombre por discreción imprescindible, pues quedan familiares en la Sierra Maestra.

En este campamento de Naguas inicialmente nos instalamos Enrique Casuso (el telegrafista y Jefe Militar), Patrocinio Castillo (el Jefe de los Campesinos y de Operaciones) y quien relata, como Secretario General del DRE y Jefe del Alzamiento.

A este campamento llegaron de Camaguey las hermanas Eladia (La China) y Mercedes (Mechi) Aguilera, enviadas por el jefe provincial Gustavo Caballero por razones de seguridad, pues se habían señalado mucho por su activismo estudiantil y conspirativo en la ciudad.

A pesar de la noticia que habíamos recibido del doctor Angel Fernández Varela de que no habría ayuda efectiva a la clandestinidad, que nunca quisimos creer, intentamos forzar una ayuda al alzamiento de la Sierra Maestra dada la presencia de Enrique Casuso en el grupo, que había sido entrenado en los campamentos de Guatemala por la Agencia Central de Inteligencia (CIA), pero que a su vez, era un hombre de nuestra absoluta confianza, por ser amigos y compañeros en la Universidad de La Habana.

La organización por núcleos y zonas que teníamos en la Sierra Maestra, más la masiva incorporación de los campesinos organizados en células dispuestos a tomar las armas para combatir al régimen totalitario de Fidel Castro, nos llevó a solicitar a nuestros contactos del Gobierno de los Estados Unidos en Miami, armas largas y parque correspondiente para armar a mil quinientos hombres. Esa había sido la cifra que el Pico Marbán nos había dado después de realizar una evaluación recorriendo toda la zona.

En esta correspondencia con nuestros contactos en el exterior, aunque nunca nos dieron una respuesta concreta, ellos aceptaban nuestras solicitudes, lo que en cierta medida, nos daba alguna esperanza de que cumplirían con lo que solicitábamos, porque no se recibía ninguna respuesta negativa de parte de ellos.

Inclusive en un momento decidimos enviarle una nota a los contactos en Estados Unidos sobre nuestra disposición de salir al exterior para regresar con las armas físicamente. Yo, personalmente, sería el que saldría para presionar más por el cumplimiento de la solicitud de las armas que solicitábamos, teniendo en cuenta la situación que se había vivido en el Escambray al no recibir ninguno de los abastecimientos requeridos.

Pero inmediatamente Casuso recibió una respuesta de que la operación de la Brigada 2506 era inminente y no tendríamos tiempo para esta salida. Y así fue, con resultados desastrosos y destructivos para nosotros. Tampoco en esta comunicación de urgencia nos dijeron que no nos ayudarían, que deberían haberlo dicho.

Al llegar el desenlace inesperado de la derrota de la Brigada 2506 en Playa Girón y Playa Larga, el golpe fue demoledor para el alzamiento del DRE, que había solicitado armas para una fuerza que podría haber tomado militarmente todas las ciudades aledañas, como las de Bayamo y Manzanillo y hasta la misma ciudad de Santiago de Cuba.

Todo el esfuerzo organizativo de meses de preparación se vino abajo. Los dos intentos de un avión que se acercó en dos ocasiones a la zona en la fecha señalada, no lanzaron absolutamente nada de lo solicitado, a pesar de que las señales estaban encendidas y en las coordenadas designadas.

Años después, por mi amistad cercana con Julio González-Rebull, ya fallecido, quien iba en ese avión de abastecimiento de la Brigada 2506, me aseguró que ese avión solo transportaba granadas y explosivos en plásticos para volar puentes, pero no armas largas para combatir. O sea, que lo solicitado en armamentos y esperado con tanta ansieded para liberar la Sierra Maestra y conquistar a las ciudades cercanas, no venía en ese avión.

Supongo que en algún momento, con el paso de los años, se revelarán los documentos que confirmen este sin sentido, pues ellos —los amigos estadounidenses del gobierno— sabían con lujo de detalles lo que estábamos solicitando y los peligros que corríamos.

Recuerdo que antes de proceder a desactivar los dos campamentos, pues no teníamos capacidad de combate para enfrentarlos, escribimos un mensaje a los amigos de los Estados Unidos: «No tenemos argumentos que expliquen por qué nos han abandonado, aunque tenemos confianza que Dios no nos abandonará». Así fue el último mensaje.

Cuando Enrique Casuso y el que escribe abandonamos el campamento de Nagua, teníamos la esperanza minuciosa de que el resto de los compañeros alzados pudieran salir del cerco que venía haciendo el Ejército Rebelde.

Con excepción de algunos, que obviamente no identificamos por razones de seguridad, la mayoría de los alzados en los dos campamentos cayeron prisioneros, incluyendo el grupo en un tiroteo criminal por parte del Ejército Rebelde que dejó sin vida al campesino Marcelino Magaña, alzado con el DRE.

Fue una muerte irreparable, porque Marcelino era un campesino combatiente de muchas cualidades humanas y morales. Un campesino de profunda espiritualidad.

Algo similar pasó con la clandestinidad del Directorio Revolucionario, pues debido a la falta de armas y recursos prometidos, que nunca llegaron, la organización perdió su pujanza, por lo que muchos de sus miembros fueron hechos prisioneros políticos.

De todas formas los miembros del DRE realizaron esfuerzos heroicos y sobrehumanos de reorganización posterior al fracaso de Playa Girón.

Meses después Juanín Pereira fue designado Secretario General de la organización con el desastre que produjo la derrota de la Brigada 2506 y el fracaso del alzamiento del DRE. El efecto de todo este derrumbe fue la consolidación de la dictadura de Fidel Castro por unas cuantas décadas. Se dice fácil, pero las consecuencias son históricas y lacerantes para la Nación Cubana hasta hoy en el año 2021 que publicamos estas memorias de lo vivido. Es una tarea pendiente de los historiadores evaluar este desastre mayúsculo.

FUSILAMIENTO DE VIRGILIO CAMPANERÍA

En el mes de abril de 1961, mientras me encontraba en el campamento de los Lirios de Nagua en la Sierra Maestra, son detenidos en La Habana los miembros del DRE Virgilio Campanería, Alberto Tapia Ruano y Tomás Fernández Travieso. Los dos primeros fueron fusilados en los fosos de la Fortaleza de La Cabaña, dando los gritos inmortales de coraje de VIVA CRISTO REY, VIVA CUBA LIBRE Y VIVA EL DIRECTORIO REVOLUCIONARIO ESTUDIANTIL, que se pudieron escuchar por toda la población penal y quedan para la historia cubana como un gesto de heroismo de profunda trascendencia en la historia cubana.

El tercero de ellos, Tomás Fernández Travieso salva su vida por ser menor de edad.

Fue un día muy triste para mí por la amistad que me unía a los tres. Me enteré por la radio que teníamos en el campamento de Los Lirios de Nagua en la Sierra Maestra. Unos días antes, el 13 de abril, fue fusilado el compañero Abelardo Aguiar.

Hay que decir que Fidel Castro y su régimen autoritario y despótico tuvieron mejor suerte que nosotros. La Unión Soviética los ayudó hasta la saciedad, sin aparentes reservas. A nosotros el gobierno de John F. Kennedy nos dio la espalda en el momento en que más necesitábamos solidaridad y ayuda.

Unos meses antes había sido fusilado, también en La Habana, el compañero del DRE, Julio Antonio Yebra.

Podemos decirlo con precisión, porque es la verdad histórica, fuimos abandonados sin clemencia ni decoro por el gobierno de los Estados Unidos, teniendo en cuenta que había un compromiso previo del gobierno de Dwight Eisenhower, aceptado inicialmente por el gobierno de John F. Kennedy, de ayudar efectivamente a la resistencia interna cubana.

El doctor Angel Fernández-Varela nos lo había advertido, pero debo confesar que fuimos muy ingenuos en no creer al pie de la letra lo que venía de un amigo de integridad y decoro, como Fernández-Varela.

Posterior al abandono del campamento y la quema de documentos, la premura por llegar a Bayamo nos llevó a intentar pasar el retén del

Central Estrada Palma, como habíamos acordado. Aquí nos hicimos sospechosos y fuimos detenidos los dos el 22 de abril de 1961.

SIMULACRO DE FUSILAMIENTO
(La primera tortura)

En mi primer día de detención, soy trasladado en horas de la noche después de los interrogatorios de rigor en la posta del Central Estrada Palma al Campamento de las Mercedes en la Sierra Maestra. Cuando llegamos al campamento se nos comunicó que ya habían fusilado a René de Armas y a Sixto Rubiales. Fue una noticia desconcertante y abrumadora por la amistad que me unía a ambos.

En ese ambiente desolador y triste por el fusilamiento de dos compañeros y por el fracaso del alzamiento, los guardias me dijeron delante de todos los compañeros que se encontraban allí detenidos que me preparara que me iban a fusilar inmediatamente.

Tenía entonces 21 años edad. Sería en la medianoche del 22 de abril de 1961 en el campamento militar de Las Mercedes en la Sierra Maestra. En horas de la medianoche de ese día me llamaron para fusilarme. Todos los compañeros se acercaron para abrazarme y fue Alberto (Chicho) González que ya al salir de la galera me dio su chaqueta para que me abrigara. Le dije que no me hacía falta, pero insistió y me la puse. Con ella salí a encontrarme con la muerte ante unos cuatro fusileros.

Para una persona normal y común el fusilamiento de un ser humano siempre es un hecho desagradable, tenso, tácito y hasta castrante existencialmente, porque cercena o destruye la esperanza de una vida humana.

Me llevaron hasta la entrada de un camino angosto y solitario, a unos doscientos metros del campamento. Durante el trayecto los cuatro soldados caminaban a mis espaldas, apuntándome con sus fusiles cargados y con la orden del oficial de que estuvieran preparados para disparar.

Esperaba con cierta ansiedad el impacto de las balas sobre mi cuerpo. Esa sería la señal de la muerte instantánea. En un momento después de varios minutos de caminar, me ordenaron parar y ponerme de frente a ellos. Me dije: «Llegó el momento y le pedí a Dios, paz y confianza interior».

Esperé la muerte durante unos minutos. Estaba en control emocional y tranquilo, pero sabía que la muerte era inevitable. Me era difícil en ese trance emocional tener certeza del tiempo. Miré las estrellas, pedí a Dios entereza para despedirme. Pensé en mis padres, en mi familia, en mis compañeros del DRE, en Anita Díaz Silveira, la fiel y amada compañera que me acompañó en la clandestinidad hasta el día que subí a la Sierra Maestra desde la ciudad de Bayamo.

Y seguí por unos instantes a la espera del impacto de los disparos que no llegaban. El impacto de los disparos iba a ser la señal instantánea final, pero demoraba cómo para convertir el dolor en una mayor angustia y ansiedad.

El sargento volvió a decir a los soldados, «Preparen, Apunten…», pero tampoco llegó el impacto que esperaba de los disparos y que seguía esperando con ansiedad terminal.

De momento se escuchó el motor de un jeep que llegaba al cruce del camino, y dejó entrever que en algo podía variar el ambiente de tensión.

Me amarraron fuertemente las manos atrás y así fui trasladado del campamento de las Mercedes en la Sierra Maestra al Castillito en Santiago de Cuba, sede de la Seguridad del Estado y lugar de las celdas de los condenados a muerte. Todo el proceso de fusilarme había sido un simulacro. Una tortura psicológica para destruir la psiquis emocional de cualquier mortal. Mi mayor fortaleza ante esta ofensiva contra mi persona, fue la fe en Dios y en el Cristo Salvador. Pienso que salí fortalecido de la prueba. No tengo dudas.

LAS CELDAS DE CONDENADOS A MUERTE (34 DÍAS)

Desde mi primer día internado en las celdas de condenados a muerte en el Castillito de Santiago de Cuba (instalaciones de la Seguridad del Estado) tuve conciencia de que comenzaban para mí largos y pesarosos años de presidio en caso de no ser fusilado, la opción inmediata que más esperada en esas horas angustiosas de los días finales del mes de abril de 1961. Más exactamente desde el 24 de abril.

Esa fue mi larga reflexión inicial cuando los custodios cerraron la puerta de acero de la celda y me tiré bocas arriba en el piso a descansar del largo viaje desde las Mercedes en la Sierra Maestra hasta el Castillito de Santiago de Cuba. Tenía los riñones molidos de los saltos del jeep con las muñecas marcadas por las esposas atadas a la espalda.

Me preparé espiritualmente para morir y eso no resulta fácil a los 21 años —ni a ninguna edad—, pero las realidades se imponen y como cristiano puse mi vida y mi destino personal con humildad en manos de Dios. Como nos enseñaron nuestros padres con mucha bondad y sabiduría espiritual, «que sea lo que Dios quiera o que se cumpla la voluntad de Dios»...

Los internados esperaban que el custodio de las celdas solitarias se ausentara para proceder al saludo de bienvenida al recién llegado, que en esta ocasión era mi persona.

Todos con mucho afecto saludaban e inmediatamente devolví los saludos y me identifiqué muy sucintamente. Con este saludo ampliaba mi círculo de amistades escogidas. Comenzaban los largos días plenos de incertidumbre por la probabilidad de ser fusilado.

Lo peor de este confinamiento en las celdas de condenados a muerte no eran las amenazas ni las condiciones del confinamiento solitario ni la falta de agua ni la pésima alimentación ni el frío en los interrogatorios, sino el momento de despedir al compañero que sacaban de la celda para consumar el fusilamiento. Se sentía como un vacío profundo en cada uno de quienes quedábamos confinados en las celdas después que se producía la despedida, cuando deseábamos la mejor suerte y la bendición de Dios al que sacaban de su celda con la seguridad de que sería fusilado a los pocos minutos.

En una ocasión se produjo un evento inconcebible que rompió la rutina de la espera de la muerte, que comparto con cierta satisfacción cuando un guardia de pésima pronunciación pasó varias veces por el pasillo central buscando a un tal Alberto García. Todo pésimamente pronunciado.

A la cuarta o quinta vez, me pasó un chispazo por la mente que a lo mejor era para ponerlo en libertad y dije: «yo soy Alberto Muller García». El Muller lo pronuncié de ex profeso muy mal y el García con una voz más alta y clara.

Inmediatamente el soldado —obviamente de pocas luces— abrió la puerta sin previa confirmación, me sacó de la celda y me bajó al lobby, llevándome hasta el mostrador de la recepción, diciéndole al oficial: «Aquí tengo a Alberto García».

«Pues proceda a trasladarlo al vivac de Santiago de Cuba», le contestó el oficial recepcionista que evidentemente tampoco conocía mucho de las técnicas básicas para identificar a un prisionero. Inmediatamente me montaron en un transporte carcelario cerrado y llegué al Vivac o Centro Penitenciario de Delitos Menores de la ciudad de Santiago de Cuba. Por mi mente solo pasaron algunas ideas de fuga inmediata, sabía que el tiempo no iba a ser abundante, pero carecía de las condiciones básicas para abrir una vía de escape inmediata, como algún contacto confiable entre los custodios del recinto carcelario.

En cuanto entré en el Vivac, desde el segundo piso, donde concentraban a presas, escuché la voz conocida de Eladia (La China) Aguilera del DRE que me saludaba. Devolví cariñosamente el saludo. Comprendí entonces que la China no había podido romper el cerco en la Sierra Maestra y ya estaba presa.

Una vez en el patio de prisioneros —la mayoría de ellos presos comunes— y tras haberme asignado un camastro metálico con una gastada colchoneta, me dispuse a buscar a alguien conocido o por intuición a alguien que me pareciera confiable. Y así me topé con una persona de más de 60 años, que me saludó y me facilitó el puente de comunicación que buscaba desesperadamente. Sin comentarios previos le dije: «Amigo necesito urgentemente comunicarme con un abogado o alguien de confianza, porque vengo de las celdas de condenados a muerte».

De inmediato me contestó que no me moviera del lugar que iba al local de los abogados. Pero mientras el viejo se alejaba de mí con pasos lentos y todavía dentro de mi campo visual, sonaron varios timbrazos de alarma insistentemente y los guardias comenzaron a ordenar, con cierta agitación y nerviosismo a todos los reclusos que se fueran a sus camastros para un recuento de urgencia.

Al Vivac entraron como unos cien soldados o guardias de prisión con armas largas y tomaron militarmente el patio de la instalación penitenciaria. Inmediatamente unos diez guardias con el soldado que me había trasladado se acercaron a mí camastro y una vez que me identificaron fui brutalmente ofendido de palabras y esposado con las manos en la espalda. Entonces fui llevado nuevamente a empujones y en el mismo transporte carcelario al Castillito de Santiago de Cuba.

Poco duró este error policial, que al menos despertó en mi mente un intento de liberación y puso en evidencia la incapacidad de algunos funcionarios del Departamento de Cárceles y Prisiones, al menos de esa época. El paseo no debió haber durado más de 45 minutos hasta volver a mi celda de condenados a muerte de donde habían sacado a un tal Alberto García, que obviamente no era yo. El sueño de escaparme duró poco tiempo, pero obviamente estaba vivo. Volví a la oscuridad e incertidumbre de todos los condenados a muerte.

Pero debo confesar que nunca me pasó por la mente en estas horas sin sol en las celdas de condenados a muerte, que iba a quedar con vida de este trance terminal de ser fusilado. Por aquellos días en la provincia oriental, Raúl Castro ordenó el fusilamiento de cientos de hombres

Y esto está perfectamente documentado por las organizaciones Archivo Cuba que dirige María Werlau y el Instituto de la Memoria Histórica contra el Totalitarismo en Cuba, que dirige el escritor Pedro Corzo

Mi destino en este momento era el Castillito de Santiago de Cuba, el edificio de la Seguridad del Estado, donde encerraban en celdas indivduales a los que iban a fusilar.

Durante treinta y cuatro días —que parecieron un milenio— y fueron interminables como años, estuve incomunicado en una celda en espera de morir ante un paredón de fusilamiento. Aquí padecí en dos ocasiones la tortura de los interrogatorios en una oficina a temperaturas heladas y sin ropa, porque antes de entrar te quitaban la ropa a la fuerza.

Era un tortura fuerte y humillante, porque no todo el mundo resiste estas temperaturas heladas capaces de matarte de un shock o producir una neumonía inmediata y mortal.

En esta celda oscura, con poco agua y mala alimentación, acompañado de un ratón inolvidable, estuve los treinta cuatro días esperando la muerte. Pero muy pronto pude comprobar los vínculos ideológicos de Fidel Castro con el estalinismo soviético, pues la tortura se hizo presente con rapidez.

Fue en mi segundo día en el Castillito cuando fui sometido desnudo a esa entrevista en horas de la madrugada a temperaturas muy frías en una habitación preparada para provocar una pulmonía al más fuerte de los mortales. Ante mi negativa a quitarme la ropa, fui desnudado a la fuerza por tres guardias de la prisión, dos de ellos me aguantaron los brazos en la espalda y el tercero procedió a quitarme la ropa, por lo que me llevaron desnudo a la entrevista con un oficial de la Seguridad del Estado. Obviamente estaban entrenados para desnudar con rapidez el cuerpo de cualquier ser humano. Debo confesar que la desnudez me hizo pensar que me torturarían por los genitales. Pero no fue así.

Desde la primera frase, el oficial me amenazó con que me fusilarían de inmediato si no colaboraba con ellos en cuanto a informar el lugar donde teníamos escondidas las armas en la Sierra Maestra.

Le dije sin pensar un segundo y con una sonrisa medio irónica, no exenta de tragedia, que no perdiera el tiempo en buscar armas en nuestro alzamiento, porque no teníamos armas. Y agregué, «Si hubiésemos tenido las armas para combatir, ustedes no se hubiesen podido acercar a nosotros».

Esta respuesta puso furioso al oficial hasta el punto de amenazarme con golpearme hasta obligarme a hablar, pero ante mi insistencia de no poder informar de armas, porque no poseíamos armas, entonces procedió a preguntarme por qué punto de la costa había yo entrado clandestino en Cuba.

Obviamente aquí le dije una mentira que ya tenía perfectamente preparada desde la clandestindad para el caso de ser detenido, porque no podía delatar al grupo de recepción del Reparto Naútico por donde realmente había entrado clandestino a la isla.

Le dije que había entrado por la Playa de Tarará, lugar que conocía perfectamente por haber vivido en ese reparto durante mi tres últimos años en Cuba.

De momento quedó complacido porque le hice una precisa descripción de detalles del reparto, pero parece que a los tres días o cuatro días pudo comprobar que aquello había sido una colosal mentira, y esto me costo el segundo interrogatorio desnudo en el cuarto frío.

Recuerdo que me dijo muy alterado, que había comprobado que la entrada mía no había sido por el Reparto Tarará y que eso podría costarme la vida inmediatamente. Durante toda la entrevista fue sumamente agresivo y reiterativamente amenazante con el paredón de fusilamiento.

Una de las características de la clandestinidad es tener la mayor cantidad de guiones falsos preparados para poder responder cualquier interrogatorio en caso de ser detenido.

Esta estancia en las celdas de condenados a morir fue infinita en el tiempo. Las horas no avanzaban, como si la vida se paralizara en el drama personal de cada uno. Todo de un dramatismo singular.

Después en la celda tuve que afrontar al ratón que salía de madrugada por el hueco del excusado y me despertaba religiosamente en horas de la madrugada. Sacrifiqué entonces un paño pequeño que me encontré en la celda y que usaba de toalla, supongo de un compañero fusilado, y lo usé para taponear el único lugar del excusado por el que podía salir el ratón. Resolví la impertinencia del ratón.

Recuerdo que posteriormente escribí un poema que titulé: «Al inolvidable ratón que me mordisqueó el pie izquierdo mientras esperaba la muerte», y que fue publicado en mi primer libro de poemas en Miami[4].

Otra incidencia interesante fue la novela El Cardenal del escritor Morton Robinson que por esos misterios de la vida recorría de celda

[4] Ver en Capítulo 8. Documentos.

en celda de los condenados a muerte. La novela trata de la vida del célebre cardenal Spellman de Nueva York. Un libro muy bien escrito y entretenido.

Recuerdo con mucha gratitud que el libro me la prestó Nelson Figueras, uno de los lugartenientes y grandes amigos de Frank País, que nos hicimos muy buenos amigos en estas circunstancias en espera de la muerte.

Finalmente, el día que lo sacaron para fusilarlo tuvo el coraje de detenerse frente a mi celda para despedirse con una entereza envidiable. Me dijo: «Alberto, creo que me toca partir, pero voy sin miedo y sé que Cuba será libre»

Le contesté. «Lo sé hermano, pero salúdame a Frank que Dios está con nosotros. Mucha paz interior».

Nunca podré olvidar este corto diálogo con Nelson Figueras, por su entereza mientras iba sereno a enfrentar la muerte ante un paredón de fusilamiento..

La vida en estas celdas fueron de horas intensas, todas de una ferocidad emocional aterradoras, con madrugadas y atardeceres, noches y medios día indiferenciables, de una agonía profunda encerrados en un espacio oscuro con cuatro paredes y escasa iluminación que subrepticiamente se filtraba trabajosamente entre las rendijas de sus puertas de acero, que cierran existencialmente estas celdas tapiadas de los condenados a morir.

PRISIÓN DE BONIATO

Pasados los treinta cuatro días a la espera agobiante de la muerte, fui trasladado a la prisión de Boniato donde me reuní con los compañeros del alzamiento que allí se encontraban. Un día inolvidable por la alegría que este encuentro representó para todos, porque aunque ya se comentaba que yo estaba en las celdas de condenados a muerte, no tenían confirmación de mi presencia en el Castillito de Santiago de Cuba ni lo que había padecido, porque en esa instalación ellos sabían que se fusilaba cotidianamente.

Alegría infinita comprobar que René de Armas y Sixto Rubiales, dos apreciados amigos de esos años de juventud estaban con vida y no habían sido fusilados en el Campamento de las Mercedes, como hicieron ver las autoridades. En realidad habían sido dos simulacros de fusilamientos, similares al mío para intentar atemorizar al grupo.

Todos estábamos con vida. Un momento de abrazos, afectos, recuentos y de profunda reflexión para todos. Un abrazo colectivo inolvidable.

Prisión de Boniatos en la provincia oriental de Cuba.

En esos meses en la Prisión de Boniatos recuerdo varios incidentes de protestas y un encontronazo muy grave con los presos comunes manejados por los directores de la prisión, quienes nos amenazaron un mediodía diciéndonos que no nos permitirían salir a buscar los alimentos del almuerzo por nuestra conducta rebelde.

Nos reunimos todos en la galera y decidimos que cada uno tomara una de las dos cadenas que aguantaban el camastro. Con una cadena en la mano y el plato en la otra salimos ese día al mediodía a buscar los alimentos. Los presos comunes decidieron retirarse y nosotros mismos inmediatamente procedimos a servirnos.

Posteriormente una delegación de presos comunes nos visitó para mediar y normalizar las relaciones con nosotros. Nos dijeron que la amenaza había sido una orden de las autoridades de la prisión. Todo quedó resuelto y durante nuestra estancia en la prisión de Boniato no hubo otro incidente con los presos comunes.

En otra ocasión enfermé de fiebre tifoidea (tifus), que es una infección intestinal grave producida por un microbio que se caracteriza por la ulceración de los intestinos con fiebres altas prolongadas. Este microbio se trata con altas dosis de antibióticos y la infección puede durar una semana. Pero si no se usan antibióticos, como fue en mi caso, la enfermedad puede durar un tiempo indeterminado incluso con riesgos de perder la vida.

Por esta razón fui trasladado y aislado en el hospital de la prisión. Producto de la fiebre continua y de la pésima alimentación carcelaria perdí unas treinta libras durante las cuatro semanas que estuve aislado en una celda del hospital penitenciario de la prisión de Boniato.

Al principio del aislamiento a que fui sometido por el tifus en el hospital me percaté que en una celda aislada contigua estaba internado el compatriota Marco Antonio Vázquez, oficial del Ejército Rebelde y miembro del Movimiento 30 de Noviembre que había sido condenado a la pena de muerte y esperaba con mucha entereza y coraje el momento de morir ante un paredón de fusilamiento.

Los guardias que nos custodiaban no nos permitían conversar entre nosotros dos, pero a ratos cuando ellos desaparecían por alguna que otra razón circunstancial, lográbamos hacerlo por lo que inmediatamente identificamos nuestra amistad y nuestro objetivo común.

No olvidaré nunca el momento de nuestra despedida cuando lo sacaron para enfrentar la pena de muerte. Nos dimos una abrazo raro entre las rejas y me pidió particularmente: «Cuando puedas comunícate con mi esposa y dile que muero sin temor alguno y con mucha integridad. Muero pensando en ella y en nuestro hijo. Y no tengo dudas de que Cuba será libre».

JUICIO EN SANTIAGO DE CUBA

El 21 de agosto de 1961 el grupo del DRE compareció bajo la Causa # 127 de 1961 ante el tribunal que nos juzgaría en la Audiencia de Santiago de Cuba. Nos trasladaron en camiones y durante el trayecto íbamos cantando el himno nacional.

Al llegar a la Audiencia vimos que estaba rodeada de una multitud de 300 o 400 personas que comenzaron a aplaudirnos y a gritar ¡Cuba Sí, Rusia No! Una vez leída la lista de los implicados, el fiscal me llamó para interrogarme:

«Fiscal:

—Alberto Muller ¿usted es el máximo responsable del alzamiento que preparaban en la Sierra Maestra?

Muller:

—Sí señor

Fiscal:

—¿Usted fue el organizador de la manifestación contra Mikoyán en el Parque Central de La Habana?

Muller:

— Sí señor

Abogado (Dr. Agustín Cebreco):

—¿ Por qué organizó usted la manifestación del Parque Central?

Muller:

—Porque Mikoyán había sido uno de los máximos responsables al ordenar que los tanques rusos marcharon hacia Budapest para

masacrar a un pueblo, que solo cometía el delito de luchar por su libertad, y viniera a mi Patria a colocar una ofrenda floral ante la estatua de Martí, y para colmo de ignominia, la corona en lugar de llevar una bandera en el centro, llevaba los signos odiosos de la hoz que siega de la verdad y el martillo que golpea la conciencia.
Abogado (Dr. Agustín Cebreco): ¿Cuáles fueron los motivos para conspirar y organizar un alzamiento en las montañas de la Sierra Maestra.
Muller:
—Traicionaría mis principios y traicionaría a los compañeros que desde el 27 de noviembre, recorriendo a la vez por las generaciones de Trejo en el 30, del inolvidable José Antonio Echeverría en el 57 y por la de Porfirio Ramírez, Virgilio Campanería y Julio Antonio Yebra en los años presentes que ofrendaron sus vidas en el altar sagrado de la Patria, si viniera aquí a negar las verdaderas razones que me han impulsado de nuevo a luchar con todas las fuerzas de mi vida, que son la traición de Fidel Castro a la genuina revolución que prometía:
1.— El restablecimiento de la Constitución de 1940.
2.— La celebración de elecciones libres en un plazo no mayor de 18 meses.
3.— El respeto a los derechos del hombre.
4.— La repartición de tierras al campesino humilde.
5.— La repartición al obrero de las utilidades de la empresa.
6.— El respeto a la Autonomía Universitaria.
—Si mil veces me viera en la posición de alzarme en armas para salvarla, mil veces estaría dispuesto a hacerlo[5]».

Al finalizar el juicio que duró 8 horas y al salir de la Audiencia de Santiago de Cuba en los camiones que nos trasladarían nuevamente a la prisión de Boniatos, recibimos el aplauso de los cientos que se congregaban en las afueras del edificio.

Como represalia por nuestra conducta en el juicio, la guarnición del penal nos quitó todas nuestras pertenencias y ante nuestra respuesta que fue cantar el himno nacional y protestar, el edificio en donde se encontraba nuestra galera, fue atacado para amedrentarnos por las ametralladoras y las armas largas del penal.

[5] Ver comparecencia completa en el Capítulo 8 Documentos.

Un incidente kafkiano, pues nosotros estábamos desarmados y ellos atacando el edificio en donde nos encontrábamos. Por suerte no hubo heridos. Todo un operativo de terror.

Cuando todo se calmó en los días subsiguientes, recibí una información altamente confidencial. La misma me anunciaba que el director de la Cárcel de Bonito en contacto con los dirigentes del DRE en Santiago de Cuba estaba colaborando para lograr mi fuga del penal.

Según el plan concebido me ingresarían por una dolencia en el hospital. Y desde este una ambulancia en combinación con el DRE y el Director del Penal me sacarían de la prisión supuestamente para un tratamiento en un hospital de Santiago de Cuba. Aquí se produciría la fuga, pero en medio de estos preparativos, llegó el traslado para Isla de Pinos de la mayor parte del grupo y el plan de fuga quedó frustado.

DELIA ACUÑA LA AMIGA URUGUAYA

Cuando llegué a la prisión de Boniato a los pocos días me entregaron una carta de una estudiante uruguaya, Delia Acuña Jauregui, que me escribía para mostrar la solidaridad de la juventud latinoamericana ante la tragedia cubana.

A través de los años hicimos una profunda amistad epistolar. Inclusive cuando formó una familia en Montevideo y nació su primer hijo, tuvieron la gentileza de nombrarme padrino de Alejandro.

Confieso que me siento orgulloso y honrado de tener un ahijado uruguayo, producto de la solidaridad humana.

Guardo con emoción la gratitud hacia esta amiga uruguaya que entendió nuestra causa y se acercó a ella plenamente.

También Delia hizo un viaje a Miami para conocer a mis padres, algo que agredeceré eternamente. En los primeros meses en la prisión de Boniato escribí el alegato *«Amérıca Mía, Indoamerica de mi corazón»* y debo confesar que fue inspirado por ella, mi gran amiga uruguaya[6].

DELEGACIÓN DRE EN EL EXILIO

Posteriormente con la llegada de los dirigentes del Directorio Revolucionario —que no cayeron en la prisión política— y llegaron al exilio, liderados por Luis Fernández Rocha y Juan Manuel Salvat, se organizó una poderosa Delegación del DRE en el Exilio, cuya actividad fue incesante por algunos años, creando delegaciones en las

[6] Ver este trabajo en Capítulo 8 — Documentos.

principales capitales de América Latina y ciudades importantes en Estados Unidos donde vivían muchos exilados. Sin olvidar las operaciones de lucha por Cuba.

Estas delegaciones lograron llevar la verdad sobre la situación cubana de falta de libertades, represión, violaciones de derechos humanos y desastre humanitario y económico en Cuba, a través del periódico Trinchera y de un «Cuban Report» que se elaboraba en ingles..

También se organizó y llevaron a cabo una campaña política masiva internacional para evitar mi fuslamiento y el de otros. En las gestiones de esta actividad participaron desde el Papa Juan XXIII, hasta Janio Quadros presidente de Brasil, pasando por Rafael Caldera, presidente de Venezuela, Arturo Frondizi, presidente de Argentina, Francoise Mitterand, presidente de Francia, Don Pepe Figueres, ex presidente de Costa Rica, entre otras personalidades relevantes, así como todas las delegaciones estudiantiles de América Latina y del mundo democrático en Europa y Asia.

Al parecer, esta patente solidaridad fue realmente lo que frenó en seco la posibilidad de haber sido fusilado en el Castillto de Santiago de Cuba.

Carlos Duquesne, Delio González, Luis Fernández Rocha
y Bernabé Peña, entrenando en el barco «Juanín» del DRE.

CAPÍTULO 5

HORRORES DE LA PRISIÓN POLÍTICA

«Cuando Gregorio se despertó después de un sueño intranquilo, se encontró sobre su cama convertido en un monstruoso insecto».
Metamorfosis de Franz Kafka

LOS HORRORES EN LA PRISIÓN POLÍTICA CUBANA

En un libro de memorias, en cualquier libro de memorias, siempre hay momentos en los que debemos compartir lo que no quisiéramos recordar ni haber vivido, porque nos resultan desagradables, tristes, angustiosos y en ocasiones por ser recuerdos sangrantes o sangrientos, que preferiríamos desaparecerlos de la memoria, pero es imposible, créanme.

Salen por los poros de la piel, salen de la mente con fuerza de tormenta y salen de los sueños sin pedir permiso. En el intento de apagarlos y vencerlos nos va la vida.

Algunos de esos momentos los he denunciado en cónclaves de derechos humano y sobre otros he escrito hasta crónicas de una tristeza infinita.

Las violaciones de los derechos humanos padecidas por el pueblo cubano y en especial los presas y presos políticas a través de estas seis décadas de maltratos, intimidación y torturas en los centros de detención del régimen castrista por toda la isla, son escalofriantes y de naturaleza genocida.

Sé que algunos no serán fáciles de leer ni por los que pertenecen al círculo de simpatizantes del régimen castrista ni por los que sufrieron en carne propia estos arrebatos de torturas y abusos de dicho régimen castrista.

Estamos ante un horror extendido que ha representado un hondo sufrimiento para los afectados directamente, así como para todos sus familiares y amistades.

Debo decir que este horror me tocó muy de cerca: me golpeó de forma inclemente, en varias ocasiones sentí muy de cerca que la muerte me acechaba y me ganaba la partida, pero por suerte no fue así.

Confieso que nunca pensé que sobreviviría y que hoy a los 81 años de edad tendría la fuerza síquica, física y moral para sentarme ante mi mesa de escritor y contarlos.

Edificios circulares de la prisión de Isla de Pinos, donde Alberto Muller fue torturado y maltratado.

Valga decir también, contarlos con dignidad, porque me ajustaré al balance y a la objetividad que requieren los géneros literarios de denuncia con absoluta profesionalidad.

Inicialmente pensé que sería fácil este recuento de mis memorias, pero al final he descubierto que ha sido doloroso, hondo y lacerante, porque he tenido que volver a repetir en la mente y en el alma tantas jornadas de torturas y de dolor agudo inimaginables. De haber conocido de antemano que este recuento sería profundamente doloroso, no estoy seguro de haberlo compartido en un libro de memorias.

Guardo en mi muslo derecho, como un tesoro inapreciable de desprecio humano, las dos cicatrices de sendos bayonetazos durante el Plan de Trabajo Forzado en el Presidio de isla de Pinos, donde mis espaldas fueron intensamente golpeadas cientos de veces en ese mismo período.

A esto se suman las dos torturas en la Zanja de Excrementos, los casi dos años en etapas alternas en las Celdas de Castigo de Isla Pinos y todos los enfrentamientos con las autoridades carcelarias, que se derivaban de esta situación de aislamiento.

El aislamiento tiene múltiples complejidades de orden sicológico y moral, porque está concebido para debilitarte o quebrarte mentalmente y distanciarte aún más del marco social y familiar. Casi convertirte en un insecto solitario como el de la Metamorfosis de Kafka.

También el Simulacro de Fusilamiento que padecí en mi primera noche de detención en el Campamento de Las Mercedes en la Sierra Maestra tuvo características de terror aniquilantes.

Un simulacro de fusilamiento es una especie de muerte anunciada por varios minutos y obviamente conlleva una hostilidad monstruosa por una de las dos partes, en donde los fusileros se paran ante ti durante unos minutos, te ofenden, te vuelven a ofender, te amenazan y te anuncian que te van a matar como un perro o a triturarte como a un insecto que se pisotea para no verlo más.

...i nuestra tierra sufre, ...hay mayor gozo que ...frir con ello. ¿Qué es ...orir, si en la tumba ...omienza la vida verdadera?.....
ALBERTO MULLER

TRINCHERA 5¢

TRINCHERAS DE IDEAS VALEN MAS QUE TRINCHERAS DE PIEDRAS

ORGANO OFICIAL DEL DIRECTORIO REVOLUCIONARIO ESTUDIANTIL

AÑO V — 12 de Abril de 1964 — NUM. 1

ARMA PODEROSA CONTRA EL COMUNISMO

LAS GUERRILLAS

Quizás todavía en los momentos de editarse estas páginas existan los desacuerdos con respecto a la cuestión de la efectividad táctica y psicológica de la guerra de guerrillas. Quizás todavía haya mentes que alberguen la añoranza de grandes cantidades de tropas apoyadas por acorazados y aviones JET desembarcando en las costas cubanas bajo el amparo de los que siempre se han llamado "nuestros amigos". Esto es desde todos los puntos que se mire, una utopía. Nosotros los cubanos tenemos que investirnos de la idea de que habremos de combatir solos con la ayuda de nuestra propia fuerza. Esto nos dará siempre más valor para vencer, y sabemos que a la larga por medio de nosotros mismos alcanzaremos la cúspide de este ideal.

Una de nuestras más mortíferas armas, que a nuestro alcance en estos momentos se halla, es la guerra de guerrillas. Ella reúne, a través de la historia, todas las cualidades que le son necesarias a un ejército patriotismo revolucionario en una lucha armada contra ejércitos opresores más numerosos y mejor equipados.

Retrocediendo en los textos de Historia Universal vemos que en los mismos E.U. en la guerra de Independencia contra los ingleses se aplicó con gran éxito la guerra de guerrillas. En 1780,

Pas Pag. 4

FARSA COMUNISTA

SENSACIONAL JUICIO

El periódico TRINCHERA, órgano oficial del DRE en el exilio comenta la noticia del juicio a Alberto Muller.

«Preparen, Apunten, Fuego» , pero al final los disparos ni te impactan ni te matan. Obviamente resultó ser un fusilamiento en simulacro, una tortura sicológica que es profundamente cruel y malsana.

Yo recuerdo que a la espera de los impactos de los proyectiles, me despedía en la mente de mis seres queridos, me ponía en manos del Dios Creador, porque esos golpes en el pecho de los disparos que esperaba ansiosamente, serían la complacencia o la angustia de lo terminal. Después de ellos la vida material cedería su paso al misterio de la naturaleza espiritual. Parece fácil decirlo, pero padecerlo lleva jirones de siglos y de odios distantes que se acumulan y se acercan en el tiempo, como una montaña gigantesca.

Acto seguido al simulacro de fusilamiento fui trasladado a las celdas de condenados a muerte en el el Castillito en Santiago de Cuba, sede de la Seguridad del Estado en la provincia oriental. Tenía entonces 21 años de edad.

No podré olvidar nunca los dos interrogatorios desnudos en un cuarto frío de esa entidad represiva. Sé que estos incidentes los conté al principio del libro, pero los vuelvo a compartir, porque el desahogo alivia los dolores agudos más intensos e internos.

El desnudarte entre tres guardias que obviamente tenían la fuerza a su favor, era para quebrarte la moral y abochornarte. Ellos querían que te sintieses débil y sin ninguna protección. Y el frío era para hacerte temblar o tiriar hasta el alma y ponerte en peligro de que una neumonía punzante te atacara destructivamente.

Estas fueron horas que pensé con mucha honestidad y humildad personal que serían las últimas horas de mi vida. Se decía entonces en el Castillito entre los que esperábamos la muerte minuto a minuto, que el comandante Raúl Castro estaba ejecutando fusilamientos en masa en toda la provincia de Oriente. Horas de angustia infinita. Pero qué alegría interna al comprobar que por minutos me sentía más fuerte que ellos.

Ni la desnudez ni el frío ni las amenazas de muerte lograron debilitarme. Claro, ellos ignoraban que yo no era friolento ni débil de mente. Al final internamente me burlé de todos ellos, porque para mí la muerte es tránsito hacia una naturaleza de orden espiritual.

EL MALTRATO A OTROS

Pero me parece justo añadir algunos detalles relevantes padecidos por el resto de la población penal, que indirectamente nos hacían sufrir hondamente. En cada preso maltratado y torturado sentíamos mucho de ese maltrato físico y en cada asesinado nos mataban también a una parte de nosotros mismos.

Me parece importante que el lector conozca el marco de algunos momentos plenos de terror degradantes, que marcaron el quehacer de todos los presos políticos en Cuba de forma aterradora, porque nos afectó profundamente a todos.

Permítanme confesar que lo más lacerante de este ejercicio de hacer visible lo sufrido, no es lo sufrido personalmente, que duele y desgarra mucho en sentido personal, pero que es más manejable emocionalmente. Lo más aterrador es ver el asesinato o la tortura a un compañero. Y enterarnos de que se lo hicieron a una compañera presa era doblemente más doloroso que el simulacro de fusilamiento que padecí en el campamento de Las Mercedes en la Sierra Maestra, porque uno controla su muerte, la resiste, la sufre y hasta la vence, porque se convierte en un reto personal, pero la muerte ajena de un amigo o amiga presa, nos penetra y nos destruye espiritualmente por dentro como un virus que cercena el alma de una forma desgarrante. No nos queda más que sufrir, resistir o llorar en silencio sin que nadie lo siente o lo vea.

Por eso lo más doloroso fue la laceración y la muerte en otros, sobre todo la de los compañeros que militaban en el Directorio Revolucionario Estudiantil, porque de una forma directa al yo ocupar la máxima autoridad de la organización por ser su secretario general, me sentía moralmente responsable por relación organizativa y hasta fraterna. Cuando era uno de nuestra organización al que maltrataban o mataban, hacían lo mismo con algo muy personal y algo muy nuestro. Y venía la pregunta obligada, **¿por qué ellos?**

Duro y doloroso, porque nunca eludí esa obligación de ser el primero en los riesgos al mando del equipo que llevaba en mis hombros. Y esto, tanto al principio como al final, tuvo su precio físico y moral, que es este compendio de memorias que comparto y hago visibles. Y sé que algunos hasta sufrirán mucho leyendo algunos pasajes del recuento. Misterios de la propia vida.

Sufrí hondamente la madrugada del 9 de agosto de 1964 cuando fue herido mortalmente Ernesto Díaz Madruga, joven estudiante, natural de Sagua La Grande y militante del Directorio Revolucionario Estudiantil. Falleció al tercer día de haber sido herido por los bayonetazos recibidos de los guardias del penal que le perforaron los intestinos y el recto en 13 puntos diferentes.

¡Vaya forma de morir! O mejor decir ¡Vaya forma de matar!

Ernesto Díaz Madruga, natural de Sagua la Grande provincia de Las Villas, un hombre muy joven y miembro del Directorio Revolucionario Estudiantil, se convirtió en el Primer Mártir del Trabajo Forzado en la prisión de Isla de Pinos. Dios lo acoja en su seno de amor eterno.

Díaz Madruga tenía al morir apenas 23 años. Este Plan macabro del Trabajo Forzado comenzó en el mes de junio de 1963. Y todavía recuerdo sus hechos, como si fuera la lluvia que cayó esta madrugada, con la diferencia que estos recuerdos no refrescan el alma, mientras la lluvia siempre es refrescante.

Después de que el Trabajo Forzado había comenzado en la mayoría de los edificios o circulares del presidio de Isla de Pinos, el propio sargento Porfirio García, Jefe del Orden Interior, quien pocos días antes había sido el asesino de Díaz Madruga, se presentó en la Circular # 4, aún sin estar incorporada al trabajo esclavo, con la intención de organizar dos nuevos bloques de presos políticos y sumarlos al resto del penal. Uno de esos bloques sería el de los estudiantes, el Bloque 19, y el otro el Bloque 20 de presos en general.

Los presos de esa circular lo recibieron cantando el HImno Nacional y pidendo justicia por el asesinato del estudiante asesinado. Inmediatamente y bajo una golpiza brutal fueron conducidos a las celdas de castigo los siguientes reclusos: Alfredo Izaguierre de la Riva, exdirector del diario «El Crisol», el periodista Emilio Adolfo Rivaro Caro y los hermanos estudiantes Juan Antonio y Alberto Muller.

Posteriormente Alfredo Izaguierre y otros se negaron a salir al trabajo forzado y cumplieron años de maltrato y aislamiento.

PRESIDIO POLÍTICO DE MUJERES

Y de todo este horror, otro ángulo extremadamente sensible que también nos desgarraba a fondo eran los sufrimientos en el presidio político de mujeres, donde la dictadura castrista mantuvo bajo un régimen de abusos y torturas sistemáticas a nuestras compañeras de lucha. Ante estos relatos que nos llegaban por distintas vías, cómo de Albertina O'Farril, Margocita Calvo, Cary Roque, Yara Borges, Eladia Aguilera, alias la China, de su hermana Mercedes (Mechi) —ambas nuestras dos queridas compañeras guerrilleras en el alzamiento del Directorio en la Sierra Maestra—, y de Mignon Medrano, entre tantas otras, nos sentíamos impotentes al no poder defenderlas directamente de tantos abusos que recibían, que sin lugar a dudas hubiese sido nuestro primer deber de haber estado juntos o más cerca de ellas.

Hay una declaración del mes enero de 1963 del oficial Manolo Martínez, Jefe de Prisiones de Guanajay (la prisión de Mujeres), citada por Mignon Medrano en su libro «Todo lo dieron por Cuba», que refleja todo el horror deshumanizante que el régimen castrista aplicó contra la mujer cubana.

Léanla despacio, porque es muy repugnante y sucia. No es fácil leer sin sentir desprecio y hasta asco de alguien que se supone sea un ser humano. Así dijo este oficial: **«cuando estas mujeres salgan de este engaleramiento, van a salir caminando en cuatro patas».** Por suerte y por la dignidad propia de estas compañeras, no salieron de la prisión política caminando en «cuatro patas», como predijo este monstruo carcelario del régimen castrista.

Todavía estas mujeres heroicas caminan con la frente en alto como todos los seres humanos dignos. Y las que murieron se despidieron con su dignidad al más alto nivel posible por haber defendido la libertad de su país y la dignidad de la mujer cubana.

Confieso que este sufrimiento y el significado de esta frase que conocimos por nuestra amiga Mignon Medrano, se convertía en la más aguda y lacerante realidad a asimilar, por ser ellas nuestras hermanas y compañeras en el esfuerzo de evitar que el totalitarismo comunista se apoderara de Cuba.

Hay que decir en voz muy alta y sin dobleces, que el régimen castrista deja un legado escalofriante de abusos a la mujer cubana en esta larga historia de totalitarismo comunista, que nunca anteriormente fue visto en Cuba ni en la historia del continente americano en sus luchas políticas ni en sus guerras de independencia.

Sin lugar a dudas, la mayor página sombría y en tinieblas del régimen castrista hay que ubicarla en este maltrato sistemático y sostenido a la mujer cubana, porque además, en este tema el régimen castrista muestra una cobardía intrínseca, única e indiscutible. Abusar y maltratar a una mujer —además indefensa— es como maltratar a una madre, a una niña o a una anciana. Y eso no solamente lo hizo el régimen castrista en tiempos pasados, sino que todavía lo hacen con las Damas de Blanco, con las periodistas independientes y con cualquier mujer cubana, como la maestra Omara Ruiz Urquiola, expulsada de la Escuela de Artes y a la cual le han negado el tratamiento médico para el cáncer que padece, por el simple hecho de ser una crítica del régimen castrista.

Aunque todos los centros de detención para mujeres en todas las provincias cubanas tenían el mismo equipaje de terror y torturas, la Prisión de Mujeres en Guanajay era la que servía de guía a otros centros.

En Guanajay estaban las celdas tapiadas, siempre en tinieblas, en donde golpeaban salvajemente a las mujeres y las dejaban durmiendo en el suelo, en la mayoría de los casos sin ropas o sólo en ropa interiores.

A estos maltratos se unía la estrategia inconcebible y violatoria de todos los códigos que regulan el Derecho de los Presos Políticos de juntar a las presas políticas con las presas comunes, que en ocasiones traían consigo enfermedades de todo tipo, sobre todo enfermedades venéreas.

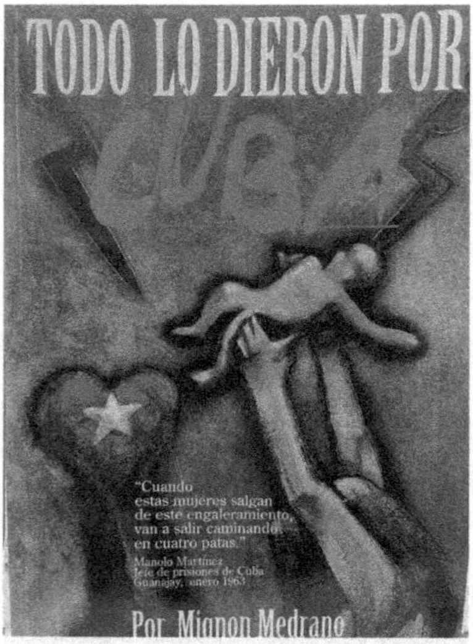

Portada del libro escrito por Mignon Medrano sobre el presidio político de mujeres.

Este tipo de celdas se encontraban también en la Cárcel de Mujeres de Guanabacoa y en todas las cárceles de mujeres por todas las provincias de Cuba. En estas celdas concebidas para una o dos personas, los carceleros metían a seis u ocho reclusas.

Por eso este maltrato sistemático a la mujer cubana en todas las instalaciones carcelarias en la isla y en todas sus variantes, es parte de ese largo calvario que constituye el Genocidio Castrista y para el cual este libro aspira a aportar algunas evidencias que lo confirmen.

DINAMITAR LA PRISIÓN DE ISLA DE PINOS

Al quedar superado el conflicto entre los Estados Unidos y la Unión Soviética, en lo que se denominó la Crisis de los Misiles rusos en Cuba en el mes de octubre de 1962, con el Pacto Kennedy-Jruschov, el régimen castrista decidió desactivar uno de los crímenes potenciales más monstruosos que había elaborado para asesinar a toda la población penal y obviamente a toda la guarnición miltar de la Prisión de Isla de Pinos de un solo golpe de TNT.

Repasemos con calma este hecho de naturaleza genocida. Una vez acaecido el conflicto de Playa Girón, el gobierno de Fidel Castro procedió a dinamitar los edificios circulares de la prisión de Isla de Pinos.

Estas cargas de dinamitas se colocaron en los túneles que sirven de cimientos de los cuatro edificios circulares del presidio.

A finales de 1961 comienzan las perforaciones en sistema triangular en estos túnelas subterráneos, que era considerado por los técnicos como un sistema de demolición profesional. Cada perforación tenía el diámetro de una carga de TNT de 4 kilogramos. Se comentó insistentemente que el equipo militar que dirigió toda la instalación estuvo al mando del Jefe del Cuerpo de Ingenieros del Ejército Rebelde, comandante Julio García Olivera, nuestro viejo amigo del Directorio 13 de Marzo convertido en colaborador del régimen castrista.

Entonces el régimen inició las perforaciones para la instalación de TNT en todos los túneles subterráneos de los edificios de la prisión de Isla de Pinos. Los oficiales del Ministerio de las Fuerzas Armadas perforaron las paredes de concreto en sistema triangular para así hacer más efectivo el sistema de demolición. Cada perforación tenía el diámetro de una carga de TNT de 4 kilogramos. El explosivo era de manufactura soviética.

En la prisión teníamos a tres presos de la Agencia Central de Inteligencia: Eustace Danbrook, Daniel Caswell y Edmundo Taransky. Uno de ellos, Caswell, era un experto en construcciones subterráneas. Los tres estaban presos por intentar instalar equipos de espionaje en la oficina de la Agencia de noticias china Sinjuá en el Hotel Habana Hilton (rebautizados por los castristas Habana Libre).

Entre ellos tres y los técnicos de explosivos que teníamos en la prisión se llegó a la conclusión de que se trataba de un sistema de detonación para demoler a todos los edificios del penal y hacernos desaparecer a todos de una forma definitivamente criminal e inaudita.

La población penal logró conocer todos los pormenores de la instalación del TNT, porque los presos designados bajaban por los túneles de las instalaciones sanitarias y comprobaban las perforaciones, el TNT que venía en las cajas y los detonadores. Se calcula que alrededor de 6,700 libras de dinamita estaban debidamente instaladas en cada edificio circular.

Por la onda expansiva del TNT se hacía dificil y casi imposible el poder detener las explosiones en cadena del plan criminal para asesinar a los casi siete mil presos políticos que se encontraban en el Presidio de Isla de Pinos y por supuesto a su guarnición militar que no quedaría a salvo.

La onda expansiva del TNT posiblemente se iba a extender en una diámetro de un kilometro o una milla a las poblaciones cercanas a la redonda de los edificios de la prisión, por lo que el daño colateral iba a ser aún mayor y desastroso.

Nada más que en mentes muy oscuras y sombrías como en las de Fidel y Raúl Castro cabe un plan tan demoníaco para hacer trizas por medio de una explosión en cadena de TNT a todos los seres humanos que allí se encontraban cumpliendo sus condenas de prisión política.

Ruinas sobre ruinas y cadáveres sobre cadáveres hubiese sido la resultante gráfica y el desastre con vidas humanas que dejarían los rastros humeantes de estas explosiones de TNT.

La tensión que esta dinamita creaba entre la población penal era intensa y agobiante. Algunos enfermaban de los nervios, pues no soportaban esta amenaza permanente. A otros en un fin de semana se les caía todo el pelo de la cabeza por el nerviosismo incontrolable. Unos cuántos intentaron el suicidio. Tuvimos varios casos de autoagresión para escapar del horror y así lograr que los enviaran al hospital y salir de esta marco de tensión infernal. Realmente una situación de matices perversos y criminales.

No fue nada fácil enfrentar estos meses sabiendo que dormíamos sobre un colchón de TNT que nos haría desaparecer a todos. Esto fue una realidad que vivimos y sufrimos todos los presos políticos de la Prisión de Isla de Pinos. Sé que algún lector podrá pensar que esto es una exageración. Pero puedo asegurarles que fue una realidad vivida y sufrida intensamente. Todavía quedan vivos miles de testigos de este barbarismo contemporáneo.

LA ZANJA DE EXCREMENTOS

Durante la crisis de los Misiles (octubre de 1962), conjuntamente con otros dirigentes políticos, fuimos aislados en las celdas de castigo de la prisión de Isla de Pinos, mientras constantemente los oficiales nos amenazaban con que seríamos ultimados en caso de que Estados Unidos invadieran la isla.

En este marco histórico y en dos ocasiones fui introducido en la Zanja de Excrementos de la prisión de Isla de Pinos, en una de las torturas más sucias y degradantes que recuerdo en mi vida y que para relatarlas hay que hacer un esfuerzo mental por su carácter brutal, soez y destructor.

Confieso que relatar estas dos experiencias en la Zanja de Excrementos resulta agobiante porque cuesta emocionalmente volver a ellas por su naturaleza repugnante. Pero bueno, cumplo con el compromiso moral de compartirlas que exige un libro de memorias.

Estábamos en las celdas de castigo y los tres designados para el castigo fuimos los reclusos Emilio Rivero Caro (excelente persona y amigo), Juan Antonio Muller (mi hermano mayor) y yo.

Esta zanja de excrementos, de un metro de ancho, unos cincos pies de alto, salía de la prisión de Isla de Pinos para evacuar todos los residuos de todos los edificios de la prisión y los llevaba hacia lo que se llamaba el Pantano o La Mojonera, que relataremos posteriormente sobre ella.

En la primera ocasión alrededor de siete guardias nos condujeron hasta la zanja que estaría a una distancia de unos trescientos metros del Edificio de las Celdas de Castigo. Cuando llegamos al borde la zanja los guardias nos ordenaron que entráramos a la zanja para limpiarla.

Le dijimos los tres que una zanja de excrementos no se limpiaba. Aquí comenzaron a golpearnos con las bayonetas y a empujarnos dentro de la zanja.

En esta primera ocasión nos sacaron de las zanjas inmediatamente y nos devolvieron a las celdas de castigo, porque comenzó a llover fuertemente con rayos y relámpagos.

Un vez que regresamos a la celda no pudimos limpiarnos porque nos cortaron el agua de exprofeso por una cuantas horas.

Pero no habían pasado dos o tres días de esta primera experiencia y unos diez custodias pertrechados con armas largas y bayonetas nos volvieron a sacar de las celdas para aplicarnos el mismo castigo de días anteriores en la zanja de excrementos.

En esta segunda ocasión eran diez custodios en lugar de siete y no llovía. De la misma forma nos sacaron de las celdas y nos condujeron a la zanja por donde corrían los excrementos. El pretexto abyecto y asqueroso era el mismo, que teníamos que limpiar la zanja. Como nos negamos a esta putrefacta orden, pues comenzaron a descargar bayonetazos sobre los tres, además de improperios, ofensas y empujones.

Finalmente lograron introducirnos dentro de la zanja, pero querían más, a golpe continuo querían que nos sumergiéramos a limpiarla en el fondo. ¡Que cobardía moral!

Obviamente nos opusimos a esta orden malsana y cruel, por lo que aquella zanja se convirtió en un infierno morboso y loco. En un momento inesperado, mientras éramos golpeados salvajemente y los tres sangrábamos de las espaldas y de los brazos, y manteníamos la negativa a sumergirnos en la zanja, Emilio Rivero Caro, ya fallecido, cogió una tapa oxidada de leche condensada que encontró en el borde superior de la zanja y comenzó a cortarse las venas...

¡Inolvidable momento de rabia y orgullo compartido!

Cada tajo se convertía en un grito universal de condena y de reclamo de libertad. Inmediatamente mi hermano Juan Antonio y yo nos abrazamos a Emilio con fuerza fraterna para detener la acción sangrante de los tajos que se aplicaba a su brazo izquierdo.

Aquel fue un momento inolvidable de fraternidad, sangre pura, golpes de bayoneta, excrementos pestilentes y todo observado muy de cerca por el borde cortante de una tapa de leche condensada. Casi un chispazo eucarístico de cariño humano entre los tres. En la mirada de Emilio se inyectaba un sentimiento de odio tierno y de impotencia infantil, casi brutal. Los custodios atemorizados se distanciaron del borde de la zanja. La cobardía es así de temblorosa ante la ira. Cuando arde el alma, el cobarde se espanta y huye.

Mis brazos y los de mi hermano Juan Antonio se fundieron con los de Emilio en un instante de fertilidad indivisible e inolvidable pleno de sangramiento. Tres hombres jóvenes abrazados para toda la vida. Y nuestras ropas tenían las mismas manchas eucarístcas de la consagración. Sangre viva y pura. Un momento inolvidable en mi vida, el cual recordaré hasta el día de mi respiro final.

Emilio Rivero Caro y mi hermano Juan Antonio siempre estarán a mi lado simplemente porque este acto compartido es inolvidable y unificador. Pienso que la hermandad siempre tiene sangre, dolor y hasta sonrisas.

Recuerdo que a Emilio no le hablé de Dios, porque sabía que él no era creyente, pero sí le dije: «tú vales más que toda esta miseria autoritaria, Emiliao», como le decía con frecuencia fraternal. Y los tres sonreímos, mientras seguíamos abrazados.

Los guardias seguían distantes, atemorizados, entonces nosotros por decisión propia salimos de la zanja. Y los guardias hicieron el silencio de los cobardes y nos regresaron a las celdas de castigo. Y por supuesto en las celdas no había agua. Todos nuestros cuerpos olían a pestilencia, pero un sentido de misticismo fraterno se vivió entre nosotros tres. Hasta horas avanzadas de la madrugada no tuvimos agua en la celda para quitarnos un poco la pestilencia.

Pero entonces en el momento que llegó el agua, procedimos a quitarnos toda la pestilencia, me refiero a todo lo material en las botas, la ropa y nuestra rasgada piel. Siento que nuestros espíritus estaban limpios, en paz y brillantes. Puede existir un dejo de ignominia adicional a esta tortura salvaje. No lo creo.

Con Emilio Rivero Caro, tanto mi hermano Juan Antonio como yo, sostuvimos una amistad larga y muy cercana después que salimos del presidio, pues aunque él vivía en Washington nos llamábamos con frecuencia para analizar el quehacer político relacionado con Cuba.

Hace unos años cuando me comunicaron que había fallecido de un infarto, inmediatamente me senté en un rincón de mi hogar y lloré como el niño desconsolado para recordarlo. Lo recordaré siempre. Un buen hombre y un gran combatiente por la libertad de Cuba que recordaré con un aprecio único y especial.

Confieso que este recuerdo eucarístico de la sangre en nuestros cuerpos me hizo sentir la fuerza de la confianza en el ser humano. A las generaciones futuras de jóvenes cubanos habrá que hablarles mucho de la importancia de la libertad que llegará sin dudas y que este patriota que se llamó en vida Emilio Rivero Caro la supo defender en vida con su propia sangre.

LOS PRIMEROS FUSILADOS DE 1959

Saltemos de momento atrás, porque no seríamos justos con la memoria ni con el amigo lector, si no compartiéramos lo que sentimos al triunfo de la revolución en 1959 por las injusticias cometidas con los funcionarios, soldados, oficiales, miembros de los cuerpos policíacos o de seguridad, simpatizantes y funcionarios destacados de la dictadura de Fulgencio Batista que fueron detenidos.

A ellos inicialmente se les consideraba Prisioneros de Guerra, pero al margen de la denominación, eran todos cubanos que equivocadamente habían confiado en un gobierno dictatorial que acababa de ser derrotado por una revolución triunfante y popular.

El consenso popular, en cuanto al trato esperado para esos miles de detenidos en toda Cuba, era que el gobierno revolucionario debería ser generoso con los recién detenidos, en virtud del reconocimiento nacional e internacional del triunfo revolucionario; y los que hubiesen cometido delitos y violaciones de derechos humanos comprobadas ante un tribunal, fuesen juzgados consecuentemente, pero dentro de un orden jurídico. No fue así. Lamentablemente se les juzgó a la inmensa mayoría de ellos arbitrariamente.

El paredón de fusilamiento se instaló en todos los rincones de Cuba y se fusilaron a cientos de ellos de forma injusta e innecesaria y sin una instrumentación jurídica adecuada.

El día dos de enero en la ciudad de Fomento el Che Guevara ordenó el fusilamiento, sin ninguna instrumentación jurídica ni testigos, de tres altos oficiales de la dictadura de Fulgencio Batista, los coroneles Cornelio Rojas y Joaquín Casillas Lumpuy, y el comandante Alejandro García Olayón.

Después, ya instalado en la Fortaleza de la Cabaña, Ernesto Guevara mostró su odio y sed de sangre hacia el adversario, ordenando el fusilamiento de cientos de prisioneros políticos cubanos de la misma forma.

Todos estos fusilamientos iniciales y posteriores de la era del régimen castrista violaron burda y sistemáticamente la Convención de Ginebra que establece: «Ningún prisionero de guerra debe ser condenado y mucho menos condenado a muerte sin la oportunidad de presentar su defensa y si es condenado a muerte, la ejecución no debe llevarse a cabo durante un plazo de seis meses».

Nada de esta reglamentación universal fue cumplida por el régimen de Fidel Castro.

FUSILAMIENTOS MASIVOS Y MEDIÁTICOS

El primero de los fusilamientos masivos ordenados por Raúl Castro se realizó el 12 de enero de 1959 en Santiago de Cuba y se calcula que alrededor de 80 personas fueron fusiladas de pie sobre una tumba colectiva.

El amigo sacerdote católico Bez Chabebe, secretario del Arzobispo de Santiago de Cuba, monseñor Enrique Pérez Serantes, confirmó posteriormente haber sido testigo de este fusilamiento masivo. Un acto criminal, teniendo en cuenta que las Naciones Unidas definen el acto genocida como: «La aniquilación o el exterminio sistemático y deliberado de un grupo social por motivos raciales, políticos o religiosos».

En la ciudad de La Habana, el 22 de enero, Fidel Castro organiza el juicio público del Comandante Jesús Sosa Blanco en el Palacio de los Deportes de la capital habanera. El evento, que se asemejó más a un circo romano o a un juicio mediático que a un juicio político en busca de justicia, contó con la presencia del sacerdote católico Francisco Javier Arzuaga, como testigo de excepción.

El gobierno de Fidel Castro estaba obligado a cumplir con los requerimientos de la Justicia antes de ordenar el fusilamiento de cualquier oficial o funcionario de la dictadura de Fulgencio Batista, por muy mala y abusiva que hubiese sido su ejecutoria. Y no lo hizo.

Debo compartir con el lector, que los fusilamientos fueron el elemento racional que abrió en mi mente el primer distanciamiento con la revolución cubana de 1959, a pesar de que por estos días iniciales me incorporé al trabajo alfabetizador de los Comandos Rurales en la Sierra Maestra, ya relatado anteriormente.

JUICIO DE LOS AVIADORES

El 13 de febrero de 1959 comenzó el famoso Juicio de los Aviadores, uno de los más connotados barbarismos jurídicos cometido por Fidel Castro.

Por falta de pruebas el Alto Tribunal Revolucionario, compuesto por el comandante Félix Pena, en función de presidente, los vocales

Antonio Michel Yabor y el doctor Adalberto Paruas Toll, y el procurador Nicolás Bello en función de secretario, absolvió a los aviadores.

Mientras los aviadores absueltos eran conducidos a la cárcel en Santiago de Cuba, esa misma noche, mediante un discurso por radio y televisión, Fidel Castro anuló el fallo absolutorio en nombre de la Revolución y nombró un nuevo Tribunal, cuyo Fiscal fue el Ministro de Defensa, comandante Augusto Martínez Sánchez y como presidente del tribunal fue designado el comandante Manuel Piñeiro Losada, alias «Barbarroja» y como vocales fueron designados los comandantes Pedro Luis Díaz Lanz, Carlos Iglesias Fonseca, Demetrio Montseni-Villa y Belarmino Castilla-Aníbal.

Tanto los abogados que defendieron a los aviadores, como el Colegio de Abogados de Cuba, publicaron sendas cartas, la primera dirigida a Fidel Castro y la segunda una Nota de Prensa criticando la decisión omnipotente de anular una absolución al grupo de los aviadores. Debo decir, como estudiante de abogacía, que coincidí plenamente con estos documentos que describían el evento como un acto violatorio del balance y la objetividad que requiere la justicia.

Fidel Castro ignoró las protestas de los abogados por el hecho violatorio e insólito de anular el dictamen del Tribunal Revolucionario.

Después en un segundo juicio, todos los aviadores fueron condenados a largas penas de prisión. El 14 de abril el comandante Félix Pena se suicidó sorpresivamente. Algunos revolucionarios cercanos a él consideran que Félix Pena se quita la vida avergonzado por la conducta dictatorial y antijurídica de Fidel Casto al anular el dictamen de absolución a los aviadores por un tribunal compuesto por reconocidos juristas revolucionarios y presidido por él.

HÚBER MATOS A PRISIÓN POLÍTICA

El 19 de octubre de 1959, en un hecho sorpresivo y de alta relevancia política, el comandante Húber Matos Benítez renunciaba al Ejército Rebelde básicamente por el problema de la infiltración comunista en sus filas. Fidel Castro consideró desleal su renuncia, por lo que fue condenado a veinte años de prisión. Otro hecho impositivo que conmovió a la opinión pública nacional e internacional.

Nosotros desde las páginas del periódico universitario Trinchera, recién creado en la Universidad de La Habana, tratamos de injusto el proceso contra el comandante Matos, lo que nos costó otra de las tantas polémicas y discusiones que sostuvimos con los comunistas del

Partido Socialista Popular en la Colina Universitaria y la hostilidad del régimen de Fidel Castro y sus simpatizantes.

Con esta acción periodística comenzábamos a trazar sin dobleces nuestro destino futuro crítico ante los primeros desmanes del régimen castrista.

Posteriormente, después de algunos años de haber ingresado también en el presidio político cubano, tuve la oportunidad de conocer personalmente a Húber en la sub-terránea galera 23 de La Fortaleza de la Cabaña, que fue escogida por la Dirección de Cárceles y Prisiones para aislar e incomunicar a un grupo de conocidos presos políticos, considerados por ellos como dirigentes destacados.

En esa galera coincidimos con Pedro Luis Boitel, que posteriormente murió heroicamente en una prolongada huelga de hambre; también con los doctores Lino Bernabé Fernández y Andrés Cao, dirigentes del MRR, los comandantes del Ejército Rebelde, César Páez y Eloy Gutiérrez-Menoyo, los sindicalistas Reynol González y Nelson Castellanos del MRP y el padre Miguel Loredo, sacerdote franciscano, que muchos califican como un santo de Dios.

Con Húber conversé largo, pues teníamos un amigo común en Gustavo Caballero Oñoz, capitán de su columna guerrillera, quien después ingresó en las filas del Directorio Revolucionario Estudiantil, con el cargo de Jefe Provincial de la provincia de Camaguey. Un gran luchador camagüeyano, ya fallecido.

Este recorrido por el Presidio Político en la Cuba Comunista del régimen castrista de más de seis décadas nos ayuda a entender una dramática historia de terror aplicada sistemáticamente con mucho odio y sin escrúpulos contra hombres y mujeres indefensos del pueblo cubano, que intentaron heroicamente que el comunismo no se instaurara en la isla cubana por lo que cayeron prisioneros.

Tanto los centros de investigación, como los centros carcelarios en toda Cuba se fueron convirtiendo en lugares especializados en la tortura y en muchos de ellos en instalar paredones de fusilamientos.

En todas las entidades de la Seguridad del Estado en La Habana, como Quinta y Catorce, Las Cabañitas y finalmente Villa Marista, además de las restantes ubicadas en toda la isla, los testimonios de presos políticos maltratados y torturados son la mejor prueba de cómo la tortura del régimen castrista se instauró en toda la isla cubana sin piedad alguna.

VILLA MARISTA: SUS CÁMARAS FRÍAS

Villa Marista fue la entidad más especializada con celdas tapiadas de metro y medio de ancho por dos metros y medio de largo. Durante los interrogatorios, el objetivo era desquiciar y alterar el ritmo de vida del detenido, pues en la misma noche lo despertaban en seis o siete ocasiones para los interrogatorios amenazantes. Muchos reclusos terminaban quebrados emocionalmente y se echaban a llorar o a gritar. Otros enloquecían y algunos terminaban suicidándose.

De acuerdo al testimonio del detenido Luis Lebredo Jorge*, natural de Guanes, Pinar del Río, tanto Las Cabañitas, como Villa Marista tenían cámaras frías con temperaturas heladas para los interrogatorios, como los que padecí en las celdas de condenados a muerte del Castillito en Santiago de Cuba en dos ocasiones.

La doctora Esperanza Peña Fernández*, natural de La Habana y detenida en mayo de 1964, en su propio testimonio denuncia que fue introducida en Villa Marista a través de una celda a temperaturas de congelación. En la causa de Esperanza Peña fusilaron a los compatriotas Elio Puro Anaya, Oscar Márquez Castro y Bernal Lugo.

Usamos algunos ejemplos para dar fuerza testimonial a estos relatos escalofriantes de torturas, pero podemos decir que sobrarían los testigos para cualquier Tribunal o Comisión de Violaciones de Derechos Humanos en Cuba, porque un alto porcentaje de estos cubanos torturados están vivos y podrían testificar con lujo de detalles, cómo pasó con los sobrevivientes del hundimiento del Remolcador 13 de Marzo, una masacre genocida que costó la vida a 10 niños y 31 adultos ahogados en el año 1994 y cuyos sobrevivientes son la prueba más contundente de la veracidad del hecho genocida[7].

EL CHINCHORRO

En la prisión de La Cabaña existieron dos celdas subterráneas que llamaban el «Chinchorro», al menos en los primeros tres o cuatro años del presidio político. El hueco era una especie de aljibe de unos 6 metros de profundidad y en el fondo yacían dos celdas muy húmedas y con escasa ventilación, que se usaban para los que intentaban fugarse. El amigo recluso Maurilio Marquez, natural de Chambas, Cama-

[7] Testimonios del libro «*El Presidio Político en Cuba Comunista*». ICOSOC Ediciones. Caracas 1982, pags. 150 y 155).

guey, estuvo en dos ocasiones en el «Chinchorro». Su testimonio es escalofriante[8].

LAS GAVETAS

Las Gavetas son cubículos de pequeñas dimensiones, tres pies de ancho, siete pies de fondo y unos seis pies de altura. Todos enrejados y ubicados en algunas entidades carcelarias para torturar a los reclusos.

Las gavetas en la unidad carcelaria de Tres Macías en Bayamo daban a un pasillo estrecho de apenas tres pies de ancho. En estas cámaras de tortura, según el testimonio de Alcides Martínez –un muy buen amigo personal, que padeció esta experiencia con los reclusos Rolando Nieves (fallecido), Enrique Vázquez, Pablo Peña y Antonio María Rivero—, de acuerdo a la capacidad física del espacio, solo un recluso podía acostarse a dormir de lado por su estrechez. El resto permanecían parados apenas sin moverse por la falta de espacio. Este gráfico explica lo que representa tener a varios reclusos en una gaveta por meses. Para orinar había que hacerlo desde la reja de entrada hacia afuera, por lo que el orine se acumulaba frente a la gaveta con un hedor insoportable. En la pared del fondo había una pila de agua (sin agua) y debajo en el piso un hueco para evacuar.

Una tortura inimaginable meter a varios reclusos durante meses en estos recintos carcelarios. Obviamente la peste en estos espacios pequeños de tortura era insoportable. En varias instituciones carcelarias cubanas está comprobado la existencia de estas gavetas inmundas y quebradoras de la dignidad de cualquier ser humano.

¡Qué ignominia![9]

LA MOJONERA

Uno y otro lugar, tanto **la zanja de excrementos como la mojonera** se parecían, tenían grandes semejanzas y fueron utilizadas para torturas similares, pero eran de forma distintas y distantes. El penal de Isla de Pinos se había diseñado para albergar a unos 3 mil prisioneros, pero en la época del relato había más de 6 mil prisioneros albergados.

---

8 Idem. Pag. 79.

9 Idem. Pág. 405.

Las aguas albañales del penal de Isla de Pinos estaban canalizadas hacia una gran zanja ancha y profunda a una hora de camino del penal, con desague al mar, relativamente cerca de la playa de arenas negras conocida por La Bibijagua.

Esta inmensa tembladera de excrementos fue utilizada por los directivos del penal para castigar a los reclusos en un evento que fue por unos meses precursor de lo que sería posteriormente el Plan de Trabajo Forzado, pero que después se siguió utilizando para torturar a los reclusos en el transcurso de este Plan de Trabajo esclavo.

En esta primera ocasión en el mes de junio de 1964 fueron llevados caminando más de 70 reclusos desde el reclusorio fuertemente rodeados por un contingente de soldados hacia La Mojonera.

Esta tembladera de fango, excrementos y pestilencia tendría unos 8 o 10 metros de ancho y aproximadamente un metro de profundidad. Cuando el contingente de reclusos llegó a la Mojonera, los guardias empezaron a golpearlos y a empujarlos para meterlos en aquella zanja infestada de podredumbre. Su objetivo era que limpiaran el fondo de la zanja.

Reinol González, un buen amigo y líder sindical revolucionario en 1959 y posteriormente dirigente fundador del Movimiento Revolucionario del Pueblo (MRP) para derrocar a la dictadura de Fidel Castro, vivió esta experiencia de La Mojonera y la cuenta en detalles gráficos muy vivos: «la mojonera fue un hecho sin precedente en Isla de Pinos. De un ensañamiento increíble. De un loco abuso de poder. No caben excusas en la responsabilidad de este hecho, desde el Ministerio del Interior hasta el último guardia que participó, pues no podía cometerse tan monstruoso castigo sin el conocimiento de la autoridad superior. Hubo compañeros de baja estatura, como Willy Coloma, que no daban pies y para sostenerse y no hundirse tenían que sostenerse de los hombros de los más próximos y más altos; hay que destacar lamentablemente que los guardias disfrutaban de aquel espectáculo inhumano y burlesco a la vez»[10].

PLAN DE TRABAJO FORZADO EN ISLA DE PINOS

En la prisión de Isla de Pinos el castrismo instauró en 1964 un proyecto cruel y genocida para toda la población penal que denominó Plan de Trabajo Forzado, violando todas las convenciones existentes de Derechos Humanos sobre los presos políticos, porque los obligaba

[10] Idem. Pág. 328.

a trabajar de forma esclava. Esto del trabajo forzado ya lo habían aplicado a los reclusos de la Causa de los Aviadores en 1959.

Este plan tuvo una **primera etapa** de experimentación con lo que se llamó el Plan Morejón en el mes de junio de 1963, con la mayoría de presos escogidos de las causas de alzados del Escambray. Una vez concluido el Plan Morejón, se inició el Plan de Trabajo Forzado a mediados de 1964, extendiéndose hasta un traslado gigante de reclusos en 1965.

Desde esta etapa primeriza, los reclusos decidieron hacer patente permanentemente el carácter forzado del trabajo y su rechazo al mismo.

Las organizaciones revolucionarias se organizaron diligentemente bajo el nombre del BOR (Bloque de Organizaciones Revolucionarias). Al principio participaron las seis organizaciones revolucionarias históricas que combatían al régimen de Fidel Castro: el MRR (Movimiento de Recuperación Revolucionaria), el 30 de Noviembre (Movimiento 30 de Noviembre), el MRP (Movimiento Revolucionario del Pueblo), Unidad Revolucionaria (Movimiento de Unidad Revolucionaria, el DRE (Directorio Revolucionario Estudiantil), el MDC (Movimiento Demócrata Cristiano) y Rescate Revolucionario que aglutinaba a todos los grupos o desprendimientos del Partido Auténtico (la Organización Auténtica y la Triple AAA).

Aunque algunos grupos planteaban evitar la resistencia a la ofensiva forzada para no desgastar a la población penal, al final predominó la fórmula de obligar a las autoridades carcelarias a patentizar el carácter esclavo o forzado del trabajo mediante la presencia de un miembro armado del régimen conminándonos a realizarlo.

Los exmilitares y los grupos vinculados al régimen de Fulgencio Batista no participaron en el bloque de organizaciones revolucionarias, pero lograron establecerse relaciones cordiales entre unos y otros. La hostilidad vivida entre ambos grupos (los batistianos y los revolucionarios) en los primeros años del presidio político fue superada ante la barbarie del régimen castrista con el Trabajo Forzado.

Toda la población carcelaria de la prisión de Isla de Pinos fue dividida en bloques de trabajo esclavo. Nada más parecido a un campo de concentración nazi. Todo organizado en forma sombría para reeditar una forma contemporánea de esclavitud.

Cómo los presos habíamos decidido resistirnos a trabajar, pues los golpes y los pinchazos de bayonetas se convertían en los instrumentos para convertir al presidio de Isla de Pinos en un campo de concentración y de terror, donde diariamente se golpeaba y se hería a los reclusos con las bayonetas y en algunos casos esos bayonetazos se convertían en mortales, como el asesinato de Ernesto Díaz Madruga, cuya muerte fue el hecho más conmovedor y criminal de esta primera etapa.

Otro caso relevante fue el plante de Alfredo Izaguirre (fallecido también), conocido periodista condenado a una prisión de 30 años, que se negó a trabajar. Finalmente esta actitud le costó varios años en una celda de castigo en solitario. Un hombre de un coraje excepcional al cual me unió siempre una amistad sincera desde la adolescencia, conjuntamente con otro amigo común fallecido, Julio González-Rebull. Alfredo y Julio son dos grandes amigos que recordaré siempre con gratitud fraterna.

La **segunda etapa** del Plan de Trabajo Forzado se marca con la incorporación del Bloque 19 de los estudiantes al trabajo forzado. Este grupo se encontraba en el Edificio 5 de la prisión. La estructura de toda la prisión constaba de cuatro edificios circulares y los dos edificios rectangulares, que eran los primeros una vez dejado atrás el edificio administrativo a la entrada de la prisión.

En esta etapa hubo un incremento de la represión por el terror sostenido a nivel del presidio y a nivel nacional y es el momento cuando el Bloque de las Organizaciones Revolucionarias (BOR) se ve obligado a tomar decisiones tácticas y de estrategia para intentar resistir la ofensiva genocida del sistema carcelario castrista.

Paralelamente, en el sur de Isla de Pinos se construyen dos campos de concentración y de trabajo esclavo: uno nombrado Mella y el otro La Reforma. La culminación de esta etapa de terror y torturas se da por el traslado de los primeros reclusos a estos dos centros en 1965.

Por la dureza represiva de esta etapa comienzan las heroicas huelgas de hambre para resistir la ofensiva agresiva y criminal del trabajo forzado. Era un camino riesgoso, por el daño al propio organismo humano del recluso, pero definitivamente se convirtió en una táctica legítima para escapar de este terror, aunque luzca contradictoria. Otros reclusos inclusive se autoagredían cortándose los dedos de las manos y de los pies para evitar los peligros cotidianos del trabajo forzado. Estas autoagresiones demuestran la naturaleza de terror del Plan de Trabajo Forzado.

Puede afirmarse que esta fue la época de mayor confrontación entre el régimen carcelario y el Bloque de Organizaciones Revolucionarias (BOR) que dirigían la resistencia ante el terror del régimen castrista.

En esta coyuntura se produjo en el Presidio de Isla de Pinos un estupendo esfuerzo de formación político-cultural dentro de la propia prisión de Isla de Pinos que duró hasta casi el final del trabajo forzado. En este esfuerzo interno los reclusos se daban unos a otros clases de todo tipo, como Idiomas, Historia, Religión, etc. Fue un ejemplo de hasta dónde la inventiva de seres humanos encarcelados fue capaz de crear solidariamente para resistir y defender la libertad, aún en medio de una circunstancia represiva muy intensa.

La **tercera y última etapa** del Plan de Trabajo Forzado se extiende desde un traslado masivo de presos en el mes de mayo de 1966 hacia distintas prisiones en Cuba, hasta la desactivación del Presidio de Isla de Pinos en el mes de marzo de 1967.

Pero obviamente, con esta dinámica de desactivación no desaparece el terror ni la tortura y ocurre entonces el tres de septiembre y dentro del marco del Plan de Trabajo Forzado aún activo el asesinato de Julio Tang, un recluso muy querido por toda la población penal.

El hecho no es más que la repetición de la propia dinámica del Plan de Trabajo Forzado: los guardias lo golpean salvajemente para que trabaje más rápido con la «guataca». Julio Tang se resiste y le ordenan entonces para humillarlo que deje la «guatac»a y recoja hierba con la mano. Julio se niega y lo sacan fuera del cordón, lo golpean salvajemente y le hunden un bayonetazo en el muslo que le perfora la femoral. Se desangra de inmediato hasta morir a los pocos minutos[11].

Este asesinato de Julio (el Chino) Tang el 17 de diciembre de 1966 marca dramáticamente el fin de esta etapa asesina. También fueron asesinados igualmente por guardias del cordón de seguridad en la balacera del 31 de diciembre los reclusos Eddy Álvarez, Danny Crespo y Diosdado Aquit. Un seguidilla de crímenes que se repiten y arman el marco genocida de lo que estamos relatando.

Unos dos meses después de estos últimos asesinatos del Plan de Trabajo Forzado muere Roberto López Chávez, el primer recluso político que pierde su vida en la Prisión de Isla de Pinos en huelga de hambre. Todos estos jóvenes, buenos amigos, hombres de una integridad y decencia admirables, ofrecían sus vidas generosamente. Por estos días posteriores a la muerte de López Chávez es asesinado

---

[11] Idem. Pág. 360.

Francisco Nodal, alias 'Paco Pico', en el mes de marzo de 1967. Un hombre de una simpatía contagiosa para todos los que lo conocimos.

Vienen entonces los traslados masivos de 1,500 reclusos para la prisión de La Cabaña y otro tanto para la provincia de Oriente, divididos en dos prisiones: la de Boniato y la del Mijial.

El gobierno castrista había decidido desactivar el Presidio Modelo de Isla de Pinos. Al parecer, el costo político ante la comunidad internacional por la maquinaria de terror y asesinatos llevados a cabo, conllevó adicionalmente para ellos un costo moral demasiado alto.

TRES HERIDOS Y UNO DE ELLOS EN EL TESTÍCULO

No olvidaré nunca una ocasión, cuando después de golpizas salvajes durante la jornada del trabajo forzado, fuimos heridos por pinchazos de bayonetas los compañeros estudiantes Pablo Palmieri, Antonio (Tony) Collado y yo.

Inmediatamente después que se descubría a un compañero herido, porque el pantalón de la pierna se bañaba en sangre, comenzaban las protestas del grupo. Entonces se paraba de momento la operación de las golpizas, se separaba a los reclusos heridos, se les montaba en uno de los camiones oficiales y se les trasladaba para el hospital de la prisión.

Ya en el camión lo primero que hacíamos era determinar la naturaleza de cada una de las heridas para una vez en el hospital reclamar la atención más urgente para el caso que considerábamos el más grave.

En este preciso caso recuerdo que la herida de Pablo Palmieri era la que menos sangraba, por ser muy superficial. La mía, en la cara exterior de mi muslo derecho, que era la que más sangraba por ser la más larga, determinamos que tampoco presentaba ninguna gravedad interior por ser superficial, una vez que la vimos de cerca. La herida de Collado lucía la más delicada, porque aunque sangraba menos, cuando nos mostró con sus dos manos los testículos, vimos que uno de ellos había sido atravesado o cercenado por el bayonetazo. Y eso inicialmente nos preocupó y lógicamente también nos conmovió. Algo para recordar eternamente.

Obviamente a los tres nos pareció que la herida de Collado por ser en el testículo, era la más delicada y así lo dijimos una vez que llegamos al hospital, por lo que fue el primero en ser atendido en la sala de emergencia del hospital de la prisión. Por suerte para él la herida, una vez observada por el médico, no presentaba ninguna gravedad, porque había sido herido en el escroto o sea la piel exterior y protectora del testículo, no en la bolsa interior. Pero eso lo supimos al final.

Difícil olvidar esta escena en la plancha de un camión con el testículo herido y sangrante en la mano de Antonio (Tony) Collado, por cierto ya fallecido. Un gran amigo miembro del Directorio Revolucionario Estudiantil. Un hombre de mucha fortaleza física e integridad humana. Casi todos lo llamábamos «Padrino». Un hombre de un coraje excepcional.

En otra ocasión Collado fue herido de un bayonetazo en la femoral, que generalmente eran heridas mortales, pero parece que su musculatura en la pierna presionó la femoral y se hizo un cierre milagroso. El caso fue considerado de tanta gravedad que lo montaron en un avión de emergencia y lo llevaron a un hospital en La Habana. El médico del hospital al encontrar que en la herida de la femoral se había formado una especie de callo que cerraba la herida, procedió a suturar los bordes de la herida y ordenar observación y descanso absoluto.

Tony Collado falleció después, ya en libertad, de una largo padecimiento canceroso en Miami.

En otra ocasión volví a ser herido de un pinchazo de bayoneta en la misma pierna derecha, muy cerca de la herida anterior y en los mismos campos escogidos para el Trabajo Forzado en el territorio agrícola de Isla de Pinos, cercanos al presidio. Supongo que la preferencia por la pierna derecha en mi caso para cualquier herida, es porque al ser yo zurdo mi pierna izquierda siempre estaba delante en cualquier acción de trabajo que solo se accionaba al acercarse el guardia. Entonces mi pierna derecha quedaba como el objetivo más cercano para la bayoneta del guardia agresor.

Hay que añadir que siempre antes de que el recluso fuese herido, la paliza de bayonetazos en la espalda era cuantiosa para que trabajara a más velocidad, pero como no lo hacíamos, pues nos pinchaban con la punta de la bayoneta y nos herían, en ocasiones mortalmente.

Recuerdo con mucha claridad que a mi lado ese día estaba el violinista y compositor Manuel Villanueva (El Villa, ya fallecido), éramos excelentes amigos y compañeros de estudio desde la Universidad de La Habana y después nos encontramos en el Directorio Revolucionario Estudiantil. En ese momento, cuando Villanueva se percató de mi herida, metió un grito para anunciar que yo estaba herido y lo descubre porque ve el pantalón de mi pierna derecha teñido literalmente de sangre.

Villanueva es el autor de dos canciones icónicas del presidio: «La Montaña» y «Yo los he visto partir».

Reunión en el exilio de miembros del DRE. En el primer plano de la derecha Manuel Villanueva. Atrás de izquierda a derecha, José (Cheo) Guerra, Miguel García Armengol, Reinaldo Morales y Alberto Muller.

Inmediatamente me trasladaron para el hospital del presido. La herida en esta ocasión era más profunda que la anterior, por eso sangraba más, pero no presentaba ninguna complicación aparente, a no ser porque posteriormente se infectó y tuve que volver al hospital para que la desinfectaran y la volvieran a suturar.

Por cierto, ninguna de estas suturaciones se hacían con la anestesia correspondiente. Todas eran a sangre fría, pero el ser humano se adapta rápido a las durezas de la vida misma. Esta herida, aparentemente por haberse infectado, cada vez que hay mucha humedad en al ambiente y amenaza lluvia o llueve, pues siento en ella un dolor peculiar, como si la presionaran o apretaran. Un dolor soportable por cierto, pero que siempre me obliga a recordar aquel momento y a mi gran amigo del mismo curso en la Universidad de La Habana, Manolo Villavuena.

Recordar a Villanueva, me obliga a recordar a Lourdes, su novia y después su esposa de toda una vida. Los tres éramos compañeros y grandes amigos en la Escuela de Derecho. Siempre los recordaré a ambos con infinito cariño.

GOLPES DE BAYONETA EN LAS ESPALDAS

Se puede calcular que durante los dos años que duró el Plan de Trabajo Forzado alrededor de tres mil reclusos fuímos golpeados salvajemente en las espaldas, unos doscientos –tal vez más— fueron heridos con bayonetas y veinte fueron asesinados por disparos y bayonetazos. Una estadística escalofriante y tenebrosa.

En una ocasión recuerdo que a Lázaro Hurtado Lara, un hombre fuerte y musculoso de unos 24 años aproximadamente, miembro del Directorio Revolucionario Estudiantil le comenzaron a dar planazos en la espalda y como apenas se inmutaba por su complexión musculosa, llegaron a golpearlo en más de 60 ocasiones seguidamente. Uno tras otro hasta que cayó al suelo, aunque se levantó de inmediato. Entonces el resto de los reclusos que lo acompañaban lo rodearon en una especie de protección momentánea y se logró que cesara la golpiza contra él. Un joven de una integridad absoluta.

Lázaro posteriormente se preparó para recibir el bautismo católico en la prisión y me nombró su padrino. Todavía nos llamamos padrino y ahijado. Un gran amigo y hombre de campo al cual respeto con devoción humana muy especial.

Hay que decir que el caso de la resistencia al Plan de Trabajo Forzado en Isla de Pinos fue un hecho inédito, además de heroico, porque ni siquiera en el Gulag soviético descrito por Solchenitzin se describe una resistencia de este tipo, como la que se forjó en el presidio político de Isla de Pinos e inclusive en otras unidades carcelarias cubanas.

Fueron muchas vidas de hombres y mujeres que se perdieron por el maltrato y la tortura en la prisión política, pero queda la mística y el esfuerzo humano que todavía clama libertad. No resulta nada fácil relatar esta larga jornada llena de abusos, torturas y asesinatos, que me tocaron tan de cerca.

Confieso que en mí no queda el menor rasgo de odio ni de resentimiento contra los represores que tanto abusaron de todos los presos políticos y de mi persona.

A todos los perdoné con ese espíritu amoroso que predomina y aprendimos de Jesús de Nazareth, y que no da margen a la venganza ni al «ojo por ojo y diente por diente». Me siento muy en paz conmigo mismo por haber perdonado a estos monstruos humanos de tantas cabezas. Siempre pido a Dios que les de la Gracia de la Rectificación.

CAPÍTULO 6

EL ESTALINISMO EN CUBA

«No desesperes cuando todo parece terminado, surgen nuevas fuerzas. Esto significa que vives».
Metamorfosis de Franz Kafka

FIDEL CASTRO SE ALINEA CON LA URSS

Desde los primeros días del triunfo de la Revolución Cubana de 1959, Fidel Castro se preocupó en ir poniendo en posiciones de mando a miembros del Partido Socialista Popular (PSP) --que era el partido comunista en la isla—, a pesar de que esta agrupación marxista era la misma que había hecho alianza política con Fulgencio Batista en 1940, y se había negado a sumarse al proceso revolucionario que se desarrolló en Cuba desde 1952 hasta mediados de 1958 y se negó a apoyar la huelga revolucionaria del mes de abril de 1958.

Adicionalmente, el PSP fue un crítico sistemático del ataque de Fidel Castro al Cuartel Moncada en 1954. Ante ese hecho, el dirigente comunista oriental César Vilá, osó defender el ataque al Cuartel Moncada, por lo que fue expulsado del PSP y nunca más pudo regresar, a pesar de que al triunfo de la revolución en 1959 ya su hijo era un mártir de la Unión Soviética al morir defendiendo a la URSS contra los ejércitos de Hitler.

Resulta paradójico, que Fidel Castro no aprovechara el momento del triunfo en 1959 para agradecer a César Vila el haber sido el único dirigente del PSP en apoyarlo en la acción del Moncada. Definitivamente Fidel no era un hombre de agradecimientos y con cierta rapidez trazó su camino convirtiendo las promesas revolucionarias en desechos y traiciones.

Comenzaba para Cuba lo que algunos analistas ya auguraban era el cronograma de compromisos secretos de Fidel Castro con la inteligencia de los soviets. Pero para los revolucionarios que habíamos luchado por el derrocamiento de la dictadura de Fulgencio Batista, no era fácil aceptar la hipótesis de esta traición tan temprana, tan apresurada y tan bien preparada con anticipación.

Existían los dos pactos revolucionarios firmados personalmente por Fidel Castro, que sustentaban los fundamentos democráticos de la Revolución cubana, como el Pacto de México con José Antonio Echeverría y Frank País en 1956 y el Pacto de la Sierra Maestra que firmó con Felipe Pazo y Raúl Chibás en 1957.

Una vez logrado el derrocamiento de la dictadura de Fulgencio Batista el primero de enero de 1959, el proceso revolucionario tenía que restaurar la Constitución de 1940, poner en vigencia la libertad de prensa y proceder a convocar unas elecciones democráticas en 18 meses.

Pero aquí, en el incumplimiento de estos pactos o compromisos democráticos de la Revolución cubana con el pueblo cubano y con todo el sector de los grupos revolucionarios, Fidel Castro inicia los prolegómenos de entregar el proceso revolucionario a los intereses estalinistas de la Unión Soviética.

Estos hechos fueron una decepción profunda y masiva entre los jóvenes que confiábamos en una revolución en libertad para regresar a Cuba al sistema democrático. Y este rompimiento explica la fortaleza del origen y principio de una oposición que se gesta ya a finales de 1959 y todo el año de 1960 contra la traición de Fidel Castro.

Resulta significativo que ya a mediados de 1959, Fidel Castro discutía con los dirigentes de la Unión Soviética la instrumentación de la visita a Cuba de Anastas Mikoyán, el vice-primer ministro y dirigente soviético que había ordenado a los tanques rusos aplastar el levantamiento libertario del pueblo húngaro en 1956.

En lugar de estar pensando en invitar a Cuba a dirigentes democráticos, como Rómulo Betancourt, José Figueres, Dwight Eisenhower o Charles De Gaulle, pues el invitado prioritario para Fidel Castro era nada más y nada menos que Anastas Mikoyán, el asesino confeso del pueblo húngaro.

La visita de Mikoyán inicialmente se había programado para el mes de diciembre de 1959, pero al darse cuenta ambas partes, anfitrión e invitado, de que en esa fecha se celebraría en La Habana y en la llamada Plaza Cívica o Plaza de la Revolución el Congreso Católico, decidieron postergar la visita para el mes de febrero de 1960.

De todas formas, Mikoyán se convierte sospechosamente en el primer líder autoritario importante del mundo en visitar la isla por invitación oficial de Fidel Castro, hecho que puede revelar todo un compromiso previo entre ambas partes, hipótesis de algunos historiadores.

Todo el año 1959, que ya analizamos en un capítulo anterior, fue un período de traiciones tras traiciones de Fidel Castro con los grupos revolucionarios y con el pueblo de Cuba.

Con el fracaso de la Brigada 2506 en las batallas de Playa Girón y Playa Larga el 21 de abril en 1961, y la falta de apoyo real a la lucha clandestina dentro de Cuba, vino el derrumbe estrepitoso de la lucha entablada para derrocar a la dictadura de Fidel Castro, que afectó con fuerza a todas las organizaciones revolucionarias, como al Movimiento Revolucionario del Pueblo (MRP), el Movimiento de Recuperación Revolucionaria (MRR), el Movimiento 30 de Noviembre, el Movimiento Unidad Revolucionaria, la Organización Auténtica (OA), la Triple AAA, el Movimiento Montecristi y el Directorio Revolucionario Estudiantil.

Además, afectó igualmente a todo el resto de las agrupaciones revolucionarias que se sentían decepcionadas por el giro comunista de Fidel Castro y su abandono a los fundamentos democráticos que permitieron el triunfo de la Revolución Cubana de 1959.

Lamentablemente, Fidel Casto logró la consolidación de su poder personal dentro de la Revolución cubana y la instauración de un régimen totalitario en Cuba con la ayuda masiva y efectiva de la Unión Soviética.

En la contraparte, las organizaciones revolucionarias democráticas cubanas no recibieron la ayuda prometida por parte del aliado principal que se decían ser los Estados Unidos de Norteamérica.

Todo en Cuba tomaba visos de totalitarismo estalinista. El caudillo no se llamaba José Stalin, sino Fidel Castro, pero el primero se convertía en el maestro del segundo. En la metodología del terror, los fusilamientos y las torturas implantadas en toda Cuba.

Desaparecieron con cierta rapidez del ámbito social y económico los colegios y negocios privados. El Estado intervino todas las concesiones a empresas extranjeras existentes en el país. Se expulsó de Cuba a los sacerdotes extranjeros y a los nacionales que el régimen castrista consideraba desafectos o peligrosos para el proceso revolucionario. Las grandes empresas agrícolas privadas, como la azucarera, la arrocera, la cafetalera y la ganadera fueron confiscadas y estatizadas.

Esta estatización revertió el ritmo productivo creciente de la economía nacional y en pocos años, de productor de alimentos agrícolas y de desarrollo ganadero, Cuba se convirtió en un importador pobre y sin apenas divisas para importar su deficitaria canasta alimenticia.

Una inversión desastrosa que demostró, una vez más, que el estatismo como metodología para el crecimiento económico, no permite el desarrollo ni es productivo y por supuesto tampoco es humano.

Cuba se convirtió aceleradamente en un estado policial al mejor estilo estalinista, a pesar de que Fidel Castro se llenaba la boca para decir una y otra vez que, «la Revolución no era comunista», hasta que en la coyuntura de la invasión de Playa Girón y Playa Larga, desveló el carácter socialista-marxista de la Revolución cubana.

El engaño castrista se quitó el disfraz o el barniz democrático que había ocultado durante varios años. Podemos recordar que el 9 de enero de 1959 Fidel Castro fue entrevistado en el programa «Ante la Prensa» en CMQ y dijo: «...en un plazo de 18 meses celebraremos elecciones generales»; pero nunca demostró con transparencia que iba a cumplir con esos compromisos que establecían con meridiana claridad los pactos de México en 1956 y de la Sierra Maestra en 1957.

Los dos pactos establecían el retorno del país a la vida democrática representativa y el restablecimiento de las libertades ciudadanas y de la Constitución de 1940.

Fidel Castro jugó hábilmente a buscar un liderazgo en el Tercer Mundo, tanto entre los Países No Alineados, como entre los países de la órbita soviética.

Sin lugar a dudas lo logró, mientras implantaba en la isla un régimen de represión extrema y de estatización plena. La Cuba comunista (o castrista) queda definida desde entonces, como un país comunista, sostenido por la represión política y orientado hacia la estatización forzada e improductiva de todos los recursos productivos del país.

Al final de todo este engaño programático e incumplimiento de los fundamentos democráticos de la revolución cubana, vimos la consolidación de Fidel Castro con un poder absoluto.

Fue un proceso relativamente rápido de mucha decepción y sufrimientos para todos, pues una vez que el rérimen castrista pudo consolidar su poder, comenzó en toda Cuba la represión política agresiva, los paredones de fusilamientos, el presidio político masivo y la tortura como método por excelencia del terror castrista.

Lo que más duele al evaluar este momento de consolidación del régimen de Fidel Castro es que sabíamos que contábamos con fuerzas humanas suficientes dentro de Cuba para lograr el triunfo, pero la historia por diferentes razones, cambió el curso y no lo quiso así. A la Cuba Democrática le faltó el aliado comprometido y cumplidor.

CRISIS DE OCTUBRE

Hay que decir que previo a la Crisis del 22 Octubre de 1962, que se desencadena por el descubrimiento de los misiles balísticos rusos de alcance medio (R-12 y R-14), ya el régimen de Fidel Castro había recibido cantidades sustanciales de armas de la Unión Soviética.

El mismo *Nikita Jruschov admitió en su autobiografía: «nosotros le dimos a Cuba tantas armas como el ejército cubano de Fidel Castro podía absorber».

Y esto resulta triste y lamentable afirmarlo, porque los luchadores por la libertad de Cuba que entregaron sus vidas denodadamente por evitar la instauración de un régimen totalitario comunista en Cuba, no llegaron a recibir la ayuda militar que necesitaban del gobierno de John F. Kennedy para contrarrestar o equilibrar la ayuda soviética al régimen de Fidel Castro. Y eso explica con lujo de detalles cómo consigue consolidarse el comunismo en la isla.

El embajador soviético en Cuba, Alexander Alexeiev declaró en varias entrevistas que la decisión de enviar los cohetes a la isla fue tomada colectivamente por Anastas Mikoyán, el Mariscal Sergio Bryusov, el Mariscal Malinovsky, el canciller Andrei Gromyko y el primer ministro Nikita Jruschov.

Hay que añadir que este fue un momento de mucha actividad represiva para toda la prisión política en Cuba, cuya población penal fue maltratada muy inhumanamente de multiples formas: recuerdo que yo, particular y personalmente, sufrí de forma muy intensa por los golpes de bayonetas sobre mis espaldas. No tenía forma de aliviar esta carga sobre mi persona.

Cuando todo parecía inevitable, en cuanto a una invasion de los Estados Unidos para eliminar al regimen castrista de la historia cubana por la instalación en suelo cubano de los misiles de fabricación soviética apuntando a territorio de Estados Unidos, tesis que defendían desde el expresidente Eisenhower hasta John McCone, director de la Agencia Central de Inteligencia; John Mc Namara, secretario de Defensa, Richard Russell, presidente del Comité de Relaciones Exteriores del Senado y Lyndon Johnson, vicepresidente del país, entre muchos otros, y además del apoyo manifiesto y decidido del mundo occidental, en horas de la noche del viernes 26 de octubre de ese mismo año, el primer ministro de la Unión Soviética, Nikita Kruschev, aceptaba la proposición del presidente John F. Kennedy de retirar los cohetes de Cuba con la condición a Estados Unidos de no interferir en los asuntos internos de Cuba ni invadir la isla.

El presidente Kennedy acepta inexplicablemente los términos entreguistas de Jruschov y comienza lo que se conoce históricamente como el «Pacto Kennedy-Jruscoev» que consolida al régimen castrista hasta el día de hoy que contamos esta historia.

Obviamente hay que decir (y eso nosotros mismos lo analizábamos desde el rigor del presidio politico cubano), que Nikita Kruschev tenía perfectamente evaluados los límites de la capacidad del presidente John F. Kennedy para el apaciguamiento y la inacción.

La indecisión demostrada por Kennedy durante las batallas en Playa Girón y Playa Larga y la resultante de no apoyar la lucha clandestina en Cuba fueron las pruebas de laboratorio para conocer a fondo la debilidad intrínseca en la personalidad de John F. Kennedy.

Y esto debo decirlo con cierta tristeza personal por las simpatías que el joven político estadounidense despertó en muchos de nuestra joven generación.

Bajo esa circunstancia inusitada y agresiva que desencadena la Crisis de los Misiles, el mundo occidental hubiese apoyado con entusiasmo el fin del regimen castrista, pero el presidente Kennedy optó por la negociación entreguista con Nikita Jruscoev.

El coraje y la visión con que tituló su famoso ensayo político, «Perfiles de Coraje», le faltaron al presidente John F. Kennedy y a su gobierno para ayudar a los cubanos a impeder la instauración del comunismo en la isla. Y eso quedará grabado en la historia de Cuba con el sufrimiento que ha padecido y padece el pueblo cubano durante estas más de seis décadas contínuas de comunismo totalitario (1959 – 2021).

PACTO KENNEDY-KRUSCHEV

Hay que afirmar que el Pacto Kennedy-Jruschov estimuló al régimen castrista a continuar e incentivar el terror y el maltrato en la prisión política. La famosa requisa conocida como «La Pacífica» en Isla de Pinos que fue desproporcionada por la muestra de fuerza del régimen carcelario, reflejó al desnudo que el gobierno castrista no abandonaría la represión ni el maltrato a los presos politicos.

Fueron para nosotros años muy duros, pues a la represión sistemática, se sumó una situación alimentaria muy precaria en las prisiones de toda la isla. Fueron los años del gofio y una desnutrición muy aguda en todas las instalaciones carcelarias cubanas.

Cuba comenzaba a padecer la incapacidad del socialismo marxista en las tareas del desarrollo económico-agrícola y los primeros en sufrir esta carestía básica de alimentos fueron los presas y los presos políticos en las cárceles cubanas.

Todo esto explica el que los reclusos escenificáramos en el mes de mayo de 1962, la primera Huelga de Hambre colectiva en la que participaron todos los reclusos del penal de Isla de Pinos. Fue todo un desafío con energía maxima, y se lograron algunos avances transitorios. Se negoció entonces con el capitán Sanjurgo, Director de Cárceles y Prisiones del Ministerio del Interior y la conclusión fue un ambiente de euforia en la población penal, porque en los resultados inmediatos parecía lograrse un mejor trato y una mejor alimentación.

Paradójicamente comenzó en la Prisión de Isla Pinos una época de mejoría de la alimentación, que se extendió a otras prisiones de Cuba.

Esto abrió un interregno de cierta tranquilidad en la prisión que trajo aparejado un movimiento de estudios y de religiosidad dentro del ambiente presidiario en Isla de Pinos. Lamentablemente, la relativa tranquilidad lograda tuvo una corta duración, al alterarse sorpresivamente el 8 de septiembre de 1962, Día de la Virgen de la Caridad del Cobre, cuando hubo requisa en todos los edificios circulares de la prisión y un incidente en la Circular 2 que hizo que el régimen castrista movilizara toda la fuerza posible para reprimir la protesta. Aparentemente la requisa la motivó una delación por barrotes cortados que anticipaban un plan de fuga.

El resultado final de la represión por los incidentes de la requisa y la huelga de hambre declarada en respuesta, mostró el límite del poder político de los presos dentro del presidio político. Durante la requisa la población penal perdió más del 90 por ciento de sus propiedades.

Por este incidente fui incomunicado, conjuntamente con Jorge Izaguirre, mi hermano Juan Antonio, Armando Zaldivar (médico ya fallecido), Rafael Márquez, Agustín Álvarez Gutierrez (alias Caballo Loco), Pedro Pérez (alias El Loquillo) y Atilas Lam Wood.

A los ocho nos metieron en una celda de capacidad para dos o tres reclusos máximo, por lo que teníamos que alternarnos para dormir, porque no cabíamos todos acostados.

Inclusive en una noche de mucho frío intentamos pasar una cobija para otra celda de castigo, donde se encontraban los compañeros José (Cheo) Guerra Cabrera y Juan Ferrer Ordóñez y fuimos descubiertos.

Esto trajo como resultado que los guardias trajeran una manguera y nos empaparon dentro de la dos celdas para así castigar nuestra solidaridad con las cobijas. Obviamente esto empeoró la situación de frío esa noche que terminamos tiritando y temblando por las bajas temperaturas imperantes y con todas nuestras ropas mojadas por el intenso manguerazo.

Se vivió en este reclusorio una época sin nada, sin paquetes de familiares, sin visita, sin atención médica. El régimen castrista muy fortalecido por el Pacto Kennedy-Jruschov que debilitaba al extremo la cohesión y la fuerza de los presos políticos y del pueblo cubano.

Recuerdo que cuando nos devolvieron de las celdas de castigo a los edificios de la prisión en el mes de diciembre, nos enteramos de los detalles de la Crisis de los Cohetes.

Regresó un período intenso de hambre, de mucha represión y bajo un sentimiento de abandono por la Crisis de los Cohetes y el canje de los brigadistas de Playa Girón por un pago de dinero en efectivo al régimen castrista por los Estados Unidos.

A mi particularmente me alegró que los brigadistas regresaran a sus hogares en los Estados Unidos. Pero pienso que esta negociación humanitaria obligaba al gobierno estadounidense de John F. Kennedy a buscar otros caminos de solución para presos políticos aliados de ellos que se quedaban encerrados entre rejas bajo las peores condiciones humanas previsibles.

ATAQUE DEL DRE AL HOTEL ROSITA DE HORNEDO

El 24 de agosto de 1962 un comando del Directorio Revolucionario Estudiantil realizó un ataque contra el Hotel Rosita de Hornedo en La Habana, con su propia embarcación «Juanín», una Bertrand de 31 pies, en la que estaban los miembros de la organización Isidro Borja, José Basulto (Gugú), Carlos Hernández (Batea), Bernabé Peña, Enrique Torres, Albor Ruiz, Julián Gómez y Juan Manuel Salvat.

En ese momento yo me encontraba en la prisión de Isla de Pinos. Este ataque permitió al DRE paralelamente denunciar públicamente la instalación y ubicación de los cohetes atómicos soviéticos en territorio cubano a través de todos los medios noticiosos existentes. Esta información confidencial —según me revelaron posteriormente los compañeros del DRE en el exilio— fue obtenida gracias al trabajo de las células organizadas por los miembros del DRE en las provincias de Las Villas, La Habana y Pinar del Río.

Más tarde el Directorio Revolucionario Estudiantil organizó con recursos propios una base de entrenamiento en la isla Catalina de República Dominicana, con planes de crear guerrillas marítimas e insistir en la acción para alcanzar el derrocamiento del régimen castrista.

Foto del barco «Juanín» del Directorio Revclucionario Estudiantil en una base. En este barco se realizó el ataque al hotel Rosita de Hornedo en La Habana donde se realizaba una fiesta de soldados rusos, el 24 de agosto de 1962.

En este esfuerzo estaban involucrados Juan Manuel Salvat, Isidro Borja, José María de Lasa, Luis Camps (Disco), Manolito Contreras, Jorge de Cárdenas, Bernabé Peña y Miguel de Lasa (Gago), entre otros. Esta base fue cerrada posteriormente debido a una intervención del gobierno de los Estados Unidos ante el gobierno de República Dominicana.

Con anterioridad se habían ido creando **Delegaciones del DRE** por toda América Latina que sirvieron de brazo propagandístico para denunciar la verdad represiva del régimen castrista y en algunos casos para defendernos a nosotros de la pena de muerte.

Recuerdo la movilización en Chile para denunciar el posible fusilamiento de mi persona y de Miguel García Armengol, dirigentes ambos del Ejecutivo Nacional del DRE en Cuba en 1961 cuando caímos prisioneros del regimen castrista en esa época.

Foto de un grupo de miembros del DRE entrenando en la PT.
Isla Catalina, República Dominicana, 1964.

El grupo del DRE que asistió al IV Congreso de Estudiantes Latinoamericanos en la Universidad Técnica de Santiago en 1961 y realizó esta campaña lo conformaban los compañeros Nelson Amaro, Alejandro Portes y Rafael Oller.

Una de las manifestaciones se realizó frente a la sede de la Embajada de Cuba en Santiago de Chile. Pero esta acción de protesta por el mundo se llevó a cabo también en el Congreso Latino Americanos de Estudiantes (CLAE) en Natal, Brasil, donde la Delegación del DRE logró el apoyo y el respaldo de las Delegaciones de Chile, Honduras, Guatemala, Costa Rica, Bolivia, Panamá, Ecuador, El Salvador y otras.

Esta situación de fuerza política mostrada por las delegaciones del DRE en América Latina y el mundo llegaba a nosotros en la prisión política como un estímulo inapreciable para entender que no todo estaba perdido y que tampoco estábamos solos. En esta ocasión el propio Ricardo Alarcón denunció al jefe de la Delegación chilena, Patricio Fernández, que en 1960 había sido huésped de honor del Gobierno Revolucionario de Fidel Castro por expresar un apoyo muy solidario con el Directorio Revolucionario Estudiantil. Esta Delegación del DRE en Natal, Brasil, estuvo integrada por Luis Fernández Rocha y Fernando García Chacón.

ASESINAN A JOHN F. KENNEDY

El viernes 22 de noviembre de 1963, en Dallas, Texas, el presidente John F. Kennedy fue mortalmente herido a las 12.30 del mediodía mientras circulaba en el auto presidencial descapotable por la Plaza Dealey.

Se convertía en el cuarto presidente en la historia estadounidense en ser asesinado. Los anteriores, habían sido Abraham Lincoln, James Abram Garfield y William McKinley.

Tres investigaciones realizadas concluyeron que Lee Harvey Oswald, un empleado del almacén de Texas School Book Depository, fue el asesino.

¡Cuántos recuerdos nos trae la muerte del presidente Kennedy, al cual dedicamos un tiempo riesgoso en la clandestinidad para escribirle una carta que para el DRE fue memorable, pues definía el pensamiento de nuestra generación ante el acontecer cubano y americano!

Inclusive algunos autores y académicos celebraron ese documento epistolar por representar la aspiración de la joven generación cubana, muy similar a las aspiraciones de la juventud latinoamericana[12].

No cabe duda que con Kennedy moría parte de todo un esfuerzo en pro de los derechos civiles en la historia de los Estados Unidos, que compartimos con simpatía. Lamentablemente el comportamiento del gobierno de John F. Kennedy con los cubanos libres que luchábamos para derrocar al régimen totalitario de Fidel Castro no fue consecuente con los compromisos de ayuda que se habían establecidos previamente. Kennedy y su gobierno finalmente abandonaron a los cubanos que luchaban por una Cuba Democrática y Libre, cuando realmente estaban obligado moralmente a haberle dicho a los cubanos que no iban a ayudarlos como ellos esperaban, de acuerdo a los compromisos establecidos.

Yo recuerdo cuando en medio del alzamiento en la Sierra Maestra decidimos que yo saliera clandestino desde las costas orientales hacia Miami para recoger físicamente las armas que estábamos solicitando para los mil quinientos hombres registrados por distintas zonas del área rural para alzarse en armas contra el régimen de Fidel Castro.

---

[12] Carta a John F. Kennedy- ver en Documentos.

Entonces nuestro telegrafista Enrique Casuso —además el responsable militar del alzamiento de la Sierra Maestra— recibió inmediatamente de la central en Estados Unidos el siguiente mensaje: «A Muller que no venga, pues no hay tiempo, todo es inminente».

O sea que no querían mi presencia en Estados Unidos, porque obviamente no era deseada y/o aparentemente el desembarco por Bahía de Cochinos era inminente.. Bien. Una respuesta lógica.

Pero aquí estaban ellos obligados a añadir - me refiero a los subalternos del gobierno de John F. Kennedy que se relacionaban con nosotros— «no tenemos posibilidad alguna de enviar armas a la Sierra Maestra. Desactiven los campamentos y regresen a las ciudades». Y no lo hicieron.

Lo que hizo el doctor Angel Fernández-Varela en la reunión de urgencia con Juan Manuel Salvat y conmigo a finales del mes de enero, que no le creímos a pies juntillas, porque la ilusión de vencer al dictador Fidel Castro era más fuerte que todo, debieron haberlo hecho también estos cuadros subalternos del gobierno de John F. Kennedy con nosotros. Había varias formas para hacerlo. Este comportamiento fue inaceptable, desde cualquier ángulo que se analice.

Algunos me dirán, que esos asuntos no se tratan a nivel de estos contactos. Y ¿por qué? sí me dijeron que no viajara a Estados Unidos desde la Sierra Maestra a buscar las armas.

Este comportamiento de abandono, que fue con todas las organizaciones que luchaban para derrocar al régimen de Fidel Castro, no solamente con nosotros, le ha costado a Cuba seis décadas de sufrimientos, torturas y persecuciones políticas.

Todo pudo haberse evitado, con una actitud política más firme, inteligente, consecuente y solidaria por parte del gobierno del presidente Kennedy.

Alrededor de la muerte de John F. Kennedy se han tejido varias historias de conspiración, todas apasionantes e inclusive una de ellas intenta vincular al Directorio Revolucionario Estudiantil en el exilio con el asesinato, pero finalmente la Comisión Warren, presidida por Earl Warren, jefe de la Corte Suprema de los Estados Unidos, concluyó que no hubo conspiración alguna en el atentado a Kennedy y que Lee Harvey Oswald había actuado solo en el mismo.

La vinculación de este hecho con el Directorio Revolucionario Estudiantil (DRE) se produce porque Carlos Bringuier, un dirigente del DRE en la ciudad de New Orleans, descubre tres meses antes del asesinato a Kennedy, que Oswald era un agente castrista, que gustaba exhibirse falsamente como anticomunista y en realidad era un agente soviético. Y Bringuier fue el que lo descaracterizó públicamente.

CONCLUYE EL PLAN DE TRABAJO FORZADO EN ISLA DE PINOS.

El desmantelamiento de la prisión de Isla de Pinos y el fin del Plan de Trabajo Forzado en Isla de Pinos mostró que el régimen castrista revaluaba los planes criminales del Trabajo Forzado en busca de un nuevo tratamiento a los presos políticos y un mejoramiento de su imagen internacional.

Aquellos maltratos y asesinatos, sin lugar a dudas, le habían costado al régimen de Fidel Castro un precio moral y politico muy alto que tuvo que pagar internacionalmente. Y a muchos de nosotros nos costó las cicatrices que podemos mostrar en nuestro cuerpo y en nuestra alma que son el reflejo más directo del horror padecido. Y a otros les costó la vida.

Parte de los reclusos desmovilizados de la Prisión de Isla de Pinos fuimos trasladados para la Prisión de Guanajay y el resto fueron enviados a distintas prisiones en todas la isla, como la Cabaña, Boniato, Mijial y otras.

El error fundamental del Ministerio del Interior castrista con el terror y el maltrato a que sometieron a los presos políticos fue no darse cuenta de las extraordinarias reservas de energía moral de la comunidad carcelaria y no entender que la burda alternativa de una rehabilitación política era para los presos una anulación moral a la que se resistieron hasta con su vida.

Fue todo un error político de desprestigio para el régimen castrista con el que ha quedado marcado para siempre como un gobierno que maltrató y torturó a sus prisioneros políticos.

Pero el instinto represivo del totalitarismo comunista era (y sigue siendo) parte de su naturaleza y aunque se percataron del daño en el Presidio Político de Isla de Pinos, no tuvieron la capacidad moral ni la comprensión humana para una verdadera rectificación.

Inclusive en el desmantelamiento de la Prisión de Isla de Pinos la Dirección de Prisiones aprovecha la confusion de los traslados y hasta el propio cansancio de algunos presos para intentar imponer la ropa azul de los presos comunes que siempre había sido rechazada por la mayoría del presidio político. Otro error, de los tantos errores innecesarios cometidos en el trato a los prisioneros políticos por parte del Departamento de Prisiones del Ministerio del Interior.

EL GENERAL ENIO LEYVA Y EL COMANDANTE SERGIO DEL VALLE.

Sin antecedentes ni aviso previo el 29 de enero de 1970 una comitiva presidida por el general Enio Leyva y el comandante Sergio del Valle, entonces ministro del Interior, realizaron una visita sorpresiva a los pabellones B y C en la Prisión de Guanajay con la intención de dejar atrás el ambiente de hostilidad y maltratos imperantes de los últimos años. Al menos los dos altos oficiales del gobierno así lo manifestaron en la conversación que sostuvieron con nosotros inicialmente, aunque muchos de los presos politicos pusieron en duda las buenas intenciones de sus palabras.

En esos pabellones se encontraba con nosotros Raúl Verrier, un productor de radio muy conocido en CMQ y miembro del Directorio Revolucionario Estudiantil que había sido buen amigo de Enio Leyva durante el exilio de ambos en México (1956) y por supuesto gran amigo personal de todos nosotros y mío en particular.

Esto permitió que el ambiente inicial del encuentro haya sido relajado y con un dejo de una cierta confianza mutua, al menos por parte de ellos.

Acompañando a Leyva y a Del Valle iba el capitán Mariano Rodríguez de la Seguridad del Estado. Tanto uno como el otro de los dos altos oficiales hicieron una auto-crítica del maltrato en las prisiones, de los planes de rehabilitación y de las largas condenas a los reclusos.

Incluso informaron que este cambio de actitud del Ministerio del Interior ya había comenzado con la libertad de 17 mujeres presas plantadas, aunque apuntaron que dentro del Ministerio del Interior y del Departamento de Prisiones había mucha oposición a este cambio de actitud y de política hacia los presos políticos. Algo de sinceridad que no solamente agradecimos, sino que comprobamos posteriormente que era verdad.

Pero lo que más perjudicó este cambio de actitud hacia nosotros, que comenzó con autorizar a que los presos politicos volvieran a vestir la tradicional ropa amarilla, que fue toda una lucha de años y maltratos para imponer la ropa color azul de los presos comunes, fue que el maltrato y los asesinatos prosiguieron con la misma crueldad e intensidad en otros centros penitenciarios en el interior de la isla.

Más que una política integral, el paso de Enio Leyva y Sergio del Valle por la Cárcel de Guanajay daba la impresión de una especie de ensayo de experimentación y no una decisión de cambio integral en la

Dirección de Prisiones a nivel nacional, a pesar de que ya desde los primeros contactos ellos esbozaron el marco de lo que sería después el llamado Plan Progresivo, para que el recluso pudiera optar por su libertad sin el Plan de Rehabilitación.

Hoy, pienso en este recuento después de medio siglo que el general Leyva y el comandante Del Valle estaban haciendo una prueba de laboratorio, sin quitar mérito a los deseos expresados de dejar atrás la política de los maltratos y de la rehabilitación compulsiva.

No fue definitivamente una política integral concebida a nivel nacional, que debió ser a los efectos de crear confianza. Más bien fue un ensayo importante, un primer paso, un sondeo a fondo para conocer nuestros pensamientos políticos y algunos deseos de cambios en nosotros.

De todas formas una parte considerable del presidio político, integrado bajo la sombrilla del Bloque de Organizaciones Revolucionarias, que se había opuesto con heroísmo singular al Plan de Trabajo Forzado y a los planes de rehabilitación, decidió acompañar esta nueva política de mejor trato y esperanzas de dejar atrás el horror de un presidio político de espanto.

Ellos, el Ministerio del Interior o al menos una parte representada por Leyva y del Valle, buscaban reducir la presión política, que para el régimen castrista representaba la imagen autoritaria cercelaria y torturadora. Esa imagen siempre le hizo mucho daño a la imagen y credibilidad del regimen castrista por todo el mundo.

Esto provocó un ambiente de conversaciones disímiles entre el grupo de estos oficiales y los reclusos, algunas sumamente delicadas, otras de menor calado y las más selectivas con el general Enio Leyva, que bordearon temas más espinosos como una posible dessovietización de la Revolución cubana, que según él afirmaba deseaba de todo corazón.

Al menos el general Enio Leyva lo expresaba así sin cortapisas en esas conversaciones y le ponía énfasis e importancia al hecho de «desovietizar» a la Revolución cubana.

Claro, no teníamos un termómetro que nos asegurara que sus intenciones eran exactamente las mismas que expresaba. Y algunos de nosotros suponíamos que esta afirmación de «desovietizar la revolución cubana» era para halagar los oídos de los cientos de miles de reclusos de naturaleza y origen revolucionario que habían combatido a la dictadura de Fulgencio Batista y a su vez cumplían años de prisión por intentar el derrocamiento de la dictadura de Fidel Castro supeditada a la Unión Soviética.

De todas formas no teníamos otra alternativa que prestar mucha atención a sus comentarios por venir de un alto oficial con relaciones personales con Fidel Castro.

Para estas conversaciones en las cuales participaron un grupo de reclusos, fueron previamente designados: Miguel García-Armengol (DRE), Manuel Díaz Pérez (OA), Sergio Tula (TRIPLE A), José Fernández-Planas (MRR), Reinol González (MRP), Fernando de Rojas (MRP), Enrique Casuso (DRE) y Raúl Verrier (DRE). Por el Ministerio del Interior participaron los tenientes Rodríguez y Cosme del Departamento de Cárceles y Prisiones.

El primer tema que se discutió fue la «rehabilitación», después de un largo recorrido por centros porcinos y vaquerías en la provincia de La Habana. Los dos oficiales insistieron en que el Plan de Rehabilitación pudiera tener algunos cambios formales.

La Delegación de los reclusos insistió en la idea esbozada por el comandante Enio Leyva de un Plan de Reducción de Penas sin condiciones ideológicas de rehabilitación. Esta reunión terminó en un clima cordial y con una declaración de los dos oficiales de la inutilidad de la rehabilitación y hasta de una posible pronta reducción de condenas.

De acuerdo a lo esperado la comunidad carcelaria se dividió en dos partes muy definidas: los que creían que todo era un nuevo engaño de la Dirección de Prisiones y los que creían que las intenciones de los altos oficiales Leyva y Del Valle era dejar el presidio abusivo atrás.

Entre los que aceptaban las buenas intenciones de los dos altos oficiales, también se acariciaban dudas de una posible maniobra de engaño.

Recuerdo que alrededor de estos días de 1971, ya tal vez al inicio del verano, de evaluar a profundidad sobre lo que estaba ocurriendo, recibí la visita en la prisión de Guanajay de Monseñor Fernando Azcárate, obispo auxiliar de la Diócesis Católica de La Habana, un gran profesor, excelente pastor y amigo desde los años de estudiante en el Colegio de Belén.

La mayor parte del tiempo de aquella visita la dedicamos a evaluar los peligros y las bondades del Plan Progresivo de Leyva y Del Valle.

Al final coincidí con Monseñor Azcárate, en que había que correr el riesgo hasta de un engaño, porque la posibilidad de liberar a miles de presos políticos por esta vía debería ser una prioridad moral para los dirigentes de las organizaciones revolucionarias cubanas anticastristas.

Y también evaluamos que si este camino se convertía en una aceptable solución, abría las puertas a una justa solución para todos los presos en el presidio político cubano, que era finalmente el objetivo de esta decisión que obviamente conllevaba riesgos políticos.

Todos, los que aceptaban el Plan Progresivo como los que lo rechazaron estaban conscientes que el criterio de uno u otro grupo no era ideológico, sino táctico. Y esto fue bueno, porque no se rompieron los lazos amistosos existentes en ambos sectores durante tantos años de convivencia y sufrimientos comunes.

Unos días después, la propia Dirección de Prisiones informó que las únicas condiciones para la obtención de la libertad a través del Plan Progresivo eran la buena conducta y el trabajo, las condiciones ideológicas de la rehabilitación quedaban eliminadas, como realmente ocurrió en la práctica.

Ya en el mes de febrero de 1971, la Comisión de los altos oficiales Leyva y Del Valle, a nombre de la Dirección de Prisiones, presentaron los detalles del Plan Progresivo, que se concentró en tres áreas de la construcción: viviendas, escuelas e instalaciones agropecuarias. Inclusive durante el inicio de estas conversaciones se logró la destitución del Capitán Medardo Lemus, Jefe de la Dirección de Cárceles y Prisiones, por su crueldad en los años anteriores.

Pero realmente fue un logró transitorio, pues con la visita de Leonid Brezhnev a la Habana en el mes de Febrero de 1974 y por supuestas razones de Seguridad, el Plan Progresivo tuvo un retroceso en su dinámica y el capitán Medardo Lemus regresó a su puesto de Director de Prisiones.

Definitivamente este retroceso abrió todo un proceso de dudas e incertidumbres sobre el optimismo inicial del Plan Progresivo, que se agravó por algunos hechos represivos muy puntuales en otros centros carcelarios.

El 8 de agosto del mismo año que analizamos, en un incidente represivo en la prisión de Manacas, Las Villas, fue asesinado de un balazo en la cabeza el recluso José Oriol Acosta, al que le faltaban solo unos días para cumplir su condena de 10 años. Hubo también varios heridos graves en este incidente represivo.

Obviamente este tipo de incidentes enriquecía y fortalecía la reacción dura y de rechazo al Plan Progresivo entre la población penal y debilitaba nuestra argumentación de aceptarlo para reincorporarnos a una vida normal.

Al final y en el transcurso de unos cuatro años, unos cuantos miles de presos políticos lograron obtener su libertad e incorporarse a la sociedad imperante. Y eso fue estupendo para ellos y sus familiares, pero el Plan Progresivo fracasó en establecer un camino de reincorporación social para todos los presos políticos, que era la meta que nos habíamos trazado inicialmente en las conversaciones con el general Enio Leyva y con el comandante Sergio Del Valle.

Hay que decir que el régimen castrista no estaba preparado para la confianza mutua que pretendieron obtener con la visita y las conversaciones con los oficiales Leyva y Del Valle.

De ahí las largas e injustas condenas que algunos presos tuvieron que cumplir posteriormente, como Mario Chanes de Armas, Ángel de Fana y Roberto Martín Pérez, por mencionar algunos entre otros tantos. Sin descontar que los maltratos y las torturas continuaron presentes en algunos centros carcelarios en las provincias de Cuba.

Al Plan Progresivo se le puede calificar de un plan con buenas intenciones, que dio la oportunidad a miles de presos políticos de alcanzar su libertad, pero nada más. No fue capaz de abrir los brazos para abarcar a todos los presos políticos en toda la isla ni de dar garantías a los liberados para incorporarse realmente a la sociedad con todos sus derechos reconocidos, como prometió Enio Leyva.

De ahí que sus logros hayan sido parciales y limitados. Faltó generosidad y criterio moral de rectificación por parte de la dictadura de Fidel Castro.

Todavía, con más de cincuenta años transcurridos, la tensión y los abusos contra la comunidad carcelaria política, sigue en pie. Esta es la prueba más rotunda de que los planes prometidos por el general Leyva y el comandante Del Valle no estaban concebidos para rectificar una política criminal y genocida contra el presidio político. Nos equivocamos.

De haber conocido esta resultante, no lo hubiéramos aceptado. Pero en la dinámica de la toma de decisiones de la vida, no siempre se acierta y no siempre se tienen todos los elementos a la mano para tomar la decisión más adecuada. Los que nos criticaron por la decisión táctica tuvieron la razón.

VIDA EN CUBA

El 23 de abril de 1976 fui puesto en libertad después de 15 años de prisión política. Las torturas de la prisión y los maltratos quedaban atrás como una pesadilla recurrente, aunque el mejor trato del Plan Progresivo en los últimos años aliviaron individualmente en algo todas las durezas padecidas en esa larga jornada presidiaria.

Por supuesto, la alegría de volver a la familia, a una vida normal, no dejaba de ser una maravillosa compensación que luchaba por borrar todas los sombríos momentos padecidos. Algo casi imposible.

Debo confesar que mi alma estaba estrujada de tantos dolores acumulados y de tantos compañeros y compañeras que habían muerto en el largo camino de la prisión política. Por eso mi mente se sentía aturdida y cansada, pero no había espacio para la rendición ni para el detenimiento.

Una nueva jornada de vida. Si caminas por las calles y visitas físicamente a tus familiares o a algunos amigos, por la mente sigue pasando el video de las torturas, de la zanja de excrementos, del cuarto frío de las celdas de condenados a muerte, del simulacro de fusilamiento y de las torturas y asesinatos durante el Plan de Trabajo Forzado. Los malos recuerdos te persiguen con insistencia cotidiana y con más fuerza que los recuerdos agradables. Definitivamente hay que luchar con mucha garra emocional y moral contra esta pesadilla de malos recuerdos.

En ese momento en Cuba el gobierno castrista no permitía la salida de los presos políticos hacia el exterior. Por lo que inmediatamente me puse en actitud de buscar trabajo, una forma de neutralizar directamente que el régimen castrista pudiera aplicarme la Ley del Vago y regresarme a presidio. Ardua tarea. Así estuve meses en esa búsqueda en las dependencias del Ministerio de Trabajo que se ocupaban de estos menesteres. Siempre me decían que para mi nivel universitario, ellos no tenían plazas abiertas.

En una ocasión se me ocurrió utilizar la argucia, pues ya mi hijo Ernesto había nacido y le dije a la entrevistadora en la oficina para los desempleados: «Mire compañera, no me hable más de mi nivel universitario, porque realmente tengo un hijo de meses y tengo necesidad de trabajar para llevar los alimentos a la casa».

AYUDANTE DE ALBAÑIL

Recuerdo que me miró con insistencia, perece que creyó mi angustia por el trabajo y enseguida me dio un documento para que me presentara al día siguiente en el Estadio de la Tropical ante una brigada de Construcción, como ayudante de albañil. Esa fue la descripción de mi primer trabajo oficial en esta Cuba postpresidio político que me tocó vivir y que comparto con cierto orgullo humano. Ayudante de albañil es el perfil laboral de más bajo nivel técnico y el peor remunerado en Cuba.

Desde que me presenté al lugar y me incorporé a la brigada de construcción, la recepción de los albañiles y de los otros ayudantes no pudo ser más cordial. Era entonces un hombre joven de 36 años. Todavía con mucha vida por recorrer y hasta compartir, a pesar de lo vivido.

Mientras laborábamos en el estadio teníamos el privilegio de ver entrenar a Alberto Juantorena y otros atletas de Campo y Pista del equipo olímpico cubano, cuyo entrenamiento se realizaba en este centro deportivo en reparación.

El marco de por sí era muy entretenido y peculiar. Definitivamente Alberto Juantorena era la atracción principal del ambiente de trabajo, porque en los Juegos Olímpicos de Montreal en 1976 había ganado las modalidades de los 400 y 800 metros planos, algo que nadie había logrado anteriormente en la historia olímpica.

En esos meses de ayudante de albañil descubrí que de los 18 o 20 hombres que integrábamos esta brigada de construcción, todos menos uno, que era el Delegado del Partido Comunista en la brigada, se interesaban por «la bolita», ese juego ilegal que se realizaba en ese entonces en Cuba a través de la lotería de Venezuela. Posteriormente se ha seguido jugando la bolita en Cuba, pero utilizando la lotería de La Florida.

Esto me llamó mucho la atención, porque la clase trabajadora en la isla vivía con muchas limitaciones de orden económico y sobre todo en referencia a la canasta alimentaria. Inicialmente en los primeros días yo fui discreto con esta actividad del juego ilegal, pero para evitar desentonar con el resto de los compañeros de trabajo, pues me integré a la misma dinámica una vez que el que coordinaba la apuntación se acercó a mí por segunda o tercera ocasión.

Con el paso de los meses me percaté de que el apoyo dentro de la brigada al régimen castrista era mínimo o casi marginal. El juego ilegal era en buena medida un índice excelente para entender las aspiraciones de la clase trabajadora cubana del sector de la construcción, que era la más baja económicamente de todo el país. No soñaban con la justicia proletaria de la revolución cubana, ni con la justeza del sindicalismo revolucionario que en la isla había sido erradicado y no existía, sino que soñaban con el azar de sacarse un premio por la bolita a través de la lotería de Venezuela. ¡Vaya realidad revolucionaria y vaya descubrimiento social!

MATRIMONIO

Durante estos tres años y medio que viví en Cuba contraje matrimonio legal y religioso con Ana Celia Rodríguez, Ingeniera Química, integrada a la comunidad católica de la Iglesia de Reina e hija del ingeniero Fremiot Rodríguez y de la maestra María Celia Rodríguez. Una familia encantadora y de alto nivel profesional y moral. El matrimonio se hizo efectivo unos meses antes de ser libertado de la prisión política.

De este matrimonio que se inició con mucha ilusión y mucho amor mutuo nacieron mis dos hijos Ernesto y Yolanda, quienes definitivamente definen un oasis de tranquilidad y felicidad en mi vida emocional de entonces. La ilusión de una familia y dos hijos fueron suficientes para el comienzo de una sanación emocional que necesitaba desesperadamente. Confieso que me sentí feliz y esto compensaba en algo la carga negativa de una larga prisión.

BERNARDO BENES Y SUS GESTIONES

Paralalemante a este marco personal y social, el cubano Bernardo Benes, autorizado por el gobierno de Jimmy Carter desarrollaba un diálogo con el gobierno de Fidel Castro para lograr la liberación de unos cuatro mil ex prisioneros políticos.

Y comparto esta incidencia del año 1977, porque estando en el apartamento cercano a La Rampa, donde vivíamos, recibo una llamada de Bernardo Benes, al cual yo había conocido en Cuba al triunfo de la Revolución por sus vinculaciones con el Directorio 13 de Marzo. Juan Manuel Salvat en Miami le había facilitado mi número telefónico en La Habana.

Después de hablar un largo rato por teléfono sobre los detalles de sus gestiones, me pidió que si podía recogerlo al atardecer en el Hotel Riviera, para ir a una reunión con funcionarios de la Sección de Intereses de los Estados Unidos en Cuba en el Hotel Habana Libre (antiguo Hilton). Me recalcó que los funcionarios agradecerían mi presencia en la reunión.

Así lo hice con enorme satisfacción. Ya en el lobby del hotel conversamos otro largo rato sobre todos los detalles de su proyecto para conseguir la salida de los expresos políticos hacia Estados Unidos. Debo reconocer que no guardo con exactitud la fecha, pero sí las horas de la reunión que fueron ambas a las 8 de la noche.

Obviamente agradecí su confianza y la de los dos funcionarios estadounidenses de la Sección de Intereses de los Estados Unidos con los cuales nos reunimos esa noche. Uno de ellos de la Agencia Central de Inteligencia (CIA) y el otro del FBI que terminó siendo un buen amigo mío posteriormente en Miami. Omito nombres porque estos detalles deben quedar en el marcco de la confidencialidad.

La reunión básicamente era de carácter informativo sobre el diálogo que se iba desarrollando con los funcionarios del gobierno cubano. Benes informaba a los funcionarios estadounidenses sobre las incidencias y los acuerdos que se iban alcanzando.

En otra ocasión, durante este mismo año, participé en una reunión similar con los mismos funcionarios de la Oficina de Intereses de los Estados Unidos en La Habana, a solicitud nuevamente de Benes y en el mismo hotel que la primera reunión.

Hay que reconocer que este diálogo fue mal visto por muchos de la comunidad cubana en Miami, porque se consideraba una componenda con el régimen dictatorial castrista y un reconocimiento que no merecía.

Sin embargo, cabe decir que ese diálogo de Benes y otros cubanos exiliados de Miami permitió que unos 3,600 presos políticos y sus familiares cercanos en Cuba pudieran viajar a Estados Unidos y así lograr la reunificación familiar deseada.

Algunos consideran que este marco de negociación de Bernardo Benes con el régimen castrista fue el preámbulo del éxodo de Mariel en 1980.

Debo decir que siempre mantuve una relación amistosa muy cordial con este buen cubano, muy mal interpretado por algunos cubanos de Miami.

TALLER DE PAILERÍA

Al correr de los meses se abrió la oportunidad laboral de recibir un curso de Programador de Actividades o de Ruta Crítica, como ellos calificaban la plaza laboral. Pasé el curso y me hice Programador de Ruta Crítica, lo que provocó que me trasladaran a un taller de Pailería en Guanabacoa. Y esta fue otra experiencia interesante.

En el taller inmediatamente asumí la labor de aplicar la Ruta Crítica o cronograma de actividades a todas las labores de fabricación de vigas de acero para la construcción que allí se hacían. El trabajo simplemente requería conocer todas las distintas etapas del proceso productivo y que las distancias de los cortes en las estructuras de acero fueran exactas, teniendo en cuenta que estas vigas tenían que encajar o acoplar con exactitud milimétrica en diferentes lugares del plano de la construcción.

Pero para sopresa mía, en ese taller tuvieron problemas laborales, tanto el Gerente General como el Delegado del Partido Comunista por problemas de robo, el primero, y de faldas, el segundo.

El taller quedó sin dirigencia política por un plazo de varias semanas. Pero entonces, un mediodía inesperado, como yo era el que manejaba la dinámica de las actividades laborales que no se interrumpieron, pues llegaron a la oficina dos funcionarios administrativos que nunca había visto por esos predios.

Lo que me sorprendió es que venían a reunirse conmigo, porque en la práctica yo había seguido manejando la secuencia de las operaciones laborales del taller.

Obviamente no sabían de mis antecedentes penales, pero como yo no estaba seguro de poder salir del país, pues no les dije absolutamente nada de mi historia personal ni penal ni de mis planes perspectivos.

«Compañero, venimos a verte pues como tú sabes hemos tenido que destituir al compañero gerente por irregularidades de corrupción, y sabemos que el taller ha seguido funcionando por el celo de los empleados y por el conocimiento que tú tienes de la secuencia de las actividades. Y como estamos obligados a reorganizar la estructura administrativa, queríamos consultarte para elevar al partido provincial tu nombramiento como Gerente General del Taller».

Lo primero que pensé para mis adentros fue: «Estos tontos de capirote no saben que fui preso político y dirigente de una organización anti-castrista y contrarrevolucionaria, como ellos mismos nos califican».

Pero en una decisión de segundos, preferí que ellos no se enteraran por mí de la realidad personal y que fuese el partido provincial o local, el que les aclarara mi historial político. Les contesté entonces muy escuétamente: «De mi parte no hay ningún problema, mientras tanto el taller seguirá funcionando hasta que tomen la decisión administrativa». Y como era lógico y de esperar, el nombramiento gerencial obviamente no recayó en mi persona.

UNIVERSIDAD DE LA HABANA

Inicialmente, al ser puesto en libertad me propuse valorar muy a concienca no abandonar el país para ver las oportunidades posibles de hacer algo útil en proseguir la lucha iniciada en 1960, aunque obviamente con la certeza de los riesgos que esto podría conllevar.

Y así lo compartí con algunos de mis compañeros del DRE. Una forma de dar seguimiento al esfuerzo de toda una generación atrapada por el terror del totalitarismo.

Por eso, cuando ya estaba integrado a la actividad laboral, me presenté a la Escuela de Derecho de la Universidad de La Habana a inscribirme para concluir mi carrera de abogado, pues el propio general Enio Leyva cuando nos visitó en la Cárcel de Guanajay nos dijo que el que quisiera terminar su carrera profesional debería presentarse en su centro de estudios una vez que dejara la prisión política atrás. Nos aseguró que seríamos admitidos. Así lo hice con mucha ingenuidad, debo reconocerlo, pues era de esperar que ni la dirigencia de la Universidad de La Habana, ni la dirigencia del régimen castrista estaban interesados en darnos esa oportunidad, así nunca contestaron mi solicitud.

Pero todavía quedaban vivos en mí los ideales de lucha, a pesar de lo sufrido durante los quince años de presidio. En mi mente no cabía con facilidad el cruzarme de brazos y rendir mis ideales a la inacción, aunque debo recordar que en la correspondencia que sostenía con mis compañeros de lucha Juan Manuel Salvat, Isidro Borja y Joaquín Pérez Rodríguez, entre otros, ellos me insistían en que saliera de Cuba por lo riesgoso que significaba una permanencia mía en la isla.

La cruda realidad del régimen totalitario castrista demostró una y otra vez que no daba margen a liberalidades de ninguna especie. Y nosotros no éramos bienvenidos en esa Cuba totalitaria hecha a imagen y semejanza del autoritarismo estalinista de Fidel Castro, aunque el general Enio Leyva nos hubiese dicho lo contrario.

Definitivamente este silencio ante mi solicitud en la Universidad de La Habana fue el punto de inflexión que desencadenó la decisión definitiva de iniciar los trámites de mi salida del país con mi esposa y dos hijos. Ya había nacido mi hija Yolanda.

Los riesgos de una posible lucha para «desovietizar» la Revolución cubana no quedaban claros para justificar un camino que desde su inicio era conspirativo y altamente riesgoso, aunque debo aclarar que para mí fue atractivo el concepto de intentar desarrollarlo a través de las generaciones más jóvenes, que al régimen castrista le costaba mucho trabajo atraer. Tenía entonces 37 años de edad y muchos deseos quedaban para seguir en la lid conspirativa del esfuerzo libertador.

El famoso «hombre nuevo» que iba a crear el proceso revolucionario en Cuba nunca fue posible, porque el régimen castrista optó por una dinámica autoritaria estalinista, que no era nada atractiva para los jóvenes talentos de la revolución.

La posibilidad de des-sovietizar a Cuba, se desactivó y se esfumó por falta de hechos y realidades que justificaran un plan con tantas aristas de riesgo. El propio general Enio Leyva que había compartido la idea con nosotros y sabíamos de su anti-comunismo desde México en 1956, no fue capaz de darnos o compartir con nosotros una visión coherente de todo un camino liberador y estratégico, que obviamente conllevaba un marco conspirativo sumamente riesgoso.

Y así se produjo la decisión de salir de Cuba con mi esposa e hijos, previas conversaciones con los compañeros que de una u otra forma ya habíamos conversado al respecto dentro de Cuba, como el mismo Raúl Verrier, Antonio Collado, Bernando González, mi sobrino Panchito Muller y Gustavo Caballero, entre otros.

Confieso que fue una decisión que me rasgó el alma. El corazón me pedía arriesgarlo todo otra vez, la razón llamaba a cierta cautela. Y los dos hijos y la familia comenzaban a pesar lo suficiente para desarrollar el punto de inflexión y regresar a Miami.

CAPÍTULO 7

REGRESO AL EXILIO

«Quizás convivimos en el mismo laberinto de caminos misteriosos en los que él peregrinó austeramente toda su vida sin llegar nunca a encontrar una salida»

Metamorfosis de Franz Kafka

REGRESO AL EXILIO

Regreso al exilio cubano de Miami, una vez dejados atrás quince años arduos de prisión política, más los tres años y medio vividos en Cuba, que me permitieron conocer a fondo un país quebrado y un pueblo maltratado por la dictadura totalitaria. Ya habían nacido mis dos hijos Ernesto y Yolanda. La vida personal tomaba otros derroteros. Ya tomada la decisión de abandonar la isla ante la ausencia de garantías y oportunidades, salgo directo de Cuba hacia Miami, Estados Unidos, aprovechando visas y gestiones familiares. Por razones de visado mi esposa e hijos lo hacen unos meses después.

Primera foto del autor ya en libertad, después de cumplir 15 años de prisión.

La primera parada una vez dejada Cuba atrás fue en Miami. Un día de profunda tristeza para mí, mezclada con momentos de inmensa alegría. Dejar la Cuba de tantos desvelos y luchas fue realmente muy doloroso. Se compensaba bastante porque volví ver a mi madre, familiares y amigos, aunque a mi adorado padre no lo pude ver, porque había fallecido el 19 de marzo de 1970. Día inolvidable de angustias y tristezas hondas para mí, cuando me percaté de que «Cayaca», que era como él me decía en la cercanía paternal más apreciada, se quedaba sin la protección del padre adorado.

En el aeropuerto de Miami me esperaban mi madre y algunos familiares, más algunos compañeros del DRE, como Juan Manuel Salvat, Isidro Borja, Bernabé Peña, Fernando y Alelí Puig, entre otros. También mis primos Carlos Alberto, Arnoldo y Javier. Un momento inolvidable.

Toda una mezcla de alegrías con recuerdos tristes. Me fui a la clandestinidad, con todos los riesgos que ello implicaba para liberar a Cuba, y regresaba a Miami con un régimen de Fidel Castro consolidado políticamente y sin ninguna expectativa clara de proseguir la lucha iniciada. Una encrucijada emocionalmente complicada para quienes, como yo, entre tantos, dábamos importancia vital a la liberación de nuestro país y dedicábamos la vida a ese objetivo.

Alberto Muller abrazando a Juan Manuel Salvat a su llegada al aeropuerto de Miami en 1979. En el fondo de la foto, su primo Carlos Alberto Muller.

GESTIONES EN EL DEPARTAMENTO DE ESTADO

Mis primeros pasos en Miami, una vez realizados los trámites de rigor en cuanto a la documentación requerida, se concentraron en varias conversaciones con los compañeros y compañeras del Directorio; los primeros con Juan Manuel Salvat, Isidro Borja, Josefina Suárez, Joaquín Pérez Rodríguez, Teresita Valdés Hurtado, Luis Fernández-Rocha, Anita Díaz Silveira y Raúl Verrier, entre otros. También debía establecer contacto con el Departamento de Estado, pues traía de Cuba una lista de miles de presos en general y otra de alrededor de cien presos políticos en espera de visados que habían tenido pequeñas dificultades en sus trámites para lograr la entrada a Estados Unidos.

Tuve la buena suerte de que el diplomático Wayne Smith, a quien había conocido en 1959 en la embajada de los Estados Unidos en La Habana, se encontraba al frente del Departamento Cuba en el Departamento de Estado en Washington e inmediatamente me invitó a que lo visitara en su oficina en la capital de los Estados Unidos.

DIARIO LAS AM

Fundado el 4 de Julio de 1953

Por la Libertad, la Cultura y la Solidaridad Her

AÑO: XXVII — NUMERO: 10 — MIAMI, FLA., DOMINGO 15 DE JULIO DE 1979

Piden Visa en EE.UU. para Siete Mil Presos Cubanos

WASHINGTON, Julio 14 (UPI).— Un ex preso político cubano gestionó ayer con las autoridades norteamericanas la concesión de visas a unos 7,000 compatriotas encarcelados en la isla caribeña y que eventualmente podrían viajar a Estados Unidos.

La lista de unos 7,000 presos políticos en Cuba que presentó Alberto Müller a las autoridades norteamericanas difiere de las cifras dadas por el presidente de Cuba, Fidel Castro, quien afirma que los encarcelados son unos 3,500.

Müller, un alto dirigente demócrata Cristiano en Cuba, recuperó recientemente la libertad después de cumplir 15 años de cárcel en su país, acusado de conspirar contra la estabilidad del gobierno comunista de Castro.

En su reunión con el Jefe del Negociado para Asuntos Cubanos del Departamento de Estado, Wayne Smith, Müller dijo que de los 7,000 presos, sólo unos 500 tienen pasaportes válidos, pero carecen de visas para salir del país.

Entre los otros funcionarios informados por Müller figuraron los de la Oficina de Refugiados y los de la Subcomisión de Refugiados de la Comisión Judicial del Senado, que preside el demócrata Edward Kennedy.

En otro orden de cosas, el también ex preso político cubano, Miguel A. Guevara, dijo a la UPI que 34 intelectuales políticos cubanos organizaron en el Combinado de La Habana del Este (el más moderno y mayor establecimiento carcelario en Cuba) la Asociación de Intelectuales Disidentes.

Guevara aclaró que la Asociación está organizada desde el año de 1975, *pero sólo ahora se ha tenido conocimiento de su existencia en el exterior.* La entidad efectúa concursos literarios entre los presos cada 29 de julio, fecha de su fundación y que conmemora el nacimiento de Pedro "Perucho" Figueredo, autor del Himno Nacional de Cuba.

Los concursos son auspiciados desde el exterior de la prisión, declaró Guevara, por la Comunidad Católica Cubana.

Este viaje dada la importancia del carácter humano de la gestión a favor de lo presos políticos para ayudar a personas hostigadas tratando de salir de la persecución y los peligros en la Isla, fue organizado sin demora. Debo decir que la recepción de Wayne Smith no pudo ser más cordial y amable. EL primer tema de la conversación —que duró más de dos horas— versó sobre las dificultades de algunos presos políticos en la isla para obtener el visado para salir de Cuba y de otra lista de más de siete mil presos que la embajada de Estados Unidos poseía, pero que requería una previa clasificación.

Comentamos algunos casos de visas denegadas porque en los records de la embajada en La Habana aparecían esos expresos políticos con el calificativo de terroristas. Me prometió que iban a revisar esas contradicciones para resolverlas inmediatamente.

Recuerdo un caso expecífico que comentamos, el del doctor Pelayo Torres, médico miembro de la Agrupación Católica Universitaria y del Movimiento de Recuperación Revolucionaria que yo conocía perfectamente de la Universidad de La Habana y le negaban el visado porque lo consideraban un terrorista. Todos estos casos fueron resueltos y posteriormente llegaron a Miami.

Obviamente, me ofrecí para ayudar a clasificar la otra lista de miles de presos, que no era nada fácil manejar administrativamente.

Después hablamos de Cuba. Me preguntó mis impresiones de la Cuba actual y por supuesto que se las di con la mayor cantidad de detalles, pues los traía muy frescos. Le conté de la idea del general Enio Leyva de la desovietización de Cuba, y me dijo que era sumamente interesante pero definitivamente un camino de alta peligrosidad, por lo que le parecía correcto que me hubiese alejado del mismo.

Le dije que yo sentía una Cuba con Fidel Castro consolidado en el poder, pero pésimamente manejada en su desarrollo económico por el centralismo estatista imperante y por la ausencia casi absoluta de empresas privadas.

Le comenté que la represión estalinista era el arma para mantener el terror dentro de la población cubana, y que esta realidad mantenía a la juventud cubana distante de los planes gubernamentales. Le recalqué, que esto último era lo más decepcionante por la violación sistemática de los derechos humanos. Y añadí:

«Hay Fidel Castro para cuarenta años más. Después este sistema antinatural desaparecerá, porque no tiene las posiblidades de desarrollar ni la economía cubana ni una sociedad estable ni por supuesto una sucesión coherente y libre. El régimen es incapaz de crear al 'hombre nuevo' y una sociedad estable, por lo que al final vendrá el colapso, como ocurrió en Europa del Este, en Alemania Oriental y en la propia Unión Soviética».

Así nos despedimos de Waine Smith y después nos volvimos a ver en una o dos ocasiones de forma circunstancial en Miami. Pero siempre le agradeceré los cientos de presos políticos que gracias a su gestión pudieron llegar a Estados Unidos.

POSIBILIDADES DE TRABAJO

De regreso a Miami de este viaje a Washington me dediqué a explorar posibilidades de trabajo. Después de algunas semanas me entrevistaron en un empresa de ingenieros, Industrial International Consultants, cuya especialidad era la operación de los centrales azucareros por todo el mundo, que buscaban un gerente para su división en Venezuela.

El hecho de mi amistad con el Director del Ministerio Azucarero en Venezuela (Cenazúcar), el ingeniero Joaquín Pérez Rodríguez, unidos en una amistad fraterna desde la Protesta de Mikoyán y la creación del Directorio Revolucionario Estudiantil, más mi capacidad y experiencia organizativa, inmediatamente los decidió a ofrecerme un contrato de trabajo en la corporación. Estuve unos meses trabajando en las oficinas de Miami a modo de entrenamiento en la selección de personal para enviar a las misiones de técnicos e ingenieros que la compañía tenía en distintas partes del mundo.

Paralelamente, el entrenamiento básico era aprender y comprender lo que sería la descripción de mi trabajo en Venezuela.

RUMBO A VENEZUELA

Mi traslado a Venezuela coincidió con la salida de mi esposa y dos hijos de Cuba, por lo que nos instalamos en un apartamento en La Boyera, muy cerca de la ciudad colonial de El Hatillo en la ciudad de Caracas. Comenzaba para mí un nuevo reto en la vida. La Caracas de esos años era una ciudad próspera, rica, abierta, democrática y plena de posibilidades para todos. No era la ciudad ni el país perfecto, pero era una ciudad libre y de un intenso desarrollo de vida democrática.

El mismo trámite que hice en Washington con Wayne Smith por los presos políticos, lo hicimos en Caracas con el gobierno del presidente Luis Herrera Campins, aunque en esta ciudad nos encontramos con una organización en funcionamiento, la Casa Cuba, que dirigía el abogado camagueyano Viquín Meso Llada, ya fallecido, y que se ocupaba con profunda humanidad y devoción de la problemática de los presos políticos cubanos que iban llegando a Venezuela.

En Caracas tuve el altísimo privilegio de conocer personalmente al doctor Luis Herrera Campins, presidente de la República, y con el cual iniciamos una amplia gestión a través del Ingeniero Joaquín Pérez Rodríguez y del ministro del Interior, José Montes de Oca, para la concesión de visados a los presos políticos cubanos y sus familiares.

Con enorme satisfacción puedo afirmar que cientos de cubanos y ex presos políticos cubanos pudieron salir de Cuba rumbo a Venezuela por la generosidad del presidente Luis Herrera Campins y de todo el estamento político de toda esa Venezuela democrática, que abrían los brazos de manera solidaria para recibir a todos los cubanos perseguidos y/o expresos políticos.

En estos gestos solidarios hay que decir sin ambigüedades que ambos partidos, el partido Copei y el Partido Acción Democrática se portaron a la misma altura de abrir sus brazos para dar la bienvenida a los cubanos.

Otro alto dirigente del Partido Social Cristiano (COPEI) con el cual me reuní fue con el doctor Rafael Caldera, que ocupó la presidencia de la República en dos ocasiones, (1969 y en 1994) y había hecho gestiones por mi vida siendo el más alto dirigente de COPEI cuando me encontraba en las celdas de condenados a muerte en El Castillito de Santiado de Cuba. Aproveché la oportunidad que me brindaba dicha reunión para agradecer profundamente sus gestiones.

VIAJE A EL SALVADOR PARA AYUDAR A NAPOLEÓN DUARTE

En enero de 1981 el presidente Luis Herrera Campins designa a mi amigo y ministro del Azúcar, Joaquín Pérez Rodríguez para una misión secreta en El Salvador a los efectos de evaluar sobre el terreno la ayuda necesaria para ayudar al gobierno del presidente Napoleón Duarte, acosado por la ofensiva del Frente Farabundo Martí con el apoyo directo del régimen de Fidel Castro.

Joaquín me pidió entonces que lo acompañara, pues en esos momentos parte de la capital, San Salvador, estaba tomada por la guerrilla. El viaje presentaba sus peligros inherentes, pero no vacilamos en el objetivo propuesto.

Viajamos en un avión privado de La Polar que nos llevó primero a Guatemala, donde recibimos unas armas para defendernos de la situación que encontraríamos en la capital salvadoreña y un agente retirado de la Seguridad Militar de Guatemala que nos iba a acompañar en la delicada misión.

Para ocuparse de la seguridad del grupo se sumó al militar guatemalteco nuestro gran amigo del Directorio Revolucionario Estudiantil,

Juan Ferrer Ordóñez, ya fallecido, el capitán Metralla como le decíamos cariñosamente.

Joaquín Pérez Rodríguez y Alberto Muller mientras viajaban a El Salvador a reunirse con Napoleón Duarte, llevando un alijo de armas para combatir la insurrección en la capital.

El primer incidente que tuvimos al llegar a El Salvador, el cual pudo haber sido gravísimo para toda la delegación fue que el piloto se equivocó y en lugar de aterrizar en el aeropuerto militar asignado por el gobierno para recibirnos, aterrizó en el aeropuerto de las guerrillas del grupo Farabundo Martí, que estaba al otro lado de una montaña que los separaba.

En cuanto comenzamos a aterrizar el piloto comunicó a la Torre de Control de las autoridades salvadoreñas que ya estábamos tocando tierra. Inmediatamente las autoridades que nos esperaban nos dijeron: si ya están aterrizando vuelvan a levantar vuelo, pues están en el aeropuerto rebelde que es territorio enemigo. «Ese no es el aeropuerto de El Salvador, sino el de la guerrilla».

Con la misma el piloto, sin demora ni titubeos volvió a levantar vuelo y así no caímos en manos de la guerrilla del Frente Farabundo Martí. En unos minutos, después que dimos la vuelta a la montaña pudimos aterrizar en el aeropuerto oficial y allí nos esperaba la delegación del presidente interino Napoleón Duarte. Respiramos profundo, pues estuvimos en territorio enemigo, pero el enemigo no se percató del errado aterrizaje.

El segundo incidente del viaje fue al llegar al hotel un bombazo de la guerrilla estremeció sus cimientos. Esto nos obligó a buscar un segundo hotel más seguro.

Al día siguiente de nuestra accidentada llegada nos reuníamos con Napoleón Duarte, presidente provisional del país, un político afable, de baja estatura, de filiación demócrata cristiana y con un conocimiento amplio de la crisis de su país.

Revisamos con él todas las necesidades inmediatas, tanto logísticas como tácticas, para liberar los ministerios tomados por la guerrilla y sacar a los guerrilleros de Farabundo Martí de la ciudad capital.

Definitivamente una misión excitante que alcanzó su objetivo pleno. Regresamos a Caracas al día siguiente y a los pocos días con la ayuda principalmente de Venezuela y de Guatemala, se pudo desencadenar la contraofensiva que expulsó a los guerrilleros de toda la capital salvadoreña.

CONOZCO A JORGE LUIS BORGES (1983)

En Venezuela pude reiniciar mi vocación periodística en el Universal de Caracas, escribiendo algunos artículos de opinión. También conocí al director de la Editorial Monte Avila, el escritor Juan Lezcano, que tuvo la gentileza de invitarme a la comitiva de periodistas y escritores que acompañarían al escritor Jorge Luis Borges, quien visitaría Caracas con el objetivo cultural de asistir a una **«coleada de toros»**.

Si algún personaje de los que he conocido en mi vida de escritor y periodista, dejó en mi alma un raro sentimiento de premura, fue cuando en una tarde soleada de Caracas del año 1983 estreché su mano.

Han trascurridos 38 años de aquel encuentro y me parece tenerlo frente a mí, con su mirada de penumbra, su permanente sonrisa de tristeza contenciosa y nuestras respectivas manos entrelazadas de cordialidad. Recuerdo cuando Lezcano me presentó a Borges como un joven escritor cubano que había cumplido 15 años de prisión política y esto provocó que el afamado literato me mirara con un dejo de curiosidad franciscana y un silencio corto que dejó en el ambiente una expectativa maravillosa. Inmediatamente exclamó compungido, parecía como si quisiera llorar y abrazarme: «Pobre Cuba».

Confieso que esta frase me golpeó la conciencia hasta el infinito e hizo crecer en mí el respeto especial que siento hacia este genio de la literatura universal, que no olvidaré nunca.

Curioso que dos hombres durante toda mi existencia me hayan expresado esa misma y corta frase que dice tanto refiriéndose a Cuba. La primera ocasión fue el 10 de Marzo de 1952 cuando mi padre nos informó a mi hermano Juan Antonio y a mí de que las clases estaban suspendidas en toda Cuba por el Golpe de Estado de Fulgencio Batista e inmediatamente comentó con tristeza y en voz baja, «Pobre Cuba».

Y la segunda esta que compartí de Jorge Luis Borges cuando lo conocí en Caracas, «Pobre Cuba». Eso explica que la frase haya servido de título al presente libro de memorias.

Después, refiriéndome a la corta conversación con Borges seguimos intercambiando unos minutos de literatura y de mis planes de publicar algunas de las cosas que tenía escritas. Entonces añadió el consejo con el profundo respeto que siente el maestro hacia el alumno y que he agradecido de por vida: «No te apures nunca en publicar tu obra...revísala con paciencia y rigor».

Agradeceré con enorme gratitud a mi amigo escritor, poeta y ensayista venezolano, ya fallecido, Juan Lizcano, director entonces de la Editorial Monte Avila, que me haya invitado a ser parte de aquel grupo de jóvenes escritores que acompañamos al maestro Jorge Luis Borges a cumplir con su deseo de ver una 'coleada de toros' en Caracas.

Inolvidable, cómo Borges que sólo veía penumbras muy leves, bajaba su cabeza y escuchaba con atención infinita los pasos apresurados del animal seguido por el caballo, cuando soltaban al animal y el caballo con su jinete se lanzaba a cogerlo y tumbarlo por el rabo. Todavía me parece estarlo viendo muy de cerca, pues yo estaba sentado en la fila detrás de él.

Pienso que más que escuchar, olfateaba la vibración del drama existencial de una fuga deseada, pero frustrada por el tesón humano.

El coleo de toros es un deporte típico de la ganadería en Venezuela desde mediados del siglo XVI. Con la formación de los hatos ganaderos, era muy común atrapar a los toros que se escapaban por el rabo, de la misma manera que se hace en este tipo de competencia. En la actualidad el coleo se ha reglamentado y se ha extendido a Colombia y áreas fronterizas. Pero Borges nos deja mucho más que esta anécdota inolvidable de una tarde en Caracas: su extenso poemario casi mágico, que transitó desde los arrabales de su niñez hasta la vigilia misteriosa de William Blake y el amoroso zumbido de Walter Whitman, pasando por lo aparentemente menos paradójico, de que los clásicos que fueron los primeros en descubrir el espíritu, nos enseñaran que la literatura nacía con el verso y con el impulso vibrante de la metáfora.

También la rica prosa de Borges, que arranca por el altruismo barroco, termina escudriñando las honduras de la filosofía de Berkeley y Shopenhauer, y por supuesto no dejó de abrazar con ardiente pujanza el infinito laberinto de lo universal, para terminar confesando con humildad pagana y una santidad que espanta, que la ceguera es lo que más había influido en su vida. Ya entonces era yo un exiliado más de un país ensombrecido por la crueldad del comunismo. Conocer y conversar con Borges fue un privilegio que me abrió un horizonte de humanidad que nunca había imaginado. También agradeceré siempre la frase lapidaria y adolorida de Jorge Luis Borges sobre mi país: «Pobre Cuba».

REGRESO DE CARACAS A MIAMI (1985)

Por esta época alrededor del regreso a Miami, concluye el matrimonio con la madre de mis dos hijos. Lamentablemente 15 años de prisión no son el mejor componente para estimular la madurez requerida en un matrimonio estable. Y así ocurrió, el matrimonio se disolvió al noveno año cuando ya habíamos dejado a Cuba atrás y habíamos regresado a Miami. Ambos hicimos algunos esfuerzos de asesoría sicológica familiar, pero al menos para mí los resultados no fueron suficientes.

Debo aceptar mi absoluta responsabilidad con la decisión de concluir este compromiso ante Dios y ante la ley. Demasiadas tensiones durante muchos años no contribuyen a una rápida madurez ni a un equilibrio emocional duradero. Confieso que todavía esta decisión me pesa en el alma. El matrimonio fue anulado por la Iglesia Católica, lo que representó un alivio parcial. Triste final. Aún me duelo en ese fracaso.

DIARIO LAS AMÉRICAS

Tres años después de regresar de Caracas a Miami, ya en 1988, el doctor Horacio Aguirre, al cual había conocido en nuestro exilio corto de 1960 antes de partir para Cuba e integrarme a la clandestinidad, me llamó a su oficina del Diario Las Américas, del cual era su fundador y director, para ofrecerme que escribiera una columna semanal en este presitigioso diario vespertino.

Durante 22 años ininterrumpidos cumplí con mi misión semanal de escribir mi columna para el Diario Las Américas.

Fidel, sí se tortura en Cuba
Admiración por el Che
Origen Ideológico de la
Revolución Cubana
La ética y los despidos del Herald
Martí: una vida sin acabamiento
Alberto Müller
Retos del
periodismo
Al cumplir 20 años como columnista
del *Diario Las América*
1988-2008

Ediciones Universal, 2008.

Ese trabajo como columnista queda resumido en mi libro, «Retos del Periodismo», que tiene el valor añadido del prólogo escrito por Helen Aguirre Ferré y el epílogo de la pluma de Carlos Alberto Montaner; ambos buenos amigos.

A esto se añade la emotiva presentación del Dr. Horacio Aguirre, ya fallecido, en la Feria Internacional del Libro en Miami. a quien cabe destacar como un excelente maestro del periodismo.

En esos años de columnista, desde la tortura en las prisiones de Cuba hasta la conferencia «José Martí: una vida sin acabamiento» pasando por los artículos escritos en torno a Vaclal Havel, Raquel Lavilla, Mario Chanes de Armas, Luis Mayato, el maestro Arenas Betancourt, el Tributo a Albert Camus, Muere Susan Sontag, Los Soldados de Salamina de Javier Cercas, La Vita e Bella, Serafina Núñez: mujer de madrugada, En memoria de Pablo Neruda, Benedicto XVI: un pontífice de la paz, El rinoceronte del padre Travieso y La enseñanza de los Amish —para mencionar solo algunos de los trabajos periodísticos que conforman el contenido del libro—, son un ejemplo patente de mis desvelos culturales, religiosos y políticos. Este es un capítulo que refleja la evolución de mis querencias, de mi pensamiento y de cómo guardo y llevo conmigo el amor por el ser humano y por la libertad de Cuba, todo ello volcado plenamente en él.

DIARIO LAS AMERICAS MARTES 18 DE NOVIEMBRE DE 2008

"Retos del periodismo" de Alberto Müller fue lanzado en la Feria del Libro

"Los artículos de Müller responden a una causa patriótica; son una inspiración ideológica", dijo el doctor Horacio Aguirre en la presentación

Por Ena Curnow
Diario Las Américas

"Soy un apasionado del periodismo; me encanta escribir", se autodefinió Alberto Müller en la presentación de su libro "Retos del periodismo", realizada este viernes en la Feria Internacional del Libro de Miami, y que estuvo a cargo del doctor Horacio Aguirre, director de Diario Las Américas, y Manuel Salvat, director de Ediciones Universal.

El volumen, una recopilación de artículos publicados en el Diario Las Américas, al cumplir el autor 20 años como columnista, reúne principalmente escritos

El Director de Diario Las Américas, Horacio Aguirre junto al periodista Alberto Müller.

a Jorge Luis Borges, a quien tor, Carmen María Aguirre, di-

MIS PRIMEROS LIBROS DE POEMAS Y CUENTOS

Publico entonces mis primeros libros de poemas y cuentos. Todo un compartir la faena íntima con otros; *USA: tierra condenada» (poemario*, por Ediciones Universal, cuya primera edición pequeña, fue en 1980 y que quedó agotada con cierta rapidez porque el libro lo presentamos ante un grupo de poetas en Madrid, además de haberlo presentado en la Feria Internacional del Libro de Miami. Posteriormente se publicó una segunda edición en 1984.

Mi segundo libro publicado fue de cuentos cortos *Todos heridos por el Norte y por el Sur* de Ediciones Universal en 1981.

En el capítulo 8 (Documentos) podrán leer la carta del poeta y amigo Roberto Cazorla, director de la Tertulia Poética Carilda Oliver Labra en Madrid sobre este libro.

Pienso que es un libro que juguetea con el realismo mágico, por eso lo acaricio con cierta frecuencia. Considero es lo mejor entre toda mi humilde y pequeña obra literaria. Después de 27 años al inicio del año (2021) se publicó su segunda edición.

Tal vez vuelva al cuento una vez que termine este libro de Memorias, pues siempre me quedé con los deseos de adentrarme de lleno en este género literario del cuento corto.

Y ya en 1985 ve la luz mi segundo libro de poemas «Tierra Metalizada», publicado por Villanova Press de la Universidad de St. Thomas).

El poemario está íntegramente dedicado a «Platero y yo». de Juan Ramón Jiménez. Y debo decir para mi satisfacción que obtuvo muy buena crítica de escritores de la talla de Víctor Vega Ceballos (Diario Las Américas); de la ensayista Yamila Carballo que hizo el prólogo segundo del libro y del doctor Manuel L. Suárez, Dean de la Universidad de St. Thomas, quien prólogo el primero.

También la crítica literaria se detuvo con cierta frecuencia en este libro. Me agradó muchísimo que el Dean de la Universidad haya invitado al escritor Jorge Luis Borges a la presentación de este libro. Lamentablemente Borges no pudo asistir por razones de tiempo debido a sus compromisos literarios.

Ediciones Universal,
primera edición, 1981,
Segunda edición, 2021.

Ediciones Universal,
1980.

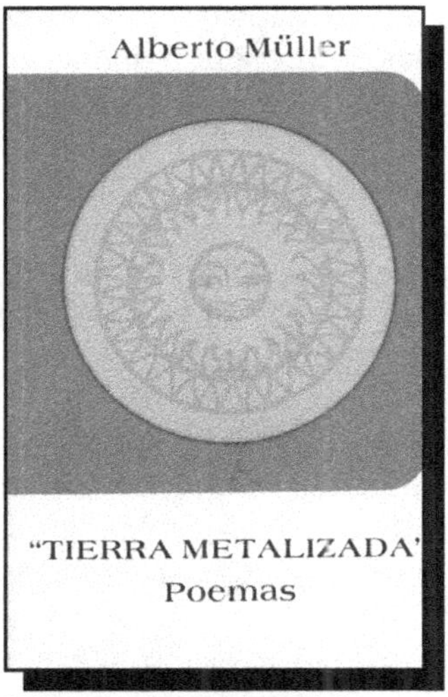

Vilanova Press & Ediciones
Universal, Miami, 1985.

COMISIÓN PRO-JUSTICIA PRISIONEROS DEL MARIEL

En el mes de marzo de 1984 tomándome un café en el Restaurante Versalles de Miami con los queridísimos amigos Salvador Subirá (expreso político cubano ya fallecido) y Siro del Castillo, un gran amigo y uno de los defensores de Derechos Humanos más incansables que he conocido en mi vida, les propuse formar una comisión para investigar el abuso y el maltrato que se estaba cometiendo con los presos cubanos del Mariel.

Conversamos entonces sobre la discriminación que se cometía contra ellos y cómo los retenían en prisión, a pesar que habían cumplido sus cortas condenas por delitos menores.

También revisamos el tema de los delincuentes comunes y enfermos mentales que el régimen de Fidel Castro había sacado de las cárceles en la isla y de los hospitales de dementes y obligado a abordar las embarcaciones en Mariel para desprestigiar a los 125 mil cubanos que huían de Cuba decididos a buscar mejor vida en tierras de libertad.

Los tres coincidimos en que el tratamiento a que estaban sometidos estos cubanos introducidos a la fuerza de la Flotilla de la Libertad del Mariel en el año 1980, todos detenidos en cárceles estadounidenses, era una violación flagrante de los derechos humanos que deberíamos documentar y denunciar. Parecía una decisión sencilla y realmente no lo fue, pues íbamos a investigar cientos de casos de discriminación, que a muy pocos cubanos en el Sur de La Florida les interesaba, con excepción de los familiares de ellos. Definitivamente, un tema injustamente impopular en el área de Miami.

Finalmente acordamos crear la comisión de trabajo que recopilaría toda la información posible de ese cúmulo de prisioneros cubanos comunes mantenidos encerrados de forma arbitraria en distintas prisiones de los Estados Unidos.

La Comisión se fue integrando con distintas personalidades, como la escritora Uva de Aragón, la actriz Marta Velasco, los presos políticos Ramiro Lorenzo (ya fallecido), Juan Vázquez (ya fallecido) y el poeta Ángel Cuadra (fallecido), que presidía entonces el Pen Club de Escritores Cubanos en el Exilio.

También integraron la comisión el Ing. Carlos Gastón (ya fallecido) y el abogado Elio Muller Jr., residente en Tampa. Todos de una u otra forma con perfiles marcados por los derechos humanos.

Inmediatamente después de tomar cuerpo la comisión, la misma se dio a la tarea de comenzar a recopilar la información requerida para poder conformar una argumentación válida y actual que sirviera para frenar los abusos que se estaban cometiendo contra los cubanos presos en distintas cárceles de los Estados Unidos y poder formular una denuncia adecuada de los maltratos a que estaban sometidos en las prisiones de Atlanta, Oakdale, Khrome, Tallahasse, el Paso, Louisiana y algunas presas en la Unidad de Mujeres de la Cárcel Federal de Lexington en Kentucky.

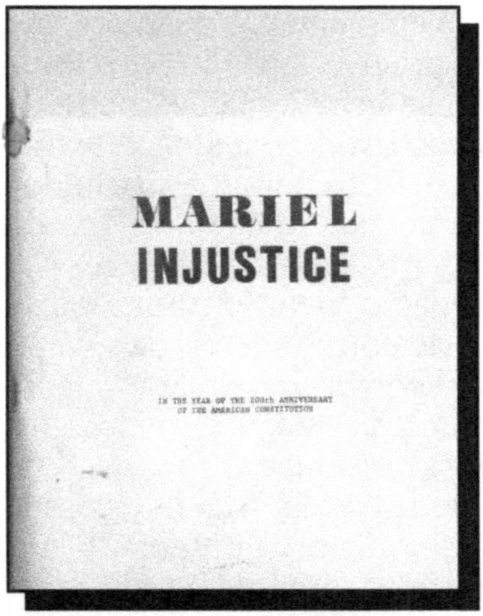

Portada del libro publicado como denuncia de la injusticia contra los presos del Mariel

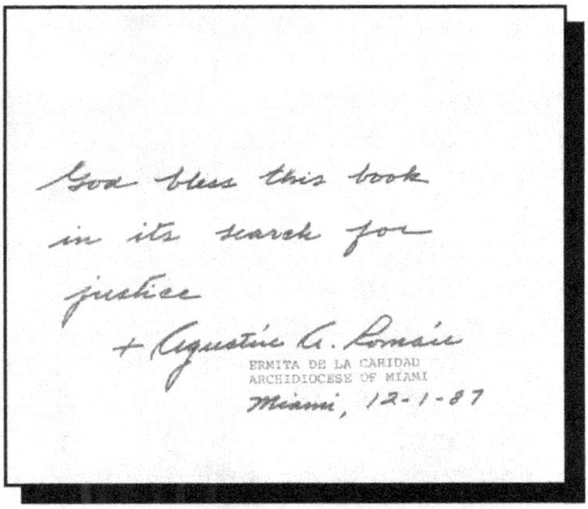

Dedicatoria de Mons. Agustín Román al libro *Mariel Injustice.*

Debemos decir, que como se hizo pública la conformación y el funcionamiento de la que fue llamada entonces Comisión Pro-Justicia de los Presos del Mariel, la principal fuente de información nos llegaba directamente de los familiares de los presos y de los propios presos que se encontraban en estas prisiones mencionadas. Obviamente teníamos una fuente de información privilegiada por su cercanía con los hechos que nos disponíamos a investigar, pero que generaba un trabajo de investigación y de archivo casi monumental.

Esta relación directa con los familiares de los presos del Mariel nos facilitó tener la lista completa de todos los presos cubanos llegados a EE.UU. con la Flotilla del Mariel y otras informaciones valiosas sobre los maltratos a que los sometían injustamente y hasta los casos de asesinatos que se dieron.

Adicionalmente, amenazados todos por la posibilidad de ser deportados a Cuba por la negociación informal que la embajada norteamericana en México había iniciado con las autoridades cubanas para que recibieran un total de 2,674 de los presos indeseables, que eran los sacados de las cárceles comunes y de los hospitales de dementes por el régimen castrista y montados en las embarcaciones en Mariel.

Como consecuencia, y a pesar de las pésimas relaciones entre la Casa Blanca y el gobierno de La Habana, la embajada norteamericana en México logró que a finales de 1984 llegaran a la isla los primeros 201 reclusos que, en su inmensa mayoría, se habrían beneficiado de una amnistía decretada por el gobierno castrista en sus cárceles de presos comunes. Estos fueron parte de los reclusos comunes incluídos en las embarcaciones para intentar crear una mala imagen del Exodo de Mariel.

El cumplimiento del seguimiento del pacto fue interrumpido por la aparición de Radio Martí, una emisora de corte federal, basada en Washington inicialmente y financiada por el gobierno norteamericano, la cual transmite constantemente noticias a la isla y denuncia las violaciones de derechos humanos que allá se producen.

Sin embargo, el convenio de 1984 fue revivido. Según este, los presos que faltaban serían devueltos y adicionalmente unos 20 mil cubanos de la isla podrían recibir anualmente visas de salida y ser recibidos en los Estados Unidos.

El pacto, que en circunstancias normales no habría producido sino unas pocas líneas en los diarios, acabó produciendo sus primeras consecuencias por el maltrato a que estaban sometidos los presos del Mariel en las cárceles norteamericanas.

El 21 de noviembre de 1984 se conoció la noticia, de que 976 cubanos que estaban recluidos en la penitenciaría de Oakdale, Louisiana, se amotinaron, quemaron las instalaciones, tomaron una treintena de rehenes y exigieron la terminación del acuerdo con Cuba. Al parecer ninguno de los presos quería regresar a la Isla, ni siquiera los delincuentes sacados de las cárceles comunes.

Pero ese motín en Oakdale fue seguido al día siguiente por otro en la cárcel federal de Atlanta, Georgia, cuando mil cuatrocientos reclusos del Mariel y de una manera similar, tomaron el control de la cárcel federal y amenazaron con asesinar a unos 100 rehenes si no se cumplían sus exigencias.

Algunos rehenes liberados indicaron que habían tenido muy buen trato, mientras unidades de ataque de los cuerpos de seguridad de los

Estados Unidos habían sido desplazadas para utilizarlas en caso de tener que proceder a una toma por la fuerza.

Esta alternativa surgió cuando las negociaciones se detuvieron debido a que los amotinados se dividieron en varias facciones que tenían opiniones encontradas sobre el siguiente paso a dar.

A pesar de las ofertas de amnistías por parte del gobierno cubano y de una promesa de moratoria en el cumplimiento del acuerdo por parte del fiscal general de los Estados Unidos, Edwin Meese, los reclusos no querían rendirse.

En medio de la confusion y de diversas posiciones en el amotinamiento, lo único claro era la oposición general de todos los presos a regresar a la isla. Tal como dijera uno de ellos que afirmó ser capaz de asesinar a los rehenes: «Primero muerto, que devuelto a Cuba»[13].

Asimismo se adjunta el editorial del diario Atlanta Constitution sobre pedirle al Congreso la solución de los «Marielitos» y nuestro esfuerzo por informar a la Corte Suprema de los Estados Unidos de las injusticias que se cometían contra esos presos cubanos del Mariel.

De una forma muy puntual la comisión describió con nombres y apellidos muchos casos de abusos que logramos sustentar. Igualmente óomo un sub-comité del Congreso, basado en la investigación del congresista Robert Castenmeire, documentó el escándalo de los maltratos a los presos del Mariel.

Esta documentación de Castenmeire, logró que un programa nacional, como el de Ted Koppel, dedicara una edición a los olvidados prisioneros cubanos.

Sin lugar a dudas, la parte más importante de este esfuerzo de la Comisión Pro-Justicia de los Presos del Mariel fue nuestra cercana relación con monseñor Agustín Román, Obispo Auxiliar de la Diócesis Católica del Sur de La Florida.

Recuerdo cuando la comisión empezó a rendir frutos por la investigación, que recibimos un recado de monseñor Agustín Román, ingresado en el Mercy Hospital por sus dolencias cardíacas, quien quería vernos para intercambiar impresiones sobre el tema. Inmediatamente acudimos a reunirnos con él.

[13] En el capítulo 8 (Documentos) podrán encontrarse parte de la correspondencia que la Comisión Pro Justicia de los Presos del Mariel envió a Ronald Reagan, presidente de los Estados Unidos, a Edward Kennedy, senador de los Estados Unidos, a Bob Graham, gobernador del Estado de la Florida y a otras prominentes figuras de la política estadounidense de esa época.

Nos pidió con su humildad característica que lo pusiéramos al tanto de todo lo que estaba ocurriendo con los presos del Mariel y de inmediato tanto Siro como yo le explicamos todo lo que sabíamos del caso, que ya estaba bastante documentado, y le dejamos un dossier de las listas que teníamos y de algunos casos puntuales de maltratos acaecidos.

A partir de esta reunión, lo mantuvimos informado de todos los detalles y pormenores que íbamos recibiendo y documentando de la injusticia que se cometía contra estos cubanos en cárceles estadounidenses.

Cuando ocurrieron los motines de Oakdale y Atlanta, que estremecieron el mundo noticioso en los Estados Unidos, nos alegró sobremanera que la figura de monseñor Agustín Román se convirtiera en el mediador aceptado por las dos partes para lograr la solución pacífica que finalmente se alcanzó entre los amotinados y el gobierno.

Este papel de mediador hizo que monseñor Agustín Román tuviera que viajar a Atlanta para cumplir esta complicada tarea.

Recuerdo que por la Comisión Pro-Justicia Presos del Mariel, viajamos Siro y yo a la ciudad de Atlanta. Una forma de estar cerca de monseñor Román y de su abogado cubano Rafael Peñalver, buen amigo nuestro que lo asesoraba legalmente.

Cientos de carpas de toda la prensa del mundo y de los Estados Unidos estaban presentes. Fue realmente una experiencia singular y de mucho aprendizaje tanto para Siro, como para mí.

Permanentemente estábamos cambiando impresiones con los periodistas más reconocidos de los Estados Unidos. Varios canales nacionales de Estados Unidos nos entrevistaban indistintamente en busca de datos y lo que sabíamos gracias al trabajo de investigación de la Comisión Pro-Justicia Presos del Mariel.

Recuerdo que en una ocasión íbamos Siro y yo caminando entre las carpas de periodistas en Atlanta y Tom Brokaw, el popular y reconocido periodista de NBC y de Nightly News salió específicamente de una de ellas para saludarnos. Nos sorprendió que nos llamara por nuestros nombres y apellidos; y además nos confesó que conocía los detalles del caso por nuestra investigación y divulgación.

ACUERDOS DE SOLUCIÓN

Entre los acuerdos de solución, se estableció que los presos del Mariel con condenas cumplidas y familiares presentes o patrocinadores, obtendrían inmediatamente su libertad. Terminaba el limbo legal que tanto habíamos denunciado.

Los presos que no tuvieran familiares ni patrocinadores, pero tuvieran la preaprobación de una visa parole, serían revisados en un tiempo razonablemente rápido. Todos los presos enfermos serían inmediatamente enviados a facilidades hospitalarias para ser evaluados y tratados.

Todos los presos liberados recibirían una I-94 y un permiso de trabajo. Ningún detenido podría ser enviado a instalaciones carcelarias sin cargos apropiados. A ninguno de los presos de las dos cárceles amotinadas se les podría acusar por las daños a las mismas durante los motines. Todo caso de un cubano preso que fuera aceptado para entrar en un tercer país, sería revisado inmediatamente.

Una vez concluida esta situación de alboroto debido a los motines y al final de algunos años de trabajo, la Comisión decidió publicar un libro con toda la información recopilada, en ocasión de cumplirse el Bicentenario de la Constitución Americana con toda la información recopilada.

El libro se tituló: «La Injusticia de Mariel» (Mariel Injustice) y fue prologado por monseñor Agustín A. Román, desde la Ermita de la Caridad el primero de diciembre de 1987, con las siguientes palabras: «God bless this book in its search for justice» (Dios bendiga este libro en su búsqueda de la justicia).

El libro comienza agradeciendo que sin la colaboración de monseñor Agustín Román, Gary Leeshaw, Carla Dubcek, Rev. Joe Fahy, Addie Siliman, Ana María Pardo, María Elena Diez y Ester María Freyre de Ponce, su publicación no solamente no hubiese sido posible, sino que tampoco la solución final se hubiese alcanzado.

María Elena Diez fue una de nuestras más fieles colaboradoras desde la época que decidimos publicar el periódico Trinchera en la Universidad de La Habana y que organizamos la protesta en el parque central de La Habana contra la visita a Cuba de Anastas Mikoyán.

Carla Ducek, de antepasados checos y nativa de Jackonsville, que no hablaba una sola palabra en español fue una especie de hada madrina que lo presos del Mariel adoraban por su identificación con su causa y su ayuda permanente. Ducek publicaba una carta mensual con toda la información disponible y mantuvimos siempre con ella una relación muy fraterna y una activa colaboración informativa hasta el último día.

Con mucha satisfacción personal debo decir que me sentí muy orgulloso de esta jornada en defensa de cubanos desamparados y maltratados en las cárceles de los Estados Unidos, conjuntamente con los miembros de la Comisión —creada inicialmente junto a Siro del Castillo y Salvador Subirá y a la que se sumaron la escritora Uva de Aragón, la actriz Marta Velasco, los presos políticos Ramiro Lorenzo (fallecido), Juan Vázquez (fallecido) y el poeta Ángel Cuadra (fallecido)—. También se integraron el Ing. Carlos Gastón y el abogado Elio Muller Jr.

Guardo con mucho celo las cientos de cartas que la Comisión Pro Justicia de los Presos del Mariel recibió tanto de los presos, cómo de sus familiares. No fue un trabajo fácil, porque el tema lamentablemente era impopular en las calles de Miami y entre la mayoría de nuestros amigos. Pero al final el esfuerzo logró que al menos se entendiera la injusticia a los presos del Mariel. Se lucha por principios no por simpatías circunstanciales o por temas que acojan solamente a las mayorías. Precisamente este fue un tema muy justo, que contó inicialmente con muy pocos simpatizantes, pero valió la pena el esfuerzo.

Y ahí queda el documento a modo de informe de La Injusticia del Mariel, un trabajo que solo se pudo hacer por nuestra convicción en defensa de los derechos humanos que se violaron contra este grupo de cubanos y por la colaboración de este grupo al cual agradecemos su ayuda desinteresada.

CUBA: ENTRE DOS EXTREMOS

A principios de 1984 publico mi primer ensayo histórico «Cuba: entre dos extremos», un recorrido incisivo de la historia cubana, que tuvo muy buen acogida por parte de la crítica, incluyendo la opinión autorizada del Dr. José Ignacio Lasaga:

> «Miami, 19 de agosto de 1984. Querido Alberto: He leído tu libro de un tirón en cuanto lo recibí. Me parece muy bueno, y coincido con tus juicios históricos en la mayor parte de los capítulos. Hay puntos que siguen siendo muy polémicos, en que me inclino a interpretaciones distintas. Uno es cuando Fidel se identificó con el marxismo. A mí me parece que fue muy poco tiempo después del Moncada. A la cárcel le llevaban libros de marxistas y él los leía con mucho interés. Un punto que sí me parece deberías considerar en alguna futura edición del libro (sueño natural de todo autor) es dedicar unas líneas a los nuevos rumbos del gobierno de Prío.
>
> Me parece que has tratado de mantener en todos los puntos una norma de justicia ciega, sin apasionamientos positivos o

negativos en relación con los personajes que van desfilando por el libro. Abrazos de José I. Lasaga»

Ediciones Universal, Miami, 1984. 978-0-8929-282-5

También en Caracas, el escritor y periodista Leonel Rodrígez de la Torre publica una crítica exaltando los valores históricos del ensayo en el periódico El Mundo el 25 d agosto de 1984.

«El Mundo, Caracas, 25 de agosto de 1984. Cuba entre dos extremos define la personalidad ingenua, irreverente, sincera, liberal y carismática de Alberto Muller. El libro es un fluido recuento histórico, crítico y analítico de las cosas de su país natal y de América.»

El libro se agotó con rapidez, pero siempre me pareció una vez publicado, que requería la adición de otros temas y de otros momentos históricos no tratados en esta primera edición. Lasaga lo comentó con mucha sinceridad en su crítica.

Tal vez sucedió por no seguir con disciplina y rigor el consejo de Jorge Luis Borges de nunca apresurarnos en publicar un libro. Fue un libro presionado con el tiempo, porque tenía necesidad intelectual de hablar de Cuba. Y así lo hice.

PARTIDO DEMÓCRATA CRISTIANO DE CUBA

Durante los años finales del presidio político en Cuba, coincidí bastante en los mismos centros penitenciarios abiertos con mi amigo personal de muchos años, Reinol González, dirigente sindical social cristiano y además uno de los principales dirigentes fundadores del Movimiento Revolucionario del Pueblo (MRP).

En varias ocasiones conversamos de lo importante y útil, que sería para Cuba en un futuro unir a todos los movimientos revolucionarios de fundamento cristiano y crear el Partido Social Cristiano o Partido Demócrata Cristiano de Cuba

Reinol González, Juan Manuel Salvat y yo habíamos sido invitados a participar durante los meses finales del año 1959 en Cuba con el Dr. José Ignacio Rasco en un proyecto similar que evaluaba la importancia de crear un Partido Demócrata Cristiano con todas las fuerzas social cristianas de Cuba.

Los tres coincidimos entonces en que la clave del proyecto era crear unidades democristianas en todos los municipios de Cuba y en la importancia de no abandonar la lucha cívica en la Isla.

Este proyecto finalmente se paralizó con la salida de Cuba del Dr. José Ignacio Rasco para unirse al Frente Democrático Revolucionario en los Estados Unidos por todo el giro inesperado de Fidel Castro al traicionar los basamentos democráticos de la Revolución cubana y convertirla en una revolución comunista, que nos obligó a todos a movernos con cierta premura hacia un esquema insurreccional de confrontación para intentar frenar el proyecto castrista.

Esto nos hizo concluir y cerrar el proyecto cívico entre todos los cubanos que veníamos discutiendo con José Ignacio Rasco.

Retornando a los años alrededor de 1987-1990, cuando el proyecto de una DEMOCRACIA CRISTIANA CUBANA fue un tema recurrente en nuestras conversaciones, debo aceptar que invertí años de trabajo y sueños para hacer realidad este esfuerzo.

También ya en Miami en 1988 los dirigentes del Movimiento Demócrata Cristiano (MDC) de Cuba, José Ignacio Rasco, Laureano Batista y Rafael (Warry) Sánchez, entre otros, trabajaban juntos en torno a la misma ilusión sobre un proyecto unitario democristiano.

Marcelino Miyares fue otro buen amigo con quien había hablado mucho de este tema en Estados Unidos. Recuerdo que aproveché un viaje a Nueva York para invitarlo al grupo conversacional con Reynol González y otros.

A ambos nos unían los lazos que crea la lucha que entablamos contra el régimen de Fidel Castro. Marcelino era veterano de la Brigada 2506.

Además, nos conocíamos de la Agrupación Católica Universitaria y nos unía el respeto mutuo a José Antonio Rubio Padilla, viejo dirigente del Partido Auténtico y ministro en el gobierno de Carlos Prío Socarrás. Todos éramos discípulos de Rubio Padilla, pero Marcelino era uno de los cercanos a él.

Todos coincidíamos en que un partido de corte ideológico social cristiano era imprescindible una vez que ocurriese el derrumbe del comunismo en Cuba.

Si recordamos que la democracia cristiana es un movimiento político de mediados del siglo XX, no es de extrañar que por esa época reinara un ambiente de renacer político entre todos cuando comenzamos a reunirnos en Miami[14].

El diálogo que sostuve por años con Reinol González ya se había ampliado a Marcelino Miyares, a José de Jesús Planas, a Lino Bernabé Fernández, a Kike Baylora y a Gerardo Martínez, entre otros.

Todo esto fue creando un ambiente abierto entre todos los que de una u otra forma estábamos identificados con el pensamiento social cristiano. Una comisión integrada por Laureano Batista, José Ignacio Lazaga y Fermín Peinado elaboraron una agenda para una primera reunión de trabajo y análisis.

En fecha 10 de enero de 1989 recibí, igual que el resto del grupos una carta de Laureano Batista citando a una reunión informal para el sábado y domingo 25 y 26 de febrero. **(Ver carta en Documentos)**

El grupo completo lo conformaban: Luis Aguilar León, Nelson Amaro, Enrique Baylora, Laureano Batista, Siro del Castillo, Guarioné Díaz, Toñito Fernández Nuevo, Amalio Fiallo, Gilberto García, Eduardo García Moure, Reinol González, Andrés Hernández, Francisco Lago, José Ignacio Lasaga, Marcelino Miyares, Alberto Muller, Fermín Peinado, Humberto Pérez, Jesús Permuy, José de Jesús Planas, José Prince, José Ignacio Rasco, Juan Manuel Salvat, Rafael Sánchez, Jorge Valls y Juan Woods.

De estas dos primeras reuniones abiertas de análisis surgió un Comité Gestor que creó comisiones de Convocatoria, Proselitismo, Prensa, Finanzas, Logística, y Relaciones Públicas.

Entonces a cada una de estas comisiones se les nombró un responsable y el proyecto prosiguió su evolución de crecimiento. Lo que permitió que en un gran acto en Miami en 1991 se creara el Partido Demócrata Cristiano de Cuba.

Fueron elegidos presidente el Dr. José Ignacio Rasco y vicepresidentes Marcelino Miyares y Alberto Muller respectivamente. Secretario general el Dr. Rafael Sánchez. Reinol González y Siro del Castillo, vice-secretarios generales. Angel del Cerro, secretario de formación. Secretaria de juventudes, Lourdes Gómez Lore y secretaría de asuntos especiales, Frank Díaz.

En esencia el pensamiento social-cristiano se refiere directamente a la exaltación del ser humano y se fundamenta en el logro del bien

---

[14] Ver en el capítulo 9 (Documentos) las cartas a Marcelino y de Laureano.

común, entiéndase las condiciones sociales que permiten al individuo el pleno desarrollo como persona humana.

Para entender en toda su magnitud el desarrollo político y social del siglo XX hay que ubicar el papel que jugaron los sectores políticos socialcristianos o democristianos a mediados del siglo sobre todo en Europa y América Latina.

Inclusive antes de Marx, ya pensadores católicos, cómo los sacerdotes Lammenais y Lacordaire, habían criticado con fuerza los abusos del capitalismo salvaje. Y en 1848, Ozanam, ese gran apóstol de los desamparados, había utilizado por primera vez el término «democracia cristiana».

En Europa Occidental, a partir de la primera guerra mundial se ve el nacimiento de los partidos «demócrata cristianos». Uno de los primeros en fundarse fue el de Italia por Luiggi Sturzo con el nombre de Partido Popular Independiente, que luego se convirtió en el Partido Demócrata Cristiano de Italia.

Más tarde, el católico alemán Konrad Adenahuer funda en 1945 el Partido Demócrata Cristiano de Alemania. Siguiendo estos ejemplos lo harán países como Bélgica, Austria, Francia, Holanda y Suiza. También en América Latina se formaron en Venezuela, Chile, Guatemala y El Salvador, partidos políticos de corte democriastiano.

En 1946 se funda en Venezuela el Partido Social Cristiano (COPEY), cuyo líder era el doctor Rafael Caldera, acompañado de los dirigentes Luis Herrera Campins, Eduardo Fernández, Enrique Pérez Olivares, Pedro Pablo Aguilar, Hilarión Cardoso, Abdón Vivas Terán y Osvaldo Álvarez Paz.

Puedo decir que en mi paso de residir cinco años en Venezuela, después de dejar el presidio político atrás, tuve el privilegio de ser amigo personal de toda esta generación de democristianos venezolanos. Todos apoyaron con entusiasmo que Venezuela abriera sus brazos para recibir a los presos políticos cubanos que íban saliendo de las prisiones cubanas. Y todos apoyaron con entusiasmo la creación del Partico Demócrata Cristiano de Cuba.

En Chile se funda el Partido Demórata Cristiano en 1957 balo el liderazgo de Eduardo Frei Montalvo. Y su crecimiento exponencial fue tan rápido, que ya en 1964 Frei se convierte en presidente de la República chilena. Bajo la consigna de «Revolución en Libertad» en 1965, el partido democristiano chileno obtiene el control del parlamento chileno.

Una vez formado, el Partido Demócrata Cristiano de Cuba (PDC), se dio a la tarea de poner en funcionamiento toda su compleja organización concebida precisamente para su implementación sobre territorio cubano. Ocurre entonces la Caída del Muro de Berlin el 9 de noviembre de 1989, unas semanas después de la creación del PDC. Y unos días después, el 8 de diciembre del mismo año, los líderes de Rusia, Bielorrusia y Ucrania firman bajo la dirección de Boris Yelstin la disolución de la Unión de Repúblicas Soviéticas.

Estos acontecimientos relacionados con el derrumbe del imperio comunista en el mundo fueron para todos en el Partido Demócrata Cristiano de Cuba como una chispa de euforia y un estímulo tremendo, porque vislumbrábamos que la profunda crisis que vivía el mundo comunista podría llegar a Cuba con relativa rapidez.

Y este tema abrió en el PDC una línea estratégica de buscar que el régimen cubano abriera sus compuertas al juego democrático y se produjera en la Isla un proceso de reconciliación hacia la democracia pluralista.

En esta estrategia se discutieron varios caminos para que Fidel Castro entendiera esta apertura que ocurría a toda velocidad en Polonia, Hungría, Checoeslovaquia, Rumania, Ucrania, Rusia y el resto de la desintegrada Unión de Repúblicas Socialistas Soviéticas.

CARLOS ANDRÉS PÉREZ (1992)

Una de las primeras gestiones que se hicieron fue reunirnos en el Palacio Miraflores con el presidente de Venezuela, Carlos Andrés Pérez (CAP). A este reunión acudimos por el PDC, José Ignacio Rasco, Marcelino Miyares, Alberto Muller y por el Partido Liberal Cubano (PLC), fueron Carlos Alberto Montaner y Juan Suárez Rivas.

En ese momento se había formado la Plataforma Democrática Cubana que integraban el PDC, el PLC, más el Partido Social Demócrata Cubano, al cual se habían integrado el doctor Lino Bernabé Fernández, el académico Enrique Baloyra y el politólogo José Antonio González Lanusa, entre otros.

La Plataforma Democrática abrió un espectro político con representación internacional lo suficientemente amplia para dar garantía de estabilidad a cualquier proceso y contar con el apoyo de las fuerzas políticas internacionales de más prestigio en el mundo.

El presidente venezolano fue sumamente cordial y receptivo con nuestro planteamiento de que sirviera él de intermediario con Fidel Castro, a los efectos de que Cuba se abriera a la democracia pluripartidista y de esa forma dejar atrás la confrontación existente de forma pacífica.

Carlos Andrés nos pidió que escribiéramos nosotros la carta que él firmaría, entregaría y discutiría personalmente con Fidel Castro. Además, se ofreció como intermediario entre la Plataforma Democrática Cubana y el gobierno de Fidel Castro si ambas partes lo aceptaban.

COSME ORDÓÑEZ (1992)

Otras dos gestiones que se abrieron a través de Nelson Amaro y de mi persona fueron con el doctor Cosme Ordoñez, médico cubano y amigo personal e íntimo de Fidel Castro que viajaba con frecuencia a Guatemala a visitar a su prima Nelly Dussac Ordóñez de Fernández y la segunda gestión con Ricardo Alarcón Quesada, Delegado de Cuba ante la Organización de las Naciones Unidas, al cual habíamos conocido en su época de aspirante a convertirse en congregante en la Agrupación Católica Universitaria, aunque después haya terminando siendo comunista.

En esa época Nelson Amaro trabajaba en proyectos sociológicos con las Naciones Unidas y con cierta frecuencia se encontraba y conversaba con Ricardo Alarcón.

Cómo yo era muy amigo de Cosme Ordoñez por lazos familiares y Nelson Amaro vivía en Guatemala, pues establecimos un canal de información para saber cuando Cosme viajaría próximamente a ciudad Guatemala a visitar a su prima Nelly.

Y así fue a principios de 1992, después de haber confirmado personalmente con Nelly Dussac Ordóñez, muy unida a mi familia, porque Ernestina Ordóñez, tía de ella estuvo casada toda una vida con mi tío Gaspar Contreras Muller, un ramal del árbol genealógico de los Muller y de ahí el vínculo familiar cercano a Cosme Ordóñez.

Verifiqué con Nelly y ella a su vez verificó con Cosme su estadía en Guatemala para la cena pactada entre ambos. Nelly estaba casada con Alberto Fernández-Kirch, natural de Camaguey.

Todos contentos y felices porque cenaríamos juntos en Guatemala, al margen de nuestras creencias ideológicas distintas.

La cena se realizó de forma muy fraterna y con una cordialidad extrema. Cosme y yo recordamos los años cuando íbamos juntos a los juegos de pelota en el Stadium del Cerro entre Habana y Almendares, y por supuesto recordamos con mucho afecto los lazos familiares que nos unían.

El plato fuerte de la política estaba pactado dejarlo para el final. Concluída la cena yo fui el que sacó el tema político y Cosme y yo nos apartamos del grupo para conversar en privado.

Mi primer comentario para romper el hierlo fue sobre la caída del Muro de Berlín que había conmocionado y acelerado la disolución del campo socialista y de la Unión de Repúblicas Socialistas Soviéticas.

Al final hice el comentario que los sectores democristianos de Cuba, organizados bajo el Partido Demócrata Cristiano (PDC) de Cuba querían plantearle al gobierno cubano un proceso de reconciliación y de democratización pacífica en la isla con elecciones libres y pluripartidistas. Añadí, que por mi amistad y confianza con él, yo había planteado dentro del PDC la selección de su persona para esta tarea de intemediario con Fidel Castro.

Realmente su primera reacción fue de agradecimiento y me escuchó atentamente. El enfoque y el mensaje era el mismo que el de la carta a través Carlos Andrés Pérez, una apertura conversada y consensuada sobre un proceso de reconciliación y democratización en Cuba.

La respuesta de Cosme fue positiva y procedí a entregarle un dossier sobre las bases del planteamiento. Quedamos que Cosme respondiera sobre el particular una vez que recibiera alguna respuesta.

Para frustración personal, debo decir que nunca recibimos una respuesta por esta vía del doctor y amigo Cosme Ordóñez.

RICARDO ALARCÓN (1992)

Con Ricardo Alarcón procedimos con el mismo esquema. Nelson Amaro le diría que yo estaba muy interesado en conversar con él sobre el mismo tópico de referencia que usamos para conversar con el doctor Cosme Ordóñez.

Inmediatamente Nelson me llamó a Miami y me dijo que Ricardo Alarcón le había dicho: «Dile a Muller que me envíe un telegrama con el día que él pueda viajar a Nueva York y con gusto hablamos».

Inmediatamente después que me puse de acuerdo con Nelson, envié desde Miami un telegrama a Ricardo Alarcón a su oficina de Naciones Unidas con la fecha que yo podía viajar a Nueva York para reunirnos con él Nelson y yo. Debo suponer que Alarcón haya consultado con La Habana y por eso todavía estamos esperando su respuesta.

VIAJE A BRASIL

En el marco de estos acontecimientos fui invitado a Brasil por el amigo Pedro Interián, conjuntamente con el compañero Ariel Hidalgo, para tener una comparecencia en el Parlamento en Brasilia.

Fue un viaje para dar a conocer en Brasil al Partido Demócrata Cristiano de Cuba, y a su vez conocer la realidad social existente en el país.

Recuerdo en mi comparecencia en el parlamento en Brasilia, hice una exposición de la realidad cubana y la sistemática violación de los derechos humanos en la Isla. Al final, en un golpe de efecto, concluí lanzando mi pasaporte cubano al hemiciclo y diciendo a los parlamentarios: «Aquí tienen mi pasaporte cubano vigente. No me sirve de nada. El gobierno de mi país me impide entrar en Cuba, a pesar de que mis documentos están vigentes».

Enseguida un grupo de parlamentarios se acercaron solidariamente y me trajeron el pasaporte. Y seguimos conversando de la realidad cubana por un largo rato.

GABRIEL GARCÍA MÁRQUEZ (1992)

Otros dirigentes del Partido Demócrata Cristiano de Cuba, siguiendo los lineamientos aprobados por el ejecutivo del partido de presionar a todos los niveles posibles para lograr una democratización y una reconciliación pacífica en Cuba hicieron sus gestiones dentro del mismo marco de referencia.

Sé que hubo muchos contactos con el mundo diplomático a través de la presidencia del partido y de José Ignacio Rasco y Angel del Cerro, más contactos sindicales a través de José de Jesús Planas, pero me atrevo a decir que la reunión más prometedora y agresiva que se produjo dentro del marco de referencia fue la reunión que Reinol González logró, por su relación amistosa con Gabriel García Márquez, Premio Nobel de Literatura 1982, y a su vez amigo personal de Fidel Castro.

Debo decir que cuando Reynol fue liberado de la prisión, unos días antes de salir de Cuba el 11 de diciembre de 1977, inmediatamente su esposa Teresita, a la cual conocía desde la adolescencia por ser amigos del barrio, me lo comunicó con el detalle adicional que estaban hospedándose en el Hotel Riviera de La Habana y que Reynol tenía mucho interés en verme antes de su salida para el exterior, que parecía inminente.

Ya yo estaba entonces en libertad e inmediatamente me movilicé hacia el hotel Riviera, ubicado junto al Malecón habanero para visitarlo y conversar con él.

Y aquí viene la anécdota curiosa que recordaré siempre: cuando me voy acercando al ascensor para ir al piso de la habitación de Reynol, veo en la puerta del ascensor a Gabriel García Márquez.

La puerta del ascensor se abrió y ambos entramos. Una vez adentro, recuerdo que le dije: «Gabriel un saludo afectuoso, no nos conocemos, pero creo que vamos los dos al encuentro de nuestro amigo común Reynol González,

«Cómo te llamas», me preguntó. Mi nombre es Alberto Muller», le respondo. Enseguida me dijo, «Sí cómo no, yo te conozco perfectamente por Reynol y por tu ejecutoria». Y nos saludamos de forma cordial. Hasta aquí la anécdota del encuentro, porque en la habitación todo se resumió a una conversación de saludos y algunas anécdotas circunstanciales con Reynol.

Pero vuelvo a la reunión de una delegación del Partido Demócrata Cristiano de Cuba con Gabriel García Marquez en Miami que se produjo en el mes de octubre de 1992, dentro del mismo marco de buscar una mediación con el régimen de Fidel Castro, e iniciar un proceso de reconciliación a los efectos de encaminar a Cuba dentro de un marco democrático representativo, teniendo en cuenta que el mundo comunista se había desplomado estrepitosamante.

Debo decir que una vez más nos equivocamos con Fidel Castro. Para su ego personal de corte estaliniano y su amor embrujado y esquizoide por el poder, no había arreglo posible. Primero se hundía Cuba en la pobreza, en la desolación y en la desesperanza, como ha ocurrido, que negociar con toda una generación de hombres de pensamiento abierto y cristiano. ¡Pobre Cuba!

Dos años después el doctor Rafael (Warry) Sánchez se encontró casualmente con García Marquez en el Aeropuerto de Cartagena y a una pregunta de Warry en torno a su intermediación de 1982, le dijo que Fidel nunca le había contestado sobre su gestión.

Lo que quiere decir que ninguna de las tantas gestiones que realizamos dentro de la gestoría del Partido Demócrata Cristiano para que Cuba se integrara a la vida democrática, a través de un proceso de reconciliación nacional y de democratización representativa plena, tuvo una respuesta positiva por parte de Fidel Castro. El dictador cubano se negó categóricamente a democratizar a Cuba, que hubiese implicado devolver a la Isla su libertad perdida.

EDITORIAL AMÉRICA

En 1991 fui contratado por la Editorial América que publicaba las revistas Vanidades, Cosmopolitan, Buen Hogar, Marie Claire, Telenovela, Hombre de Mundo, entre otras, para dirigir el Departamento de Servicio Editorial, que abastecía en textos, noticias, colaboraciones y fotos a las 21 revistas de la editorial.

Agradeceré siempre a Carlos González, Presidente de Editorial América en esa época, por esta oportunidad periodística tan fascinante.

Recuerdo que esta posición me obligó a hacer un viaje a Nueva York para negociar la compra de una foto especial de Julio Iglesias en la playa con el cuerpo rociado de arena, que estaba solicitando la directora de la revista Vanidades, mi amiga Sarah Castani.

Esto me permitió conocer a la famosa fotógrafa Annie Leyvobitz, a la que inicialmente llamé por teléfono desde Miami a su oficina en Nueva York, para hablar y negociar la foto que ella tenía en su archivo de fotos. En esa época se comenzaban a enviar fotos por vía virtual, pero la resolución alcanzada por esta vía, no era todavía la adecuada para usarla posteriormente, como se hace actualmente.

Por lo que quedamos en reunirnos en su oficina-taller de Nueva York, dos semanas después de la conversación. Viajé a Nueva York por este motivo en la fecha acordada y Leyvobitz me esperaba en su despacho con la foto que habíamos negociado. Para sorpresa mía, en la oficina me encontré a la famosa escritora norteamericana Susan Sontag, muy buena amiga de la Leyvobitz.

La famosa fotógrafa me presentó a la Sontag y recuerdo que le comenté que había leído su libro «La conciencia uncida a la carne». Me di cuenta que le gustó el comentario. Años después me leí su libro «La enfermedad y sus metáforas» que me pareció incisivo y genial.

Regresé feliz a Miami con la foto para la portada de la revista Vanidades, pero lo más interesante del viaje para mí, además de haber conocido a la Leyvobitz, famosa fotógrafa, fue haber tenido la oportunidad de conocer y conversar con la escritora Susan Sontag.

Por ser Director de este Departamento de Servicios Editoriales, también fui nombrado Director Interino con la responsabilidad de dirigir la famosa Galería Vanidades y editar el catálogo de sus exposiciones.

Esta posición me permitió, además de fortalecer un departamento imprescindible de servicios editoriales y fotográficos para las más de 20 revistas que editábamos mensualmente, dirigir la operación de una galería y conocer a los mejores pintores cubanos y latinoamericanos que vivían en Miami o sus cercanías, y a los mejores directores de revistas de Editorial América, como Sarah Castani de Vanidades, Irene Carol de Marie Claire, Fifi Castani de Cosmopolitan, Vivian Calvo de Ideas y Carlos Fernández de Hombre de Mundo, entre tantas otras.

Disfruté muchos estos años en Editorial América, porque pude poner mi experiencia periodística al servicio de revistas de prestigio y ampliar su circulación.

EL PROYECTO VARELA

Ya en 2002 publico con Ediciones Universal un segundo ensayo, en esta ocasión sobre El Proyecto Varela, esa proeza política del Movimiento Cristiano Liberación y de Oswaldo Payá en Cuba de recoger las firmas requeridas con el objetivo de obligar al régimen castrista a consultar a la opinión pública.

Ediciones Universal, Miami, 2002

El Proyecto Varela vino a reavivar las llamas de la renovación cívica que los cubanos han deseado desde hacía más de cuatro décadas. Paralelamente provocó que el dictador Fidel Castro reuniera a su Asamblea Parlamentaria y dictaminara en el 2003 que «el socialismo era irrevocable», todo un barbarismo jurídico típico de los dictadores más autoritarios.

Si Carlos Marx hubiese leído esta frase de irrevocabilidad en el socialismo en su época, se hubiese halado todos los pelos de su espesa barba por lo descabellada, poco hegeliana y antidialéctica. Así ha manchado de ignominias su historia el régimen de Fidel Castro.

El Proyecto Varela provocó que el presidente de la República Checa y reconocido intelectual, Václal Havel, propusiera a Oswaldo Payá para el Premio Nobel de la Paz 2003.

AMÉRICAS

y la Solidaridad Hemisférica.

Miembro de la Sociedad Interamericana de Prensa

ngo 30 de Mayo de 2004

NUMERO 279

60 CENTAVOS EN MIAMI

0 años undial

WASHINGTON (EFE).- Seis décadas después de la Segunda Guerra Mundial, unos 100.000 estadounidenses de los 16 millones que combatieron en ella se congregan este fin de semana en Washington para inaugurar el monumento que honra a la "gran generación" que derrotó al nazismo.

Las autoridades esperan que unas 800.000 personas visiten desde hoy y hasta el lunes, Día de los Caídos (Memorial Day), el último y más grande de los monumentos en el Mall, el parque de Washington que los acoge y en el que ya existen otros conmemorativos de la guerra de Corea y la de Vietnam.

Los ex combatientes de la Segunda Guerra Mundial tienen ahora, por lo menos, 76 años, y según el Departamento de Asuntos de los Veteranos, mueren unos mil cada día.

En 2003 vivían unos 4,4 millones de personas que habían cumplido

(Pasa a la Pág. 9-A Col. 3)

to latino
n español

OSWALDO PAYA

"Castro dice que la orden de aniquilarme están dadas", denuncia Payá

Entrevista exclusiva a Oswaldo Payá sobre el llamado Diálogo Nacional para el Diario Las Américas, realizada la noche del jueves 27 de mayo del año 2004

Por Alberto Muller
Diario Las Américas

Entrevista a Oswaldo Payá publicada en el Diario Las Américas, donde denuncia la orden de Fidel Castro de matarlo. Mayo, 2004

Con Oswaldo Payá llegué a tener una relación personal muy cercana por distintas razones. Aunque quizás por la diferencia de edad entre ambos realmente no nos habíamos conocido antes, éramos del mismo barrio del Cerro y feligreses de la misma parroquia. Periodísticamente siempre cubrí desde el Diario Las Américas y Radio Martí sus proyectos del Movimiento Cristiano Liberta-ción (MCL) y así como la heroica recogida de firmas para el Proyecto Varela; y también fui participe de la gestión que hizo el Partido Demócrata Cristiano de Cuba en 1992 ante la Organización Demócrata Cristiana de América (ODCA) para el reconocimiento del Movimiento Cristiano Liberación. Inclusive fui parte de un proyecto para unir al MCL con el Partido Demócrata Cristiano de Cuba, cuyo presidente sería –desde luego— Oswaldo Payá. Pero lamentablemente esa gestión unitaria no llegó a su materialización.

Guardo con mucho respeto la entrevista que le hice a Oswaldo Paya en la noche del jueves 27 de Mayo de 2004, que fue publicada en primera plana por el Diario Las Américas el Domingo 30 de Mayo de 2004, en donde Payá denuncia: «Castro dice que las órdenes de aniquilarme están dadas».

Y así fue…!qué triste confirmar que Oswaldo Payá haya denunciado con anticipación el crimen que le costó la vida y no hayamos podido evitarlo!

MONÓLOGO CON YOLANDA

Ediciones Universal, Miami,1995.

En el 2008 publico con Ediciones Universal mi primera novela, *Monólogo con Yolanda*, una experiencia literaria maravillosa, pues a medida que iba desarrollando la trama de la novela y sus personajes, me fui percatando de cómo los personajes me presionaban en su propio desarrollo. Casi intentaban dominar el curso de la novela.

Extraordinariamente humana esta relación de los personajes de la novela con el autor. Había momentos en que el sueño de la noche se interrumpía porque tal personaje se movía en una dirección diferente a la que yo había definido en la última sesión de trabajo con la novela.

El argumento de la novela *Monólogo con Yolanda* gira alrededor de unos jóvenes viviendo en una isla paradisíaca, dentro del marco del realismo mágico latinoamericano.

El abuelo Javier se convierte en el narrador atrevido de la novela, que informa a su nieta Yolanda de los horrores padecidos en el pasado. El libro se convierte para mí en un reto literario que va de lo simbólico a lo humano y por supuesto todo inmerso dentro del realismo mágico.

Pienso que el libro logra un balance generacional entre los sueños de juventud y los desvelos del anciano, que permiten que el personaje Yolanda se alce triunfante con toda la naturaleza mágica de un sueño irrepetible:

> «El mar salado se hizo sangre y los peces tomaron la expresión más pura del sacrificio humano, durante el trayecto traía el testículo aguantado en su mano ensangrentada. Iba seguro. Parecía un Cristo crucificado por los testículos».

Este comentario anterior es un momento sublime del libro que obviamente refleja una anécdota muy gráfica en esta novela.

Uno de los momentos más apreciados de esta, mi primera novela, es cuando el cuadro de mi amigo, el pintor español, Manuel Huertas Torrejón, me autorizó usar su cuadro titulado «Para que no pase» como portada del libro

Recuerdo que cuando vi el cuadro en una exhibición maravillosa en Arts Miami en el Convention Center de Miami Beach en 1993, el pintor se acercó a mí porque yo llevaba varios minutos contemplando la pintura que representaba una paloma posada en la ventana.

Ya Huertas Torrejón sabía que yo era escritor, pues un amigo común nos había presentado al llegar yo a su espacio.

¿Qué le parece la pintura? —me preguntó curioso y con su amabilidad cordial —. Lo miré y le dije: «Me parece encantadora, porque con esa imagen cierro la novela que publicaré próximamente».

La novela concluye con la frase: «y la paloma regresó a posarse nuevamente en la reja de la ventana».

Aquí entonces le pedí permiso para usar la pintura de portada. Y tuvo la gentileza a los pocas semanas de enviarme desde España el documento del permiso.

RADIO MARTÍ

Comienzo a trabajar como periodista contratado en el proyecto de Radio Martí a principios del año 2006 y posteriormente en el 2009 me convertí en empleado federal. Una oportunidad inapreciable para servir al pueblo cubano desde esta ventana de información y libertad periodística.

Debo agradecer a mi amigo Pedro Roig, director entonces de Radio Martí, el que me avisara de que esta plaza federal se encontraba abierta. Presenté mi solicitud para ocupar la plaza y participé en la evaluación de todos los que aspiraban a la posición.

Finalmente fui el escogido por mis méritos periodísticos y por mis contactos con la prensa digital cubana.

Yo tenía en esos momentos un blog en el mundo digital, «Para leer si queda tiempo» de alto perfil informativo, que debe haber servido conjuntamente con mi prolongado historial periodístico desde la Universidad de La Habana, para ser el escogido para esta plaza en Radio Martí. También mis largos años como columnista en Diario Las Américas debe de haber sido otro de los factores que pudieron haber tenido en consideración.

Radio Martí me permitió entonces la posibilidad de conocer y entrevistar en múltiples ocasiones a Yoani Sánchez y a casi todos los dirigentes de la disidencia cubana. Conocer a Yoani Sánchez fue otro de los grandes momentos y privilegios de mi vida periodística. Otros conocidos y entrevistados enriquecen esta lista, entre los que se suman: Oswaldo Payá del Movimiento Cristiano Liberación; Laura Pollán fundadora de las Damas de Blanco; Dagoberto Valdés, Director de las Revistas Vitral y Convivencia; Guillermo Fariñas, opositor villaclareño que recibió el Premio Sajárov 2010 de la Unión Europea; el doctor Oscar Elías Biscet, que cumplió una larga condena en prisión y en 1997 fue fundador de la Fundación Lawton por los Derechos Humanos. En el año 2007 el gobierno de los Estados Unidos le concedió a Biscet la Medalla Presidencial de la Libertad y en el 2009 fue nominado para el Premio Príncipe de Asturias de la Concordia; Miriam Leyva, diplomática cubana que por su honestidad personal y su amor a la libertad, terminó en el grupo que fundó las Damas de Blanco y siendo una opositora muy destacada por sus críticas balanceadas e incisivas y Oscar Espinosa Chepe, su esposo, uno de los economistas cubanos más destacados que terminó preso en la famosa Causa de los 75; lamentablemente fallecido hace unos años, y a quien también daba gusto entrevistar por su dominio de la economía cubana; Martha Beatriz Roque Cabello, otra economista y luchadora sin igual. Pocas mujeres han tenido que ofrecer tanto como ella. Estuvo presa por la Causa de los 75 y se ha mantenido activa en las denuncias que salen de la Isla permanentemente; Jorge Luis García Pérez, más conocido como "Antúnez", un oposicionista surgido de las clases más humildes de la sociedad cubana, que tuvo que cumplir más de 17 años de prisión política. Un hombre afable que trae en su naturaleza humana una rebeldía consistente; José Daniel Ferrer, un titán de nuestro tiempo, que logró organizar al poderoso grupo de la oposición de UNPACU.

Y así a otros, como Reynaldo Escobar, un periodista de altos quilates; Dimas Castellanos, un sólido intelectual cubano; Manuel Cuesta Morúa, un conferencista de excelencia y defensor de los derechos humanos; y Juan Antonio Madrazo Luna, coordinador del Comité Ciudadanos por la Integración Racial (CRI).

Vale la pena también mencionar a los más jóvenes, como Camila Acosta, Lynn Escobar, Omara Ruiz Urquiola, Henry Constantin, Robertico San Martín, Ileana Hernández y Marthadela Tamayo, entre tantos otros jóvenes que ya son verdaderos heroes en el logro de lograr que regrese la libertad a Cuba.

Y en este pequeño mundo periodístico que me rodea y enriquece moralmente, el ultimo privilegio fue conocer y entrevistar a algunos de los jóvenes artistas y creadores del Movimiento San Isidro, entre ellos a su fundador Luis Manuel Otero Alcántara y a parte del resto de sus integrantes, como Amaury Pacheco, Iris Ruiz, Michael Matos Alonso y a la incomparable creadora de los «perfomances», Tania Bruguera.

Todos ellos en un esfuerzo común, construirán el futuro democrático de Cuba.

El 23 de febrero de 2010 tuve uno de los momentos cumbres de mi quehacer periodístico. En Miami comienza a rodar la noticia de la muerte de Orlando Zapata Tamayo, opositor que llevaba más de tres meses en huelga de hambre. Pero mientras ninguna agencia confirmaba la noticia, en toda la radio cubana de Miami se daba la noticia y nosotros no podíamos ponerla al aire porque necesitábamos una confirmación creíble de fuentes confiables.

Entonces recuerdo que decidí encerrarme en un cubículo de grabación de Radio Martí y comencé a llamar a Reina Tamayo Danger, la madre de Orlando Zapata Tamayo, que ya había entrevistado en ocasiones anteriores. Con tan buena suerte que después de varios intentos y minutos que pasaban, Reina me sale al teléfono. Inmediatamente me identifico y como nos conocíamos de entrevistas anteriores, le pregunté por su hijo.

Inmediatamente recuerdo que con voz llorosa y compungida me dijo: «Muller, estoy frente al cadáver de mi hijo». Aquí se le entrecortó la voz y yo escuchaba el llanto con claridad y tristeza profunda. Entonces volví a escuchar su voz y añadió: «Muller, debo decirle que tiene las espaldas llagadas de golpes de bayonetas».

¡Increíble verdad! ¿Cómo explicar que a un hombre en huelga de hambre y casi moribundo lo golpeen de una forma tan inhumana y cruel?

Inmediatamente llamé al Director de Noticias para que escuchara la grabación. Las noticias directas, cuando el emisor es conocido y confiable, no necesitan de fuentes adicionales. La noticia estaba confirmada y Radio Martí pudo darla al mundo de la voz de su madre, Reina Tamayo Danger.

Con esta entrevista directa desde Radio Martí pudimos comprobar que la muerte de Orlando Zapata Tamayo era cierta, para tristeza de todos.

Pocas veces en mi vida de periodista, una entrevista me había conmovido tan hondamente. El día que me toque partir, todavía recordaré la voz entrecortada y las palabras de Reina Tamayo Danger ante el cadáver de su hijo.

«Muller, tiene las espaldas llagadas de golpes de bayoneta»...

Mi incorporación a una empresa federal periodística de los Estados Unidos, como Radio Martí, me hizo apartarme del quehacer político del Partido Demócrata Cristiano de Cuba para evitar un posible conflicto de interés.

CHE GUEVARA: VALGO MÁS VIVO QUE MUERTO

Después de más de cinco años de investigación periodística concluyo el libro sobre el abandono al Che Guevara en las montañas de Bolivia por parte de Fidel Castro.

Un libro desgarrador de investigación periodística que me resultó revelador, porque la memoria de un gran amigo, Octavio de la Concepción de la Pedraja —alias Tavito, el Moro, Morogoro, el Médico o Muganga—, quien murió junto al Che Guevara, fue el motivo principal para escribirlo.

«Tavito», como le decíamos a Octavio en la Universidad de La Habana y en los pasillos de la Agrupación Católica Universitaria, fue siempre un amigo fiel, un cristiano ejemplar y un combatiente incansable contra la dictadura de Fulgencio Batista en Cuba.

Su muerte junto al Che Guevara, abandonado en las montañas bolivianas por el propio Fidel Castro, no desvela el misterio ni mi pesar por su muerte distante y dentro de las filas de un proceso comunista que ha distanciado a Cuba de la libertad.

EdicionesBiblioteca
Nueva, Madrid, 2000

El libro se ha presentado en la Feria Internacional del Libro en Miami 1994, la Feria Internacional del Libro en Argentina en 1996 y la Feria Internacional del libro en Guadalajara 1997.

Confiamos que pronto podamos presentarlo en España y en Colombia.

Un libro que he disfrutado porque la crítica lo ha acogido para entender la frialdad inaudita de cómo Fidel Castro planificó, con el apoyo de la Unión Soviética el abandono al Che Guevara hasta su muerte, porque ya el Che se había convertido en un personaje incómodo para los soviéticos y los castristas.

INSTITUTO JESUITA PEDRO ARRUPE

El Instituto Jesuita Pedro Arrupe (IJPA) es una institución católica creada en Miami en el año 2014 con el objetivo de investigar, educar, informar y hacer acción social a través de la figura del santo misionero Pedro Arrupe S.J.

El Instituto lleva el nombre del misionero destinado a Japón, que posteriormente llegó a ser General de la Compañía de Jesús entre los años 1965 y 1983.

La vocación sacerdotal del estudiante de medicina Pedro Arrupe se consolida y madura como miembro activo de la sociedad de San Vicente de Paul en Madrid.

Después de ser ordenado sacerdote, Arrupe solicitó ser enviado como misionero a Japón, siendo destacado allí en 1938. Durante su trabajo apostólico, estuvo preso 33 días en Japón bajo sospecha de espionaje y fue testigo de excepción el 6 de agosto de 1945 cuando la bomba atómica cayó sobre Hiroshima provocando más de 250 mil víctimas.

Ante esa tragedia de incalculables daños humanos, el padre Arrupe —contraviniendo todas las orientaciones del gobierno japonés a sus ciudadanos de no salir de sus casas— ordenó convertir el seminario jesuita de Hiroshima en hospital y salir a recoger a todos los japoneses desesperados por el fuego interno que les quemaba hasta la muerte por la radiación interna en sus cuerpos, para así salvar la mayor cantidad de vidas posibles por el daño mortal y colateral de las radiaciones.

Con esta acción humanitaria, Arrupe y sus seminaristas salvaron a cientos de japoneses quemados por la acción de las radiaciones atómicas. El pueblo japonés siempre ha agradecido públicamente este trabajo humanitario de los padres jesuitas en Japón, bajo la dirección del padre Pedro Arrupe, S.J.

LA MADRE TERESA

Antes de vincularme al Instituto Jesuita Pedro Arrupe, yo era un asiduo ayudante de cocina en la Casa de la Madre Teresa todos los lunes en horas muy tempranas del amanecer de Miami. Inclusive logré estimular a varios amigos, como Terestia Valdés Hurtado y René Leonard, a sumarse a este proyecto solidario de alimentar a los más de 300 mendigos que allí acudían diariamente.

Además de ayudar en la cocina, ayudábamos a servir el almuerzo y para concluir a lavar los platos.

Confieso que cuando concluía los lunes al mediodía todas estas labores, me sentía un hombre plenamente feliz por servir a los más pobres de la comunidad.

Este mística vivida plenamente con las Hermanas de la Caridad, me impulsó a integrarme al Grupo de San Vicente de Paul en Manresa con Fernando Reyes y la amiga María Pérez de González, dirigente en el Estado de La Florida de esa hermandad concebida para ayudar a los más necesitados.

Sin embargo, por razones de trabajo pasé a conducir un programa radial todos los días hacia Cuba en Radio Martí, responsabilidad por la que me vi obligado a estar en horas de la madrugada en la estación para iniciar el programa.

Este horario inesperado, me hizo abandonar las madrugadas de los lunes con las Hermanas de la Caridad. Confieso que todavía extraño el servicio a los más pobres en la Casa de la Madre Teresa.

Con esta mentalidad «vicentina» y de amor hacia la obra de la Madre Teresa, me incorporé al Instituto Jesuita Pedro Arrupe, que estaba integrado al Centro de Espiritualidad Ignaciana (CEI), ubicada en la Casa de Ejercicios Espirituales de Manresa en Miami.

A inicios del año 2016 recibí el encargo —honroso para mí teniendo en cuenta mi educación jesuítica al inicio del bachillerato y posteriormente en la Agrupación Católica Universitaria— de presidir el Instituto Jesuita Pedro Arrupe de Miami.

Debo destacar que en todo esta trabajo social me encontré con la ayuda inapreciable del padre Sergio Figueredo, S.J., un gigante moral de la espiritualidad ignaciana que se convirtió en nuestro mentor y consejero espiritual[15].

Entre los fundadores de este Instituto Arrupeano estuvieron: Juan Romagosa (ya fallecido), Antonio Sowers, Margarita Gavaldá, Silvia Romagosa, Silvia Muñoz, Juan Manuel Salvat, Alfredo Romagosa, Lily Hernández de León, Antonio Abella (ya fallecido), Armando Acevedo, Joaquín Pérez Rodriguez, María Pérez de González, Fernando Reyes y Alberto Muller, entre otros.

Además, el instituto contaba con asesores, entre ellos el Rev. Sergio Figueredo S.J.; Rev. Marcelino García; Rev. Pedro Suárez S.J., Rev. Emilio Travieso S.J., Rev. Marco Antonio Ramos; José Cruz; Antonio García Crews; Siro del Castillo; Manuel Hidalgo; María Luisa Gastón (ya fallcida); Sixto García; Elena Muller de García; Joaquín Martinez Pinillos; Eduardo Salvadó (ya fallecido); Humberto Esteve y Ricardo Puerta.

Me incorporé en cuerpo y alma a este proyecto de acción social católica, el Instituto Jesuita Pedro Arrupe, en el año 2015. Tenía entonces 76 años de edad.

---

[15] Ver carta en Documentos (Capítulo 8).

El primer director del IJPA fue Antonio Sowers, que tuvo la capacidad humana y profesional de aglutinar al grupo de altos quilates morales e intelectuales mencionados. Su humildad, su entrega y su capacidad organizativa fueron un factor imprescindible para conformar este grupo de hombres y mujeres dentro de la nueva institución de naturaleza socialcristiana.

A finales del año 2015 tuve al alto privilegio de ser designado director del IJPA, con el objetivo de acometer algunos proyectos educativos y sociales, como un Centro Universitario Pedro Arrupe en Miami y dar al instituto el carácter social del Instituto Pedro Arrupe de Palermo en Italia, que era la célula original de todos los movimientos sociales Pedro Arrupe por el mundo.

La idea original del Centro Educativo era formar a líderes jóvenes cristianos en nuestra comunidad de Miami. Inmediatamente nos dimos a la tarea de organizar una Misa Solemne en Miami para conmemorar los 25 años de la muerte del Padre Pedro Arrupe, que fue oficiada por el Arzobispo de Miami, Thomas Wenski. Todo un éxito de asistencia y de honrar la memoria de Arrupe, el misionero y general de la Compañía de Jesús.

Esta responsabilidad me permitió asistir, junto a Antonio Abella, al Encuentro Jesuita del Apostolado Social e Internacional en el Centro Espiritual Manresa Altagracia en Santo Domingo en el 2016, evento que estuvo precedido por el famoso Encuentro Jesuita en Denver del 2008.

A este evento de Altgracia en Santo Domingo asistieron la recién creada Conferencia de Canadá y de los Estados Unidos de los Jesuitas, también representantes de las Conferencias de México, de las Antillas y de América Central.

Fueron invitadas las Provincias de los Jesuitas de América Central; de los Estados Unidos; inclusive las sedes de Maryland; Chicago, Detroit, Wisconsin, California y Oregón.

Además, representantes de Haití, invitados de países vecinos del Caribe, de la CEPAL y de otras entitades jesuitas internacionales.

Debo agradecer especialmente al Rev. Javier Vidal S.J. Provincial de la institución que aglutina a la Florida, Cuba y parte de el Caribe por su amabilidad y gentileza durante el evento de Altagracia.

Del interés del padre Vidal S.J. nace la idea de sugerir el nombramiento del joven sacerdote jesuita Emilio Travieso S.J. (actualmente misionero en Haití) como Asesor del Instituto Jesuita Pedro Arrupe.

Algo que agradecimos por el dinamismo y la vitalidad espiritual que este joven jesuita inyectó a la dinámica del instituto.

En ese evento tuve la oportunidad de conocer a los principales dirigentes jesuitas de los Estados Unidos, América Latina y el Caribe. Entre ellos a Roberto Jaramillo S.J., representante de la CEPAL (Conferencia de Provincias Jesuitas de toda la América Latina); Jorge Cela S.J. (fallecido recientemente en Cuba y que por muchos años estuvo al frente de la CEPAL), Patsy Álvarez S.J. educador y conferencista excepcional de la CEPAL, y Fred Hammer (Director del Instituto de Investigación Social de la Universidad de Loyola en la Universidad de New Orleans.

También fue emocionante que el padre Adolfo Nicolás, General de la Compañía de Jesús entonces (ya fallecido), se dirigió a todos desde Roma para recomendarnos que «funcionáramos en redes sociales internacionales», para de esa forma dar respuesta más efectiva a las problemáticas de los pobres, de la migración forzada e irregular y de la minería illegal, entre otras, que tanto venían dañando a las comunidades más pobres en América Latina.

De Santo Domingo volé a Roma con mi esposa Tensy para proseguir a Palermo y conocer la estructura organizativa y los programas de orden soclal de la veterana organización matriz. Aquí en Roma se nos incorporó el Rev. Sáenz S.J. que nos acompaño a Palermo. Algo que agradecimos sinceramente.

En Palermo fuimos recibidos por las máximas autoridades del Instituto Pedro Arrupe, entre ellas su directora Nicolleta Púrpura. Este instituto en Palermo tiene una historia rica en aportes históricos a esta región italiana, tanto en lo social, como en lo político por la formación de líderes jóvenes cristianos.

Después del viaje a Palermo y de todo el aprendizaje entre los dirigentes de esta veterana institución de acción social en Palermo, regresamos a Roma rumbo al campo de trabajo en Miami.

Fuímos, como estaba convenido, a la Curia de los Jesuitas en esa ciudad para reunirnos con el padre Adolfo Nicolás, General de la Compañía de Jesús, pero se encontraba indispuesto de salud y no pudimos verlo, pero le dejamos un informe general sobre el Instituto Jesuita Pedro Arrupe de Miami, que nos agradeció personalmente en una carta de respuesta, que guardo como un tesoro personal.

Al regreso a Miami, creamos inmediatamente el Comité Gestor para la Primera Fase del proyecto educativo universitario que coordinaría Juan Romagosa, ese gran amigo ya fallecido, Armando Acevedo, Juan Manuel Salvat, Joaquín Pérez Rodríguez, María Pérez de González, Eduardo Salvadó (ya fallecido), Alfredo Romagosa y Alberto Muller.

El trabajo del Instituto Jesuita Pedro Arrupe (IJPA) representó para mí la plenitud de todos mis sueños de justicia social desde mi adolescencia. Lamentablemente por razones de mi trabajo periodístico dentro de una empresa Federal de los Estados Unidos y hasta de un posible conflicto de intereses, me tuve que distanciar de la dinámica cotidiana de los quehaceres del instituto una vez cumplidos mis primeros dos años al frente de la institución. Por suerte me sustituyó un hombre del dinamismo, inteligencia y ejecutoria social como Joaquín Pérez Rodríguez.

Fueron dos años llenos de ilusiones y de proyectos sociales que llenaron mi vida plenamente.

LOS NIETOS VAN CRECIENDO

Y llego al final de este libro de memorias. Una larga jornada que deja sabores y sinsabores, junto a la enorme satisfacción de haberla vivido con profundo sentido de amor cristiano.

El hecho que vayamos viviendo rodeado de nuestros hijos y los nietos, quienes van creciendo a su modo y peculiaridad humana ya es el mayor logro por lo vivido.

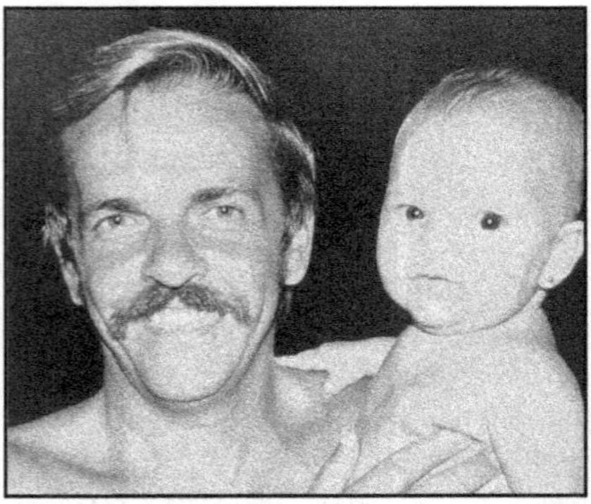

El autor con su hija Yolanda cargada.

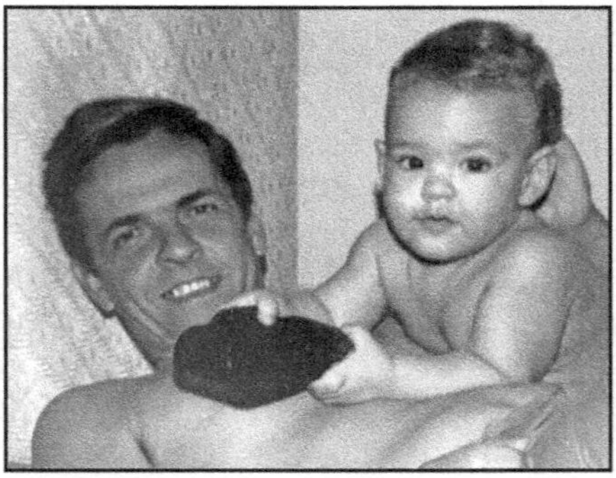

El autor con su hijo Ernesto en su pecho.

Los nietos del autor: Tomás Alberto Muller, hijo de Ernesto Muller, e Isabella Gort Muller, hija de Yolanda Muller.

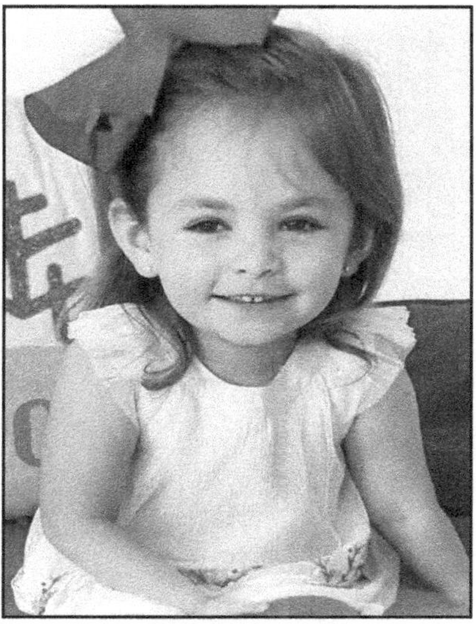

Tiffany Muller Naya, la segunda hija de su hijo Ernesto, última nieta del autor, cuya mamá Ivette Naya se ha convertido en su segunda hija.

CAPÍTULO 8

PENSAMIENTO Y OBRA DOCUMENTOS

«Lo más maravilloso de mi madriguera es el silencio...Excepto el ruidito de alguna diminutiva criatura escarbando».

Metamorfosis de Franz Kafka

1) *PONENCIAS*

a) Palabras de Alberto Muller en el Juicio en la Audiencia de Santiago de Cuba de la Causa 127-61)

El 21 de agosto de 1961 Alberto Muller compareció ante sus jueces, sin garantías de ningún tipo, con la sola defensa de su limpia ejecutoria en la lucha contra Fidel Castro. Y el Tribunal de Santiago de Cuba, que conocía de la Causa 127 de 1961, conoció la denuncia del Secretario General del Directorio Revolucionario Estudiantil:

«Tracionaría en estos momentos mis principios y a mis compañeros del 27 de Noviembre de 1871, recorriendo a la vez por las generaciones de Trejo en 1930; del inolvidable José Antonio Echeverría en 1957, y la de Porfirio Ramírez, Virgilio Campanería, Julio Antonio Yebra en los años presentes, que tan dignamente ofrendaron sus vidas en el altar sagrado de la patria, si viniera aquí a negar las verdaderas razones que me han impulsado de nuevo a luchar con todas la fuerzas de mi vida al servicio de la patria, y la razón fundamental es la traición de Fidel Castro a la genuina revolución».

«Por haber hecho uso de mi derecho y de mi deber estoy compareciendo aquí. Mi Cuba se ve ultrajada y pisoteada, vejada y maltratada una vez más, y si mil veces me viera en la posición de alzarme en armas para salvarla, mil veces estaría dispuesto a hacerlo».

Causa No. 127 de 1961 Tribunal Revolucionario
22 de Agosto Santiago de Cuba
Comparecencia de Alberto Muller

FISCAL: — Es usted el máximo responsable del alzamiento que preparaban en la Sierra Maestra ?

MULLER: — Sí señor.

FISCAL: — Fue usted fue el organizador de la manifestación contra Mikoyan en el Parque Central ?

MULLER: — Sí señor.

ABOGADO» — Por qué organizó usted la manifestación del Parque Central ?

MULLER: — Pues porque creí que era una ofensa para nuestro Apóstol, que alguien como Mikoyán, uno de los máximos responsables al ordenar que los tanques rusos marcharan hacia Budapest, para masacrear a un pueblo —que solo cometía el delito de luchar por su libertad— viniera a mi Patria a colocar una ofrenda floral ante la estatua de Martí y para colmo de ignominia, la corona de flores en lugar de llevar nuestra bandera en el centro, llevaba los signos odiosos de la hoz que siega la vertad y el martillo que golpea la conciencia.

ABOGADO: — Estuvo usted en el exilio ?

MULLER: — Sí señor.

ABOGADO: — Regresó usted a Cuba después ?

MULLER: — Sí señor, por vías clandestinas para incorporarme a la lucha por la libertad de la patria.

ABOGADO: — Cuáles fueron los motivos que lo impulsaron a usted a conspirar y organizar un alzamiento en las montañas de la Sierra Maestra contra el Gobierno Revolucionario.

MULLER: — Traicionaría en estos momentos a mis principios y a mis compañeros del 27 de Noviembre de 1871, recorriendo a la vez por las generaciones de Trejo en 1930, del inolvidable José Antonio Echeverría en 1957, y por la de Porfirio Ramírez, Virgilio Campanería, Julio Antonio Yebra en los años presentes, que tan dignamente ofrendaron sus vidas en el altar sagrado de la patria, si viniera aquí a negar las verdaderas razones que me han impulsado de nuevo, a luchar con todas la fuerzas de mi vida al servicio de la patria, y la razón fundamental es la traición de Fidel Castro a la genuina revolución, expresada en lo siguiente:

El restablecimiento de la Constitución de 1940.La celebración de elecciones libres, en un plazo no mayor de 18 meses-.El respeto a los derechos del hombre.La repartición de la tierra al campesino humilda.La repartición al obrero de las utilidades de la empresa.Estrechar la solidaridad con los pueblos democráticos del continente.El respeto a nuestra Autonomía Universitaria.

Me basta señores del Tribunal y señor Abogado, respondan a vuestras conciencias si queda algo de dignidad en vuestros corazones.

Dónde está la Constitución de 1940; si lo primero que se hizo de ella antes de destruirla totalmente fue borrar el nombre de Dios con el cual comenzaba?

Dónde están las elecciones libres a los 18 neses después del triunfo? Dónde está el respeto a los derechos del ser humano, si hoy en mi Patria solo existe el derecho absoluto y totalitario del Estado, si hoy en mi Patria es encarcelado o fusilado todo individuo que no esté de acuerdo con la tiranía que nos oprime; si hoy en mi Patria es golpeada brutalmente cualquier manifestación antigubernamental; si hoy en Cuba se vuelven a morir de hambre los humildes de la patria.

Dónde están las utilidades que le iban a repartir a los obreros, si hoy en Cuba el obrero no tiene derecho a la huelga ni mucho menos derecho a organizarse libremente?

Dónde está la autonomía universitaria, que tan bravamente defendieron José Antonio Echeverría, Fructuoso Rodríguez y tantos otros?

Dónde está la solidaridad con los pueblos democráticos del Continente, si la tiranía que nos oprime ha abandonado a América para abrazar el Comunismo Internacional?

No señores, las injusticias no se callan, se denuncian. Y lo anteriormente expuesto es la más baja traición que ha recibido nuestro pueblo en su historia republicana. No me callarán ni el peligro de que me puedan fusilar, ni los 30 inhumanos años, ni mucho menos la amenaza cobarde de que han dinamitado las cárceles para hacernos morir en el amanecer glorioso de la victoria.

Las injusticias no se callan, se denuncian; yo voy a denunciar los 34 días que estuve incomunicado en una celda oscura en el edificio de los Cuerpos Represivos del G-2 en esta misma ciudad heroica de Santiago de Cuba. Y yo voy a denunciar ante ustedes las más grandes torturas mentales que he recibido en mi vida, cuando fui sacado en horas de la madrugada y se me practicó un simulacro de fusilamiento. Que esto lo sepan en todas las comisiones que defienden los derechos humanos, para que conozcan el trato actual a los presos politicos en mi patria.

La República se levanta en hombros del sufragio universal. Y Cuba se levanta ahí, como decía nuestro Apóstol. Su plebiscito es nuestro martirologio. Su sufragio es su revolución.

!Cuánta similitud tienen sus palabras con los años de luto que viene viviendo nuestra patria!

Pues hoy Cuba también se levanta así. Su plebiscito es su martirologio, su sufragio es su Revolución que hoy hacemos junto al pueblo. No seguimos a Marx ni a Lenin. Seguimos a Martí, Maceo, Céspedes y Agramonte, padres ellos de nuestra patria. Nuestro amor será el triunfo o la tumba. Cuando un gobierno viola los derechos del hombre, la insurrección es el más sagrado de sus derechos y el más imperioso de sus deberes.

Por haber hecho uso de mi derecho y de mi deber, estoy compareciendo aquí. Mi Cuba se ve ultrajada y pisoteada, vejada y maltratada una vez más, y si mil veces me viera en la posición de alzarme en armas por salvarla, mil veces estaría dispuesto a hacerlo.

b) Ponencia de Alberto Muller en el Congreso «Celebrando a Martí» - 2006

José Martí: una vida sin acabamiento por Alberto Muller

Debo dar gracias a los organizadores de este memorable evento por invitarme a participar en este congreso «Celebrando a José Martí», con motivo del 153 aniversario de su nacimiento y gracias a ustedes por acompañarnos...

La vida de José Martí estuvo marcada sistemáticamente por una elocuencia misteriosa al sacrificio. Y quiero recordar hoy una frase que pronunció la insigne poetisa chilena Gabriela Mistral sobre José Martí, que se me ha grabado en el pensamiento para siempre y que nos va a servir para sustentar la tesis de esta ponencia:

Cito a la Mistral: «La persona y la obra de Martí fue una vida sin acabamiento»...

Y es que ese karma maravilloso por el dolor intenso que padeció Martí durante toda su vida, no ha tenido final. Unamos esta frase casi ontológica de Gabriela Mistral con una frase íntima de Martí en carta a su madre, una vez fracasado el matrimonio con Carmen Zayas Bazán:

Cito a Martí: «*Siento que jamás acabarán mis luchas*».

Qué curioso que Martí le confesara a su madre, con otras palabras, el mismo sentido de la observación de la poetisa chilena, en cuanto a *una vida sin acabamiento*.

Martí en vida conoció muchas elocuencias, pero en Dos Ríos, conoció la elocuencia misteriosa de morir en una encrucijada amorosa inentendible de valor supremo.

Por esos paradigmas de la historia la elocuencia sacrificial y solitaria de Dos Ríos, también estará presente, como un signo imborrable, en casi todos los actos amorosos de la vida de José Martí.

Y he aquí el tema central de nuestra ponencia.

No voy a hacer una relación puntual de todos los amores que se cruzaron en vida de José Martí. No sería justo con el tema de la conferencia, pues algunos se cruzaron como el mendigo y la flor, circunstancialmente.

Pero por supuesto aparecerán algunos amores muy exponenciales y precisos, parecidos a las arenas de la playa cuando se alborotan al escuchar el canto de la golondrina.

Aunque es cierto que lo amoroso es consustancial en la vida de José Martí, debemos insistir que lo sustancial está en el misterio del acabamiento, que lo acompañó tanto en Dos Ríos, como en su vida afectiva.

La primera mujer en su vida fue su madre, doña Leonor Pérez. A ella dedicó páginas de ternura excepcional, aunque ella siempre estuvo distante de su vocación patria.

Duro quehacer para un hijo que una madre no entienda sus andares. Desde presidio, ya en 1870, escribe a doña Leonor esta nota confesional:

> «Mírame madre y por tu amor no llores, si esclavo de mi edad y mis doctrinas tu mártir corazón llené de espinas, piensa madre que nacen entre espinas, flores»...

Y en México se produce, tal vez, el amor más apasionado y tormentoso en la vida afectiva de José Martí, cuando conoce a la controversial actriz Rosario de la Peña, una bella y guapa mujer de ojos morenos, mirada gitana y largos cabellos, algo mayor que él en edad, pero atractiva hasta la saciedad y centro de atención y de querer en todos los círculos literarios de México.

Rosario como que representó para Martí el papel de la amante apasionada y la mujer deseada. Su amor de hombre se vuelca en esta mujer plenamente, pero obviamente Martí también tenía otras metas y no obtuvo la consolidación esperada por parte de Rosario.

Cito a Martí:

> «En ti pensaba y puse un punto en mi vida y quise yo soñar que tú eras mía... Rosario, despiérteme usted...

esfuércese... vénzame... yo necesito encontrar en mi vida una explicación... un deseo... un motivo justo... una disculpa noble en mi vida... de cuantas vi... nadie más que usted podría... y hace 4 o 5 días que tengo frío».

«Vénzame» es una palabra poco usada en la obra epistolar y literaria de José Martí, que explica su necesidad de pasión amorosa y su rendimiento ante la belleza de esta cautivadora mujer.

Pero también esta relación, como todas las demás, va a quedar sin acabamiento.

En México conoce Martí a Carmen Zayas Bazán y queda prendado de la belleza de esta linda camagüeyana, de personalidad avasalladora, tiposa, de ojos negros y largos cabellos.

Se inicia un noviazgo entre ambos y Martí confiesa a su amigo Mercado: «Carmen ejerce en mi espíritu una suave influencia fortificante, no es pasión frenética, a menos que en la calma haya frenesí, pero es como atadura y vertimiento...voy lleno de Carmen que es ir lleno de fuerzas».

Viaja Martí a Guatemala en 1877 y comienza a impartir clases. Entre sus alumnas hay una guatemalteca inquieta, altiva y bella, María Granados que queda profundamente enamorada de José Martí.

Regresa Martí a México y decide contraer matrimonio con Carmen Zayas Bazán. Ambos viajan a Guatemala y entonces se produce el inesperado fallecimiento de María Granados, «La Niña de Guatemala».

Y deja Martí su testimonio, casi una confesión indiscreta, al recuerdo de María:

«Quiero a la sombra de un ala, contar este cuento en flor, la Niña de Guatemala, la que murió de amor... Él volvió, volvió casado, ella se murió de amor... dicen que murió de frío, yo sé que murió de amor».

Y me detengo en este punto, como un cruce misterioso de destinos, buscando al menos claridad de amanecer:

El amor sensual y tormentoso con Rosario de la Peña. «Vénzame», le pidió Martí a esta bella mujer. El amor dulce y tierno, casi infantil con la Niña de Guatemala, a la que solo, (según testimonios creíbles), besó en la frente. «Yo sé que murió de amor». Y entre ambos amores el matrimonio con la camagüeyana Carmen Zayas Bazán. Amor suave y sin pasión frenética, pero amor intenso.

En 1878 Martí y Carmen regresan a Cuba. Un año después es detenido Martí por sus actividades revolucionarias y es deportado a España. Carmen queda decepcionada y frustrada. Su ilusión legítima de un esposo hogareño y tranquilo queda atrás como una quimera inalcanzable.

Para Martí la Patria era su destino existencial primario y el hogar tenía que supeditarse a lo sacrificial. Viaja Martí a Nueva York y allí conoce a Manuel Mantilla y a su esposa Carmen Miyares, la venezolana, aunque de linaje medio cubano y medio venezolano.

Los Mantilla le abren a Martí las puertas de su casa.

La distancia de su hijo le inspira y escribe *Ismaelillo*. No le escribe a la princesa madre, sino al hijo: «Para mi príncipe enano se hace una fiesta. Por las mañanas mi pequeñuelo me despertaba con un gran beso»...

En 1982 su esposa con el pequeño hijo viajan al encuentro de Martí en Nueva York. Un nuevo intento de salvar distancias. Pero apenas transcurridos dos años Carmen decide nuevamente la separación y regresa a Cuba.

El Martí de sillón, bata de casa y sandalias de felpa no era posible en una vida sin acabamiento puesta al servicio de la independencia de su patria.

Vuelve Martí a casa de los Mantilla, pero en esta ocasión Carmen Miyares había quedado viuda y vivía con sus hijos, que adoraban a Martí.

Sin lugar a dudas, Carmen Miyares se convierte en el último gran amor de Martí, el cual le brinda una estructura de hogar tranquila y gratificante.

Desde tierra cubana en el año 1895 escribe a María, la hija de Carmen Miyares, su niña adorada:

«Oh María, si me vieras por esos caminos contento y pensando en ti con un cariño más suave, queriendo coger pronto estas flores que crecen».

Y llega Dos Ríos, solitario y evocador. Mucho se ha discutido sobre la muerte de Martí en Dos Ríos; y mucho se seguirá discutiendo, pero su muerte evocará siempre su encrucijada amorosa más sublime.

Su obra y sus amores, como dijo con acierto adelantado Gabriela Mistral: «quedan todos sin acabamiento», al pie de un misterio sacrificial.

Gracias a todos. El terminar esta obra sin acabamiento de José Martí —justa, amorosa y unificadora— queda para el pueblo de Cuba, del cual somos parte.

Miami, 2006

c) Manuel Díaz entrevista a Alberto Muller sobre el libro del Che – Nov. 2014

Como parte del programa Rumbo a la Feria Internacional del Libro de Miami, el escritor, profesor y periodista cubano Alberto Müller presentará su nuevo libro *Che Guevara, valgo más vivo que muerto* (Biblioteca Nueva, 2014), el viernes 14 en el Koubek Center.

No es la primera vez que Muller participa en la Feria; ya se había presentado con su novela «Monólogo con Yolanda» y con «Retos del Periodismo», un resumen de las columnas de opinión que por más de 20 años publicó ininterrumpidamente en el Diario de las Américas. En esta ocasión incursiona en los predios de la investigación periodística al analizar las aventuras guerrilleras del Che, desde Salta y el Congo, hasta sus últimos momentos en Bolivia, cuando muere en el poblado de La Higuera.

En este libro, el autor no solo analiza en detalle las consecuencias de aquel delirante proyecto guerrillero que estaba, desde el principio, condenado al fracaso, sino que se concentra en las circunstancias que rodearon la decisión de Fidel Castro de abandonar al Che a su suerte, al no activar ningún operativo para rescatarlo de la trampa mortal que se cerraba a su alrededor. Así, en la tarde del 8 de octubre de 1967, con su carabina M-1 inutilizada y herido en una pantorrilla, es conminado a rendirse. Es entonces cuando pronuncia la frase que Muller utiliza, parcialmente, en el título de su libro: «No disparen, soy el Che Guevara, y valgo más vivo que muerto».

Su libro no es una biografía del Che al estilo de las de Jon Lee Anderson y Jorge Castañeda, sino una investigación periodística concentrada en el fracaso de los proyectos guerrilleros del Che en Salta, el Congo y, finalmente, en Bolivia.

¿Cómo surgió la idea de escribirlo?

Tuve un gran amigo en la Universidad de La Habana, Octavio de la Concepción Pedraja, «Tavito», que murió junto al Che. Esto me llevó a leer el Diario del Che y otros libros biográficos sobre el Che para escudriñar, con especial profundidad analítica, el final de mi amigo Octavio. Eso estimuló mi extensa investigación periodística.

Las investigaciones históricas requieren siempre de una gran cantidad de fuentes, tales como cartas, diarios y entrevistas. ¿Cuáles fueron las que utilizó?

Las fuentes consultadas fueron muchas. Por eso demoré más de seis años en el trabajo investigativo. Desde Benigno, uno de los más cercanos lugartenientes del Che, hasta Pacho O'Donnell, su biógrafo *argentino, pasando por Anderson, su biógrafo norteamericano, Jorge Castañeda (*La vida en rojo), Abel Posse (Los cuadernos de Praga), Félix Rodríguez y John Weisman (Shadow Warrior), Ricardo Rojo (Mi amigo el Che), Emilio Guedes (La Revolución que no fue), Julia Constenla (La madre del Che) y Orlando Borrego (Che: el camino del fuego). En realidad, fueron más de 50 autores. Pero el documento por excelencia fue su Diario de Bolivia. En el libro también incluyo testimonios de Emilio Guedes, uno de los dirigentes del Movimiento 26 de Julio, y de Armando Fleites, comandante del Segundo Frente del Escambray, con quienes conversé en varias ocasiones.

Después de su derrota en el Congo, el Che no quiere regresar a Cuba y decide que su próximo destino sería Buenos Aires. Sin embargo, termina aceptando la propuesta de La Habana de abrir un frente guerrillero en Bolivia. ¿Por qué cambió de opinión?

En ese preciso momento de su vida, el Che tiene tres grandes diferencias con Fidel. La primera, cuando se entera de la forma despectiva en la que fue tratada su madre por el gobierno de La Habana, en sus últimos contactos con ella. Segunda, el Che se siente un cobarde por haber aceptado, en contra de su voluntad, abandonar la guerrilla congolesa. Y tercera, sus diferencias con la Unión Soviética y con Fidel Castro son más profundas que nunca. A todo esto se suma su obsesión por la guerrilla, que lo lleva a aceptar finalmente su regreso a La Habana para abrir un frente guerrillero en Bolivia, sabiendo que Fidel no autorizaría su idea de ir a la Argentina.

En el libro se afirma que Castro no hizo nada por salvar al Che cuando ya era evidente que todo había fracasado. Según Benigno, uno de los sobrevivientes, había un grupo preparado para rescatar al Che, pero nunca se activó el operativo. ¿Por qué cree que Fidel no dio esa orden?

Todos sus biógrafos coinciden en que Fidel Castro no hizo nada por salvar al Che. Hay que recordar que en aquellos momentos había una gran dependencia de la Unión Soviética. Fidel vivía una especie de grandeza estaliniana y el Che se había convertido en un enemigo irreconciliable para él; y una piedra muy incómoda en el zapato aplastante de la Unión Soviética.

La frase 'Yo soy el Che Guevara y valgo más vivo que muerto', ¿fue pronunciada realmente, o es uno de los muchos mitos que rodean los últimos momentos de su vida?

La frase la relatan sus captores y nadie la ha desmentido. El Che aconsejaba a sus guerrilleros tener siempre una bala en el directo para no dejarse capturar por el enemigo. Sin embargo, en el momento de su captura él tenía su pistola en buenas condiciones y no la accionó. Por lo que se puede interpretar la lógica existencial de que el Che prefirió jugar la carta de la vida y no la de la muerte.

Con la muerte del Che nació su mito y una buena parte de la juventud comenzó a enarbolar su figura en las manifestaciones estudiantiles. En los últimos años, sin embargo, no han dejado de aparecer denuncias sobre los incontables crímenes que cometió en Cuba. ¿Cree que algún día el mundo comprenda que el Che no es el Santo de la Higuera sino el Verdugo de La Cabaña?

El mito revolucionario del Che es un cruce de coincidencias históricas. Su muerte ocurre en la década de la juventud: la revolución sexual, los Beatles, la Primavera de Praga, la Masacre de Tlatelolco, las protesta juveniles en París, Berkeldy y Alemania. Además, los militares bolivianos también dieron alas al mito por la forma en que mataron al Che y le cortaron sus manos. Eso fue un desatino amoral de proporciones inconcebibles que alentaron el mito. No tengo dudas de que con el tiempo el Che tendrá a sus espaldas la memoria histórica negativa de los fusilamientos de La Cabaña y que Fidel Castro pasará a la historia como un alumno aventajado de Stalin por sus crímenes y por la forma en que se deshizo de sus adversarios, incluyendo al Che.

Alberto Müller presenta 'Che Guevara, valgo más vivo que muerto', viernes 14, 8 p.m., Koubek Center del Miami Dade College, 2705 SW 3 St., en el marco de la Feria Internacional del Libro en Miami.

d) Ponencia de Alberto Muller sobre Justicia en la Dictadura castrista. Enero 2, 2004 – Congreso Cultural Cubano en Madrid

Estimados amigos y testigos de este Congreso Internacional de Cultura cubana, patrocinado por la Sociedad Española «Cuba en Transición»:

Se me ha pedido que trate en mi presentación sobre la justicia en la dictadura, los maltratos y las condenas.

Empecemos pues, sin rodeos, a tratar el tema en cuestión.

Fidel Castro repite como un loro locuaz y amaestrado que, en la Cuba a partir de 1959 hasta hoy, nunca se ha torturado a nadie, cuando en realidad la tortura se ha aplicado en la Cuba castrista de forma persistente y tenaz.

Siempre hay que tener cuidado con la pasión exacerbada que se desencadena, cuando se ha sido testigo de excepción y se han padecido abusos denigrantes y tenebrosos, que violan la más elemental norma de la justicia, pisotean la dignidad de la persona humana e intentan escamotear y borrar de la faz de la tierra la validez universal de los derechos humanos.

Pero si de algo vale el testimonio personal por haber sido uno más, entre los tantos, que padecieron las torturas más crueles en las cárceles castristas, les pido perdón por el horror que debo relatar.

La «justicia» en la dictadura, hablamos obviamente de la dictadura de Fidel Castro, pues por la Historia andan otras o han andado otras de rango parecido.

La «justicia» en Cuba, en cualquiera de las variantes que la queramos analizar, está herida de muerte desde los primeros momentos. En la mente del castrismo no hay nicho para la palabra justicia. En términos puros, justicia significa que cada uno en la sociedad tenga el precioso derecho de seguir su propio camino y el de recibir lo que le pertenece dignamente.

E injusticia significa que una parte le roba esos derechos a la otra, así de simple. Y eso es precisamente lo que ha ocurrido en Cuba, que los derechos de todos han sido secuestrados por el gobierno y el sistema que totalitariza a la Isla desde el primero de enero de 1959.

En Cuba, definitivamente algo anda muy mal en términos de justicia, pues las dos terceras parte del pueblo cubano, si se lo permitiesen, abandonaría el país apresuradamente.

En el destierro ya vive más del 10 % de la población cubana. Tengo una cifra reciente muy gráfica, que refleja que unos 400 mil jóvenes se han inscrito en la Sección de Intereses de los Estados Unidos en La Habana para abandonar el país, si se le acreditara una visa y el gobierno les diera el permiso de salida.

¿Qué está ocurriendo en ese país —CUBA—, que la inmensa mayoría de sus ciudadanos quieren huir de él ?

La razón que desencadena esta estampida, en ocasiones casi suicidas, debemos decirlo sin dobleces, es que en la Cuba castrista el mal de la injusticia es raigal, absoluto y casi como empozado a la piel del propio sistema comunista:

Veamos, a modo de ejemplo, algunos hechos muy puntuales y punzantes:

Si pusiéramos el colimador de la cámara en la prisión de Isla de Pinos, para ver algunas escenas de maltratos inconcebibles, puedo asegurarles que el observador quedaría exhausto moralmente.

Si yo les enseñara mi pierna derecha, ustedes verían dos cicatrices de heridas de bayonetas que recibí durante uno de los eventos más sórdidos y criminales del castrismo en sus primeros años: el trabajo forzado en la Prisión de Isla de Pinos.

Recuerdo aquel mediodía soleado, que junto a los prisioneros políticos Emilio Rivero Caro y mi hermano Juan Antonio, fuimos introducidos a la fuerza en la zanja de excrementos de la prisión con el pretexto de que teníamos que limpiarla.

Y me pregunto, ¿cómo es que se puede limpiar una zanja de excrementos, en donde están fluyendo los residuos permanentemente?

Aquello parecía más una escena kafkiana que una escena real de cualquier prisión. Mientras nosotros nos negábamos a limpiar la zanja maldita, los custodios militares nos pegaban a mansalva con sus bayonetas hasta herirnos indiscriminadamente.

Y créanme, este recuerdo de sangre, sol, y golpes, enlodado por los excrementos que corrían y se enredaban a la altura de nuestros tobillos, solo reflejaría una millonésima parte de quienes tuvieron el privilegio inhumano de padecer ese karma intenso de torturas, solamente en este corto período de la Prisión de Isla de Pinos.

Durante este período oscuro y tétrico fue asesinado el joven recluso Ernesto Díaz Madruga de un bayonetazo infernal que le atravesó el recto y le desbarató todo el aparato intestinal, conjuntamente con el hígado.

Además, fueron asesinados por la misma vía de la violencia inusitada, los reclusos Julio Tang, Roberto López Chávez, Eddy Álvarez Molina, Danny Crespo y Paco Pico, entre otros.

Con estos ejemplos solos de torturas bárbaras, bastaría para que un Tribunal Penal de Justicia Internacional enjuiciara a Fidel Castro y a sus acólitos torturadores.

Ahora me vienen a la mente los interrogatorios en las celdas de condenados a muerte en el Castillito del G-2 de Santiago de Cuba, en donde estuve 34 días consecutivos en espera de ser fusilado.

No teníamos noción de las horas, pues las celdas eran oscuras, sin ninguna iluminación. Solo la comida maltrecha y el desayuno de agua caliente con azúcar, nos permitía hacer algunos cálculos del tiempo.

Los interrogatorios eran generalmente de madrugada, en una oficina muy fría, a la que para entrar nos obligaban a la fuerza a quitarnos la ropa, con el objetivo de que el frío intenso nos hiciera temblar.

Díganme si esto no es una tortura sicológica bien sofisticada.

En la noche anterior a que me trasladaran a este centro de terror, en el campamento de Las Mercedes, fui sacado por un pelotón de seis guardias con sus armas largas a un camino angosto cercano a las barracas de los prisioneros

El sargento del pelotón me dijo que tenía la orden de fusilarme. Y me ordenó caminar por el trillo que se iba alejando de las barracas del campamento.

Atrás de mí sentía los pasos de los fusileros y los fusiles preparados para disparar. Recuerdo que en aquel momento me encomendé a Dios, pensé con intensidad en mis padres, en mi hermano, en mis compañeros de luchas, en mi familia, miré al cielo, las estrellas claras eran en esa noche mis únicos acompañantes.

También recé una oración muy simple, que me ayudó a aliviar esa lógica angustia de morir joven: «Dios mío esto es lo que valgo y todo lo he tratado de hacer a tu mayor gloria, me encomiendo a tu amor misericordioso, ayúdame y perdónalos».

No niego que sentí miedo a morir, pero por otra parte esperé la muerte con alegría, con hombría de bien, pues me reconfortaba la idea de reunirme con mis compañeros mártires, ya asesinados en fecha anterior.

Este trance de esperar la muerte habría durado unos 20 minutos. En dos ocasiones me mandaron a no seguir caminando. Y el sargento volvía a repetir que inmediatamente sería ejecutado.

Enseguida pensaba nuevamente que sería el momento de las descargas y del adiós definitivo. Fue una espera tensa, de mucha intensidad emocional. Esperar la muerte, segundo a segundo, no es un trance fácil de asimilar ni de olvidar.

Se nos va la vida solamente recordándolo.

Al final me mandaron a detener. Y se acercaron tres de los fusileros y sentí que me amarraban fuertemente las manos atrás en la espalda con una soga gruesa. Fui entonces metido bruscamente en un vehículo militar y trasladado al Castillito, del cual ya he hecho referencia.

Me pregunto: ¿puede existir una tortura sicológica peor ?

Guardo en mi memoria, como un recuerdo imborrable de soledad, de amor, y de humildad humana esta experiencia del simulacro de fusilamiento.

Al menos, pude demostrarles lo que es un hombre con fe y con entereza. Pero espérense, que faltan horrores peores, pues esto se cuenta y cuesta trabajo creerlo.

Bien podría calificarse este hecho que paso a relatarles, como una de las torturas colectivas más despreciables de la historia de la humanidad. Los cuatro edificios de la prisión de Isla de Pinos fueron dinamitados cada uno con más de 7 mil libras de TNT.

Las paredes subterráneas de los cimientos o de los túneles de cada edificio fueron perforadas en forma triangular, es decir con un sistema de demolición técnicamente implacable, para instalar el TNT.

En la torre central de cada edificio se instalaron mil libras de TNT con el objetivo de que cada torre se convirtiera en una poderosa granada de fragmentación de cuatro pisos de altura, que era la altura de la torre. El equipo militar que hizo toda la instalación fue el Cuerpo de Ingenieros del Ejército Rebelde.

Esta tortura colectiva se puso en práctica en el verano de 1962 y así estuvieron los cuatro edificios por más de un año dinamitados.

Y dando un salto, pues la lista de los horrores sería para no acabar y el tiempo nos impide cubrir todo el horror, permítanme señalar al vuelo las torturas inconcebibles de las celdas tapiadas, de las golpeaduras indiscriminadas a los reclusos, de los largos confinamientos en las celdas solitarias de castigo y los electrochoqies a los prisioneros sin ninguna enfermedad mental en el Hospital de Mazorra, para mencionar algunas de las torturas más bárbaras.

Y más recientemente, la detención el año pasado y la condena posterior a los 75 cubanos disidentes, poetas y periodistas independientes, que provocó la repulsa de intelectuales de la talla de José Saramago, Premio Nobel de Literatura, de Eduardo Galeano, de Carlos Fuentes y de Susan Sontag, entre otros.

Entre estos hombres y mujeres estaban Raúl Rivero y Manuel Vázquez Portal, dos poetas cubanos de reconocimiento internacional. Sencillamente dos poetas, condenados por escribir versos libres. Ese fue realmente el delito.

Pero también estaba Martha Beatriz Roque Cabello, una mujer profesional, frágil de salud, cuyo único delito fue plantear que todos los cubanos se reunieram para discutir pacíficamente el futuro de la nación.

Y casi la mayoría del resto, con algunas excepciones muy honrosas, eran los promotores del Proyecto Varela, quieness recogieron firmas, de acuerdo a la Constitución vigente en Cuba, para llamar a un referéndum soberano, en donde todos los cubanos pudieranxc expresar sus opiniones de futuro.

En ninguno de los expedientes fiscales de estos detenidos se encuentran referencias a la violencia. Todos los condenados habían actuado dentro del espíritu pacifista, a lo Ghandi.

Después de ser condenados a largas condenas, casi en forma maquiavélica, todos han sido enviados a cárceles distante de su familia, como para separarlos de sus seres más queridos y hacer más hondo el sufrimiento.

El común denominador de la «justicia» en la dictadura castrista ha sido aplastar todos los derechos del ciudadano para la supremacía y la estabilidad del poder castrista.

¡Investíguese la historia cubana del castrismo y se comprobará que en muy pocas naciones de nuestro hemisferio americano, los pueblos han tenido que pagar un precio tan alto en vidas y sacrificios, como el que ha padecido y padece nuestro pueblo cubano!

Llegará el día, no tengo la menor duda, en el que un tribunal a lo Nuremberg, juzgará las torturas y los crímenes del castrismo, porque durante el totalitarismo comunista cubano, la justicia ha sido un papel estrujado en la mano asesina de Fidel Castro.

Gracias…

e) Ponencia de Alberto Muller - «Origen ideológico de la Revolución» (Enero 30, 2004 - Congreso Cultural Cubano

Estimados amigos y testigos de este evento cultural cubano, patrocinado por la Sociedad Española, Cuba en Transición:

El tema que nos ocupa es maravilloso, pues siempre queda abierto a la especulación más creadora. Intentaremos pues tomar al toro por los cuernos, como bien repite con gracia sin-igual el refranero popular español.

Realmente entre las ideas que dieron origen a la revolución cubana que derrotara al dictador Fulgencio Batista hay una mezcla variada de aportes disímiles que dieron origen a esa trascendental espiral del destino glorioso de la violencia revolucionaria, dentro del cual tantos se han visto atrapados y del cual algunos aún no han podido salir.

Por supuesto, el aporte más importante de todos hay que investigarlo en la psiquis rara, delincuencial y megalómana de Fidel Castro. Con suficientes fundamentos de Historia verdadera se podría afirmar que los fundamentos ideológicos de la inmensa corriente de revolucionarios que integraron las filas del proceso que, corre desde 1952 hasta 1959 para derrocar a la dictadura de Fulgencio Batista, tenían una concepción ideológica democrática heredada del enciclopedismo francés y del pensamiento positivista y ético del pensador Enrique José Varona, con elementos adicionales más modernos sustraídos del pensamiento social demócrata y del pensamiento demo-cristiano, apoyados todos en el pensamiento ecléctico, liberal y amoroso de José Martí.

Realmente es un arcoíris fácil de distinguir, pues tiene elementos muy comunes desde el punto de vista de la democracia liberal que se desencadena de la división de poderes y que se fundamenta en la libertad.

Pero en el otro núcleo que se agrupaba alrededor del círculo estrecho de colaboradores de Fidel Castro, como su hermano Raúl, Ernesto Guevara, Camilo Cienfuegos y Ramiro Valdés, entre otros, hay que afirmar que la mezcla de ideas jugueteaba con los idearios del anarquismo, del trotskismo y del marxismo-leninismo.

Paralelamente a estos núcleos, debe quedar muy claro, que el principal fundamento de Fidel Castro no eran las ideas, por las cuales no ha sentido nunca mucho respeto, sino la estrategia para la toma y el mantenimiento del poder.

El asalto al poder era la obsesión y la idea medular en la mente de Fidel Castro, independientemente de que su hermano Raúl o el Che Guevara andarán por otros rumbos ideológicos más radicales y definidos.

Inclusive ahora, en el ocaso senil de su vida, la obsesión de Fidel Castro por morir con ese poder absoluto debajo de su almohada, sigue siendo su meta prioritaria. Tampoco quisiera aparecer diciendo, como un radical ultramontano, que en la mente del dictador Fidel Castro no puedan albergarse ciertas ideas, por cierto, en algunos casos muy bien elaboradas en dirección del centralismo más autoritario y cruel.

Pero ya ni siquiera me parece prudente la clásica discusión de si Fidel Castro era o no un comunista convencido antes de 1959. Al menos no actuó como tal. Pienso que ni las ideas de Martí ni las de Marx ni las de Lenin y mucho menos las del enciclopedismo francés, estuvieron realmente en los fundamentos ideológicos de Fidel Castro, si es que tuvo algún pensamiento pasajero en alguna de sus noches de insomnio, que no fuese la toma del poder.

Fidel Castro es un hijo excepcional de San Ignacio de Loyola, pero en el camino y con mucha rapidez, dejó esa maravillosa religiosidad pura del santo y el amor infinito a Dios, para asumir estrictamente su liderazgo duro en cuanto a exigir la disciplina vertical de sus súbditos o seguidores. O sea, Fidel Castro es un jesuita sin Dios, que tiende a ser, —y ha demostrado ser— una ecuación peligrosa.

El poder, la autoridad, la sumisión, el paternalismo y el cacicazgo en el sentido más fundamentalista de la palabra, —afirmaría sin temor profesoral, son las ideas fundamentales en la mente del inspirador y el eje de la revolución castrista.

Por eso revolucionarios de tanto prestigio y respeto por el ser humano, como Humberto Sorí Marín, Mario Chanes de Armas, Gustavo Arcos-Bergnes, Pedro Luis Díaz Lanz, César Páez, Porfirio Ramírez, Húber Matos, Manuel Artime, Eloy Gutiérrez Menoyo, David Salvador, Rolando Cubelas, Carlos Franqui, Ramón Guín y Pedro Luis Boitel, por citar solo un puñado, y cada uno en su tiempo circunstancial, se saltaron a la oposición de Fidel Castro. Y algunos pagaron caras sus vidas en el paredón de fusilamiento o en las cárceles castristas.

Por todo lo anterior es que he querido de exprofeso empezar la secuencia de esta conferencia, de atrás hacia dalante. Ya tenemos nuestra conclusión. Veamos ahora la argumentación: si analizamos con hondura crítica «La Historia Me Absolverá», ese famoso documento de Fidel Castro en el juicio por el ataque al Cuartel Moncada, veremos que es un documento muy similar al programa del famoso movimiento del ABC en 1932, que resulta un documento liberal clásico con promesas de elecciones, limitación de latifundios y alguna que otra nacionalización, al mejor estilo del populismo de democracia representativa que imperaba en los países latinoamericanos.

En el Pacto de México, que Fidel Castro firmara con José Antonio Echeverría en 1956, se consagraba un respeto promisorio al Ejército Constitucional dirigido por los dignos oficiales Barquín y Borbonet, encarcelados unos meses después, ya en 1957. Pero además, en el documento se planteaba el respeto al imperio de la ley, «sin odios mezquinos a nadie».

Qué curiosa esta frase, pues con posterioridad el castrismo ha odiado indiscriminadamente a los que no compartan su visión centralizante y totalitaria del manejo del Estado. Lamentablemente, Echeverría moriría en el heroico ataque al Palacio Presidencial de 1957. Y es sumamente interesante que desde la Sierra Maestra, Fidel Castro acusara la acción heroica del 13 de marzo como «un ataque putchista contra la revolución».

Fíjense con atención que, todo acto que menoscabara en algo el poder de Fidel Castro, era y es inmediatamente desacreditado o combatido por el caudillo. Aquí podríamos detenernos y empezar a recitar hechos históricos de la reacción del dictador Fidel Castro ante acontecimientos que de una u otra forma podrían poner en entredicho o menoscabar su poder.

Su reacción era instantánea y demoledora. No perdía tiempo en hacer trizas al adversario o en provocar que el adversario se sintiera como un guiñapo humano. No olvidemos la crítica pública en los primeros días de 1959 por las armas que el Directorio 13 de marzo poseía con todo su derecho revolucionario, pero que a él le preocupaban.

Mencionemos solo algunos hitos de relevancia, como la condena a Húber Matos, la destitución de Manuel Urrutia, el suicidio del comandante Peña por la absolución de los aviadores, la prisión de Aníbal Escalante y los viejos comunistas de la microfracción, el suicidio de Haydee Santamaría, el fusilamiento del general Ochoa y el resto de los oficiales que lo rodeaban, el fusilamiento y el encarcelamiento de los jimaguas De La Guardia respectivamente.

En fin, no hacen falta más ejemplos. Todos tienen relación con el poder absoluto que Fidel Castro absorbía y buscaba sin piedad alguna. Debemos decir sin dobleces que realmente en 1959 el castrismo dio el poder al comunismo cubano, desprestigiado por sus viejos nexos con el batistato y por su tesis blanda de vía electoral, orientada desde Moscú.

Pero estos viejos dirigentes del comunismo cubano, aglutinados en el Partido Socialista Popular, sí tenían al menos un cuerpo ideológico muy bien instrumentado. Y este comunismo del Partido Socialista Popular, con Blas Roca, Lázaro Peña y Juan Marinello, dio a Fidel Castro la ideología totalitaria, ideal para sus ambiciones vitalicias al más largo de tiempo posible en el poder.

Es casi un enredo mayúsculo entre ideas versus poder, que Fidel Castro resolvió con enorme ligereza, pues el poder era su meta verdadera. Eso que él mismo dijera en su carta a Celia Sánchez en 1958, que su meta era la lucha contra los Estados Unidos, es un mito demagógico.

Su única meta era el poder y no nos extrañe verlo aliado con alguno de los próximos gobiernos de la Casa Blanca, si su deteriorada salud y la crisis económica cubana se agravara aún más. Al menos, ya está colaborando con el FBI en materia de narcotráfico y aceptó con callada y rara disciplina que el gobierno de George W. Bush usara la base de Guantánamo para los presos talibanes.

Permítanme dar un salto a la imaginación, pues ya a nadie en su sano juicio, se le ocurre ser comunista. Las experiencias horribles del estalinismo y el derrumbe estrepitoso del comunismo en Europa del Este y en la Unión Soviética dejan al comunismo en el pasado más bochornoso.

Pero resulta paradójico que la revolución castrista se siga llamando comunista. Entonces nuevamente surge, como un arte de birlibirloque, la mejor carta de Fidel Castro a jugar en la mesa de naipes: el poder. Y es la misma carta que ha jugado desde el primer día.

¿Cómo mantener el poder ante un mundo que repudia los ideales comunistas?

Para él, un hombre sin escrúpulos, es muy fácil. Primero, pedirle a su más acérrimo enemigo, los Estados Unidos, su moneda. Viene entonces la dolarización, que echa por tierra todo el engranaje ideológico del marxismo cubano hacia el sueño guevarista de crear un hombre nuevo. Pero aún más, porque la dolarización crea en el país una sub-división de privilegios y de discriminación nunca antes vista en la historia social de Cuba.

Y esto sustenta el tema que estamos presentando en este Congreso de Cultura Cubana, pues definitivamente en Fidel Castro hay ideas sueltas y las utiliza a su mejor conveniencia para prolongar su poder político. Pero la idea central en la mente del dictador cubano y de su concepción revolucionaria es el asalto y el mantenimiento del poder.

Alfabetizó, nadie duda de sus planes de alfabetización masiva, pero centralizó férreamente la educación para que nadie se atreviera a discrepar de él. Y los que se atrevieron a discrepar, aunque fuese con los métodos pacíficos de Gandhi, como los poetas Raúl Rivero y Manuel Vázquez Portal, como los periodistas independientes, como los patrocinadores del Proyecto Varela y como los tres cubanos de la raza negra que intentaron huir del país, pagaron entonces sus atrevimientos con la prisión o con el paredón de fusilamiento.

Todos los cubanos deben prestar una atención solidaria muy especial a la oposición cubana, que inaugura con las ideas pacifistas del Mahatma Gandhi, una etapa novedosa en la historia cubana, que se aparta de ese destino glorioso, tan dañino, de la violencia revolucionaria.

La disidencia oposicionista cubana está sentando un precedente histórico con su pacifismo oposicionista contra la dictadura de Fidel Castro. Y por eso, todos los cubanos de todas las orillas, sin excepción, tienen el deber de solidarizarse con la disidencia en intramuros.

Cualquier excepción crítica podría considerarse mezquina. Podemos y tenemos el derecho de simpatizar más o menos con las ideas asamblearias de Martha Beatriz, Roque, con las ideas rebeldes indoblegables de Biscet, con el heroísmo sin precedentes de Oswaldo Payá y su Proyecto Varela, con la ética contestataria de Vladimiro Roca o con la concertación evolutiva de Manuel Cuesta Morúa.

Pero lo que no podemos es coincidir con el castrismo en sus deseos de aplastar alguna o todas estas expresiones de libertad. Concluyo, para no alejarme del tema que nos ocupa.

Y termino repitiendo una nota de ese gran cubano, maestro de generaciones y un hombre de dignidad y moral plena en la historia cubana, como Carlos Márquez- Sterling:

«Fidel Castro nunca ha tenido ideología. Si hubiera realizado su revolución en la época de Hitler, se habría declarado nazista».

f) Ponencia.- El Vino: Historia Vieja (1994)

«Ningún poema ha sido escrito
jamás por un bebedor de agua...»
Horacio, poeta romano

Amigos del Instituto Cultural Hispanoamericano:

Agradezco sinceramente la oportunidad de presentar ante esta prestigiosa organización cultural de la Universidad de Miami, esta conferencia, que es casi un recorrido apasionante del vino, como historia vieja a través del quehacer humano.

No se conoce ningún fruto de la tierra comparable a la vid o planta de la uva, que haya producido más placeres, más leyendas inverosímiles y más misterios al ser humano, a través de esta historia vieja que el vino representa.*El vino se elabora a partir del estrujado del fruto y de la fermentación de los azúcares de ese jugo para provocar un cierto nivel de gradación alcohólica y convertirla en una de las bebidas más viejas y abrazadoras de la historia.*»Y vino consumió todo el mundo, «como si fuera agua del río», reza uno de los preciosos versos de *Gilgamesh*, el primer poema de la historia, escrito dos mil años antes de la Era Cristiana, que recomiendo que lo lean para que entiendan hasta donde llegan los confines amorosos y los quehaceres más íntimos del vino.

Desde las referencias griegas más antiguas en el Palacio de Pilos, en donde aparece una diosa sentada junto a una cepa, hasta una cita del historiador Tucídides que aseguraba que «los pueblos del Mediterráneo empezaron a emerger y superar el barbarismo cuando aprendieron a cultivar olivos y ides».

También Hipócrates, el gran maestro de la medicina, usaba el vino —y estamos hablando de nueve siglos antes de Cristo— como desinfectante y como bebida nutritiva.

Como un misterio de la creación, el vino ha acompañado al hombre y a la mujer desde los mismos inicios de la historia y en el ulterior desarrollo de la civilización hasta nuestros días.Si nos detenemos en la poesía, nos encontramos que en el poema sumerio de Gilgamesh, del cual ya hicimos una referencia introductoria en esta conferencia, aparece que cuando Gilgamesh decide unir su vida a la de una mujer, busca a Siduri, la diosa que elaboraba el vino...¡Qué extraordinaria coincidencia que el vínculo de Gilgamesh con la diosa Sirudi fuese a través del vino! Busca a su pareja, a través del vino...

Pero aún más, cuando Gilgamesh quiere tener un amigo para su vida social, sale a las montañas y escoge al salvaje Enkidú, a quien una diosa ramera lo había convertido en ser humano bebiendo vino. O sea que el vino convierte al salvaje Enkidú en ser humano.

Hay referencias hermosas de Homero de las libaciones del vino en el rapto de Helena en La Iliada y en las peripecias de Ulises en La Odisea. Y estamos hablando de nueve siglos antes de Cristo.

Los orígenes de la vid datan de la antigüedad en rastros encontrados en el Paleoceno y el Eoceno —Era Terciaria— que comenzó hace 66 milones de años, pero la utilización de la vid para la elaboración del vino se origina en el VI milenio a.C. en las fértiles y legendarias tierras de la Mesopotámica, lo que serían en la actualidad los países de Irán, Irak y Turquía. Incluso conjuntamente con la costumbre de levantar las copas para saludar la entrada del nuevo año, que data de siglos antes de los griegos y los romanos, existía la costumbre de envejecer y conservar el vino.Un equipo arqueológico dirigido por el profesor norteamericano Patrick McGovern que investiga los orígenes de la viticultura, publicó hace unos años el resultado de unas excavaciones realizadas en la República de Georgia, a orillas del Mar Negro, en donde se han descubierto jarras, vasijas y toneles de vino, cuya antigüedad se remonta a la Edad de Piedra, aproximadamente 6 mil años antes de Cristo.

En otro emplazamiento histórico excavado en la cadena montañosa de Zagros al norte del poblado de Shulavari en Irán, se encontraron vasijas de nueve litros en una cocina neolítica, que data del año 5400 antes de Cristo. En el Valle del Jordán aparecen rastros de vino y cultivo de uvas en el 4000 antes de Cristo. Hay una anécdota por esta época que relata que el Rey Scorpion fue enterrado con 700 jarras de vino importado en el 3150 antes de Cristo. En el Delta del Nilo se encontraron etiquetas de vinos en las ánforas de los faraones alrededor del año 3000 antes de Cristo. En una revelación maravillosa de los orígenes y misterios del vino, fueron encontradas en las paredes de las tumbas de Jaemuwase y de Nabaum en Tebas, año 1450 a.c. unas tallas inscritas, en donde se puede ver a hombres con canastos de mimbre recolectando las uvas y sentados en un banquete con las vasijas de vino en la mesa. Detengámonos por un rato en el culto maravillosa de los Hebreos y en la Revelación salvífica de Cristo y seremos testigos de incidencias misteriosas que vinculan el vino con el desarrollo del ser humano.

Cuando Noé tiene que embarcar por el Diluvio Universal y finalmente llega a la isla Ararat, una vez finalizado el diluvio, nos cuenta el Antiguo Testamento que, lo primero que hizo Noé fue «sembrar la vid y tomarse el vino»[16].

El Libro de los Números nos relata que Moises en Canaán cortó un racimo de uvas. Y los Santos Proverbios nos cuentan: «Demos vino al que tiene el alma llena de amarguras».

A su vez las hijas de Lot comentan entre ellas: «Nuestro padre ya es viejo, démosle vino y acostémonos con él para que sobreviva la raza»[17].

Y si nos detenemos, tal vez, en el testimonio más poético de los libros antico-testamentarios, el Cantar de los Cantares, vemos estos versos de una hermosura única: «Madrugaremos, iremos a las viña, allí te daré mis amores…subiré a la palmera y cogeré de sus frutos…para que sean para mi tus senos como racimos de uvas»[18].

Algunos estudiosos del Talmud y de la Biblia afirman que Siria, parte del antiguo Oriente Próximo, era el país por excelencia del vino, en virtud de su clima fresco en invierno y caluroso en el verano. Y volvemos al maravilloso poema de Gilgamesh, que obsesionado por encontrar el secreto de la vida eterna se encuentra en su camino, junto al jardín de los dioses, con Siduri, la mujer de la vid, su mujer que le dice: «...a donde vas Gilgamesh con tanta prisa... llena tú estómago con buenos manjares y baila...ponte ropa fresca, ama al niño que te da la mano y haz felíz a tu esposa al abrazarla...porque éste es también el destino del hombre...»[19].

[16] Genesis VII.

[17] Génesis XIX.

[18] Cantar de los Cantares VII.

[19] Texto del poema de Gilgamesh.

Con posterioridad el fervor popular por los dioses Dionisio en Grecia y Baco en Roma demostró con lucidez que el culto al vino fomentaba esa vieja leyenda de que, el jugo de la uva fermentada era la bebida preferida entre los ángeles y los dioses. En el Museo Británico se encuentra una bellísima estatua del dios Baco —150 años después de Cristo— con una personificación de la vid a su lado. El dios Baco era considerado por los romanos como el dios de la fertilidad en los campos.

En su primer milagro durante las bodas de Canná dice María, su madre, a Jesús: «No tienen vino»...Entonces Jesús dice a María: «Aún no ha llegado mi hora, pero llenad de agua las hidrias de piedra».Y el agua se convirtió en vino en lo que se considera el primer milagro de la historia salvífica de los evangelios. Pero en otra referencia bíbilica menos misteriosa y más mundana, San Pablo, ese gran apóstol de la cristiandad le escribe a Timoteo y le dice: «Timoteo, me he enterado de tus malezas de estómago, y te recomiendo que en las comidas dejes de tomar agua y tomes vino». Entonces llega un momento cumbre de la historia, surge JESUS, dios en andaduras limpias, redentor de pueblos, libertador de pecadores, alfa y omega de ese misterioso tiempo salvífico que no descansa, profeta del amor y del perdón. Jesús convoca la última cena y es entonces cuando regala la presencia de su cuerpo y de su sangre por intermedio del pan —levadura fresca— y del vino consagrado —manantial misterioso de amor—.»Bebed todos de este vino, porque esta es la sangre de la nueva alianza, que será derramada por todos para el perdón de los pecados»...Y ahí deja el misterio de su presencia de por siempre.A pesar de que existen alrededor de 24,000 variedades diferentes del género «vites» o vid, sólo nueve entre ellas son capaces de producir vino. Y la más universal y conocida entre todas es la «Vitis Vinifera», autóctona de Eurasia que, tiene a su vez la propiedad de mutar con facilidad bajo condiciones climatológicas diversas. Y saltamos, pues el tiempo nos exige límites de paciencia, a la Paradoja Francesa, que no es más que la famosa investigación en la década de 1980 en Francia, donde se descubre que, el vino tinto tomado con moderación, es bueno para controlar el colesterol y para regular el corazón.

Concluyo con el mismo verso introductorio: «Y vino consumió todo el mundo, como si fuera agua del río».

Muchas gracias.

2) CARTAS: ENVIADAS

a) Carta a John F. Kennedy (desde la clandestinidad) / «La Habana, Enero 24 de 1961

Excmo. Sr. John F. Kennedy
*Presidente de los Estados Unidos de América*Casa Blanca, Washington D.C.

Señor Presidente:

En la larga historia del mundo solamente a unas pocas generaciones les ha sido concedido el papel de defender la libertad en sus horas de máximo peligro'.

Una de estas horas de máximo peligro es la hora actual de Cuba y de América.

Por eso, nosotros los estudiantes que hoy luchamos en Cuba contra la opresión y el totalitarismo, los estudiantes que hemos empeñado nuestras vidas en 'el papel de defender la libertad' y que por haberlo hecho en dos ocasiones en un plazo menor de cuatro años tenemos vividas experiencias intensas y únicas, hemos creído conveniente dirigirnos, desde nuestro lugar de perseguidos en Cuba, a Vuestra Excelencia, así como al presidente electo de Estados Unidos del Brasil, Excelentísimo Señor Janio Quadros, representantes de una 'generación a la que también le ha correspondido el papel de defender la libertad', a fin de plantearles, franca y respetuosamente nuestra opinion con respecto a la situación de Cuba y América.

Como Vuestra Excelencia conoce, problemas de orden muy diverso se conjugan para provocar en nuestros pueblos latinoamericanos, un estado especial que desde hace mucho tiempo comenzó a ser explosivo:

La deficiente estructuración agraria, la débil industrialización, la carencia de una integración internacional proveedora de mercados, la escasa planeación económica, la regulación deficiente de la inversion extranjera: en lo económico.

El estado ya crónico del déficit alimentario, de carencias de viviendas e higiene para un por ciento apreciable de nuestra población, la organización poco desarrollada de nuestra sociedad, donde minorías privilegiadas 'coexisten pacíficamente' por ahora con mayorías deposeídas, el acentuado incremento poblacional, la integración racial aún deficiente, el grave problema eduacional: en lo social.

La existencia de dictaduras o democracias meramente formales, la excesiva influencia de castas militares, la escasa representatividad de la prensa: en lo político.

La poca integración latinoamericana, la debilidad internacional, el colonialismo apenas disfrazado que aún subsiste en algunas regiones: en lo internacional, son solamente algunos de estos problemas.

Esta, Señor Presidente, agravada aún más por las lacras que necesariamente conllevan una tiranía, era la situación de Cuba antes del primero de enero de mil novecientos cincuenta y nueve.

Con ella comenzó el largo martirio de nuestra generación. Muchas veces, sin más armas que los puños o las piedras, los estudiantes cubanos nos lanzamos a la lucha conjuntamente con otros grupos representantes de las más diversas tendencias sociales y políticas. Para algunos de estos grupos la meta era únicamente el derrocamiento del gobierno y el restablecimiento del 'status quo' tradicional. Para nosotros, por el contrario, aquello no era más que el primer paso hacia la transformación de la que tan necesitado está el país.

Queríamos un desarrollo de lo económico vertebrado por la mentalidad de que era necesario poner la economía al servicio del hombre. Y esto no sería realidad sin un planteamiento económico, respetuoso de la economía privada, pero controlador de la misma; sin una regulación de la inversión extranjera capaz de hacerla verdaderamente útil para nuestro país; sin una reforma agraria, que transfiriera la balanza del poder rural a las auténticas clases campesinas y las hiciera solidarias del proceso de desarrollo; sin una reforma empresarial con el genuino espíritu comunitario; sin una firme política de industrialización junto con la búsqueda incesante de la diversificación de la producción y de marcados nuevos y mayores.

Queríamos un desarrollo de lo social: una maduración del pensamiento nacional lograble únicamente si las grandes mayorías se hacían conscientes de los fines pretendidos, a través de un proceso de libre confrontación y evaluación de las ideas; una integración plena de la sociedad se iría produciendo espontáneamente con las transformaciones agrarias, con la evaluación de los niveles de vida, con el incremento de la instrucción pública, con la erradicación de todo tipo de discriminación, con la proliferación de organismos sociales intermedios.

Queríamos un desarrollo de lo político, el acceso al poder de generaciones nuevas, compenetradas con las aspiraciones más profundas del pueblo, dispuestas a no dejarse tentar por el burocratismo y el aislamiento.

Queríamos un desarrollo de nuestra mentalidad internacional, que nos hiciera conscientes de la igualdad de nuestros problemas y aspiraciones con los problemas y aspiraciones de la inmensa mayoría de los países subdesarrollados y que por tanto independizara nuestra política del estrecho concepto de bloque para organizarlo sobre el concepto del mundo pero que nos hiciera conscientes también de la primera integración por lograr, la más necesaria para nosotros: la que nos demandaba nuestro deber de ser portadores del mensaje de la cultura occidental y cristiana era de la integración latinoamericana.

Por conseguir todo esto el estudiantado estuvo dispuesto a luchar y a morir. Por conseguirlo, se inmoló el 13 de Marzo de 1957, 'confiando que la pureza de nuestras intenciones obtuviera el favor de Dios para lograr el triunfo de la justicia en nuestra Patria', José Antonio Echeverría, el líder más puro en la historia del estudiantado cubano.

Durante todo este tiempo, Señor Presidente, no vimos en el gobierno de su país, más que la disposición de convivir con los sectores más reaccionarios del nuestro, el apoyo económico al tirano bajo el pretexto de que retirarlo era un tipo de intervención, el suministro de armas al ejército que luchaba contra el pueblo, la aceptación conforme del voto envilecido de los representantes cubanos en organismos internacionales, el silencio en oportunidades adecuadas para denunciar el régimen criminal, la felicitación al Dictador por un oficial de la Marina de vuestro país, la presencia de embajadores de vuesto país ciegos a la realidad cubana, preocupados únicamente por la defensa de intereses americanos. En muy raras ocasiones vimos, y es con dolor que lo manifestamos, la defensa de los principios justos por los cuales luchamos y por los cuales sabíamos que el pueblo americano, por formación y tradición, tenía que estar de acuerdo.

Pero la fuerza de los ideales pudo más que la represión y el primero de Enero de 1959 el estudiantado y el pueblo recibíamos con euforia el triunfo.

Por todo lo anterior, por lo grande de nuestras necesidades, por lo enorme del sacrificio realizado, por la pureza de los ideales empeñados, por el convencimiento de la necesidad del esfuerzo individual y colectivo en las tarea de la edificación de la Patria nueva, el estudiantado estuvo dispuesto a ver con calma como surgían, tras un periodo intachable, las primeras contradicciones del proceso revolucionario por nuestros principios y aspiraciones. Por eso estuvimos dispuestos a mantener nuestro apoyo activo a la obra revolucionaria en momentos en que se actuaba contrariamente a nuestro pensamiento, pero en los que la revolución aún no estaba definitivamente perdida.

Después llegó el momento en el que ninguna razón, pudo justificar el olvido de los principios y el estudiantado optó por la tesis de la defensa abierta y pública de los mismos. Pero el gobierno no estaba en disposición de permitir la más mínima discrepancia.

Aún nos quedaba, antes del rompimiento definitivo, otra posición que adoptar: la de la espera callada, la del aislamiento de la cosa pública por voluntad propia. También esta posición la agotamos, esperando una rectificación que ya no vendría, no queriendo resignarnos a la idea de que los principios por los que se había luchado habían sido traicionados, de que se había mistificado todo lo prometido, de que el colosal esfuerzo revolucionario se encaminaba fatalmente al totalitarismo, de que se olvidaba la razón por la que había derramado su sangre la juventud y el pueblo de Cuba.

Se había tomado, de modo irremediable la decisión de buscar en ideologías extrañas a nuestra formación cultural y política, el remedio a nuestros males.

'Sin democracia económica y social no puede hablarse de democracia política', había repetido acertadamente el Dr. Fidel Castro en los primeros meses de su gobierno. Pero ahora la frase era el pretexto para acometer el más grande proceso de socialización llevado a cabo en América, y uno de los más fáciles y rápido llevados a cabo en el mundo entero.

Medidas justas y medidas injustas serían englobadas dentro del plan de 'democratización económica y social', plan cuya verdadera finalidad no era otra que el de poner en manos del estado todos los recursos del país y para que así, poniendo en manos del gobierno los resortes más importantes para el control absoluto de la libertad de los hombres pudiera forzárseles a emprender la tarea del desarrollo compulsorio e inhumano, la búsqueda de los derechos, sin derechos.

En el futuro, en el día de hoy y más y más a medida que el tiempo pasa y no se evite, la libertad estará anulada de modo completo en nuestra patria.

El control de toda la economía por el Estado, realizado a través de un calculado proceso en el que cada paso tendria una explicación aceptable nacional e internacionalmente: confiscación total de bienes a los personeros del régimen tiránico de Batista; confiscación empleada como arma contra delitos políticos; intervenciones estatales en la administración de industrias y comercios, decretadas a veces sin razones adecuadas, de modo temporal en teoría pero definitiva en la práctica: nacionalización de los grandes monopolios extranjeros, medida correcta en sí misma, y nacionalización posterior de la banca, el subsuelo, la industria azucarera y toda la gran industria y comercio para 'ponerla al servicio del pueblo'; eliminación progresiva de la pequeña industria y comercio privados; empleo de la reforma agraria para establecer un férreo sistema de control de la propiedad agraria, del comercio y la producción, para la nacionalización de las tierras, para cooperativización forzosa y el adoctrinamiento del campesino; empleo de la reforma urbana, bajo el pretexto de 'hacer de cada inquilino un propietario' para dar el primer paso hacia la socialización de la vivienda; empleo del control absoluto del comercio exterior, cerrando cada más el cerco económico a los cubanos haciéndoles cada vez económicamente más dependientes del Estado y haciéndoles por tanto evidente la alternativa totalitaria de someterse o perecer.

El control de los sindicatos obreros, realizados mediante la depuración 'por traidores a la Patria' de todos los dirigentes legalmente electos en el proceso electoral sindical de 1959 que no se plegaron a las pretensiones del gobierno —depuración esta realizada en asambleas minoritarias, por votación 'pública y unánime'—: el nombramiento posterior de directivas comunitarias; el control comunista del Ministerio del Trabajo; el empleo de la Ley de Trabajo para hacer depender el empleo del propio Ministerio; el adoctrinamiento en los sindicatos; el establecimiento de las milicias de modo libre en teoría y obligatoria en la práctica; la creación de los «comité de vigilancia revolucionaria» en industrias y comercios -con objeto de delatar todo supuesto delito contra la revolución-cerraría el cerco a los obreros, privándolos de su órgano de defensa de derechos y dejándoles a merced de ese mismo sindicato convertido ahora en el órgano estatal para el control del proletariado.

El control de los colegios profesionales, realizado por la depuración de las directivas democráticamente electas acusadas de actitudes contra la revolución, en asambleas minoritarias posteriores de directivas no representativas y sometidas, privó a las clases profesionales de su órgano de defensa y expresión clasista, sometiéndolas al control de ese mismo órgano convertido en instrumento estatal.

El control del orden jurídico –realizado en teoría al aprobarse que la Ley Fundemental de la República podría ser alterada por las dos terceras partes del Consejo de Ministros y realizado en la práctica cada vez que el gobierno decidiera hacer algo que estuviera en contra de un precepto establecido en la propia Ley Fundamental- aclararía sin margen a duda que en Cuba no había más ley que la voluntad todopoderosa del gobierno.

El control del Poder Judicial -que comenzó con la depuración por decreto gubernamental de trece magistrados incluyendo el presidente del Tribunal Supremo de la República por actitudes «contrarrevolucionarias» y pro imperialistas y que continuaría con la depuración de todos aquellos magistrados y jueces que no comulgaran con las ideas políticas del gobierno- aclararía que en Cuba la justicia no era más que la venganza parcial de un gobierno absoluto, administrada por servidores incondicionales de éste.

El control de la educación, realizado a través de una meticulosa campaña propagandística; de una ley de reforma de la enseñanza con visos totalitarios; de la presencia de un comunista como director nacional de educación; de la implantación del adoctrinamiento disfrazado en las escuelas públicas; del ataque directo e indirecto a la enseñanza privada; del uso de textos deformados; de la alfabetización por cartillas políticas; del control y adoctrinamiento de los organismos magisteriales a fin de capacitarlos para poder impartir «la nueva educación»; la depuración magisterial por motivos políticos; la violación de la autonomía universitaria; la constitución de una comisión interuniversitaria en la cual representantes oficiales tienen la autoridad para decidir asuntos internos de los centros de alta docencia; la expulsión de casi todos los profesores de varias facultades de la Universidad de La Habana y de otras; de la existencia de organismos estudiantiles carentes de representatividad, cerraría el cerco a los cubanos en el aspecto intelectual, sometiendo la inteligencia a una educación parcial de tipo marxista y violando así uno de los derechos básicos del hombre.

El control de la prensa, realizado a través de la incautación de los periódicos, revistas, estaciones de radio y televisión, y su entrega al servicio de la propaganda y la agitación oficial, estableciéndose el sistema de la noticia «interpretada», de la información incompleta o tergiversada; del elogio desmedido al mundo socialista, de la ausencia de crítica; de la creación de la Imprenta Nacional de Cuba dedicada a poner «al alcance del pueblo» una enorme cantidad de literatura de orientación marxista -haría imposible conocer de modo no clandestino otra opinión que no fuera la del Estado, y haría muy difícil para las clases no preparadas el no acabar juzgando y pensando de acuerdo con el patrón oficial.

El control del arte, estableciéndolo a través de las direcciones de cultura, limitando así la variedad de los espectáculos a persenciar a aquellos de posibles aprovechamiento estatal; prohibiendo la exhibición de determinadas películas por «deformar la mentalidad del pueblo»; estableciéndose patronos de creación, todo lo cual limitaría la libertad de expresión artística del pueblo.

El control de la política, realizado a base de convencer al pueblo de que era mejor no celebrar elecciones «hasta tanto no se hubiera erradicado el analfabetismo y la miseria»; la implantación de la tesis de confrontación de la opinión del pueblo através de «asambleas generales nacionales del pueblo de Cuba»; de la elevación del líder a la categoría de superhombre; de la depuración del Consejo de Ministros incial, depuración esta que incluyó a casi todo este Consejo y al Primer Presidente de la República en la época revolucionaria; la propaganda de condenación al régimen de partidos políticos por ser «un arma del imperialismo para dividir a los pueblos» y la anulación de todos, con excepción del comunista, coartó el más importante de los derechos ciudadanos, al tiempo que deformaba de modo consciente en la mentalidad popular, el concepto de democracia.

El control de organizaciones de «fachada», realizado a través de la Asociación de Jóvenes Rebeldes, de la Federación de Mujeres Cubanas, y de otras asociaciones de dirigencias no representativas ni legalmente electas, dependientes de organizaciones internacionales comunistas como la Federación Mundial de la Juventud Democrática, canalizaría la participación cívica de distintos sectores de nuestro pueblo a través de organizaciones totalmente controladas.

El control de la religión, pretendido a través de la restricción de la actividad pastoral de los Obispos Católicos; de los desórdenes provocados en templos; de la clausura de todos los programas católicos de radio y televisión; de la acusación indiscriminada de «falangismo y proimperialismo» a todo representante eclesiástico que manifestara principios cristianos opuestos a los acontecimientos; del intento de división entre diversas confesiones religiosas; del establecimiento de organizaciones auto-tituladas católicas que promueven la desobediencia de los Obispos; de la situación de las alusiones a la necesidad de la creación de una Iglesia Católica Nacional, encaminada a hacer aparecerá la religión como contraria a la promoción de las clases débiles y a ponerla por de pronto bajo control del Estado.

El control de la política internacional, realizado por la ocupación de los cargos rectores por individuos comunistas o filocomunistas; por la depuración del cuerpo diplomático por motivos políticos; por la conversión de las embajadas cubanas en centros de propaganda y subversión de extrema izquierda; por la entrega económica y política al bloque socialista; por la insistencia en el rompimiento del bloque latinoamericano lo que dejaría a Cuba sostenida y dependiente de la política internacional comunista.

El control del terror -realizado através de la creación de más cuerpos de represión política de los que tenía la tiranía de Batista; de la asimilación del anti-comuismo a contrarrevolución; de la anulación del derecho Habeas Corpus; de la instauración de tribunales de excepción para juzgar delitos contrarrevolucionarios; de la organización de toda una red de espionaje en la que se ha aconsejado al pueblo a participar, que incluye la creación de «comités de vigilancia revolucionaria» en industrias y comercios y de «comités de defensa de la revolución», ciudad por ciudad, manzana por manzana; de la promulgación de leyes contra delitos contra la revolución que hacen desproporcionada la magnitud de la pena al delito cometido; el restablecimiento de los juicios sumarísimos y de la pena de muerte por delitos políticos; la reanudación de las ejecuciones efectuadas sin anuncio previo en la prensa y muy pocas horas después de denegada las apelaciones ante tribunales militares -cerraría de modo completo el cerco implantado y crearía la violación definitiva de la libertad para aquellos que hubiesen conseguido pasar por todos los filtros anteriores.

Contra todo esto Señor Presidente, estamos de nuevo en lucha. Si antes luchamos por implantar unos principios, ahora luchamos contra un régimen que los niega y por implantarlos en un futuro. Nuestra orientación ideológica no ha variado. Queremos lo mismo. Los sufrimientos y las penalidades no nos han hecho cambiar.

Nos ha tocado a nosotros el más alto de los destinos: el de «quemar» nuestros años mejores en la lucha heroica por la libertad y el avance de nuestra patria, el de mantener erquidos los principios e impedir que nos los adulteren o nos los tramiten.

Pelearemos solos si es necesario. Con la ayuda generosa de quienes así lo deseen. Pero sabiendo que ésta es una causa que depende de modo principal de Cuba y de los cubanos.

La patria nos deberá mucho. América Latina también. Salvando a Cuba salvaremos a América. Los más puros principios de nuestra civilización, el principio de que «en definitiva los derechos del hombre no provienen de ningún Estado sino de Dios» están en juego, y somos nosotros los destinados a dar la batalla. Su suerte en Cuba, su futuro en América dependerá del «coraje», de la sangre y de la muerte de los jóvenes de Cuba que hayan sabido decir presente en esta lucha de nuestra patria.

Y somos nosotros, Señor Presidente, los que nos dirigimos a Vuestra Excelencia, desde nuestra Cuba oprimida, con la fuerza moral que nos da el estar librando una lucha trascendente, con la entereza de no haber bajado jamás la cabeza ante nadie más que ante Dios, para expresarle con todo respeto que la situación de Cuba puede muy pronto ser la situación de América Latina, que los destinos del mundo están en juego y que por tanto todos debemos iniciar el más grande movimiento de volver sobre nuestras posiciones, de revisarlas todas y de rectificarlas si es necesario antes de que sea demasiado tarde.

En esta tarea los Estados Unidos de América tienen un papel principal que cumplir, Si las Naciones de América Latina, si Cuba, deben buscarse por mano propia una solución moral, la posición de los Estados Unidos los pone en la obligación de cooperar en esa solución.

Y eso solamente será cierto, si los gobernantes de Estados Unidos comprenden que no existen «remedios rápidos y fáciles contra el comunismo», que su política exterior no debe estar basada en concepciones negativas, «en cerrar el paso a las cosas malas antes de hacer cosas buenas», ni en «dar prioridad a las soluciones militares antes que a las soluciones económicas y sociales». Si los gobernantes de Estados Unidos comprenden que estas formas de política hacen caer rápidamente en cuenta a los pueblos que la ayuda que se las da no proviene de la obligación moral de la misma, ni de sus propias necesidades sino de objetivos particulares foráneos; si los gobernantes de los Estados Unidos comprenden que su tarea es la de asociarse amigablemente a todos los pueblos respetándoles en sus más justas aspiraciones, y con el mayor deseo de civilización posible, y no asociarlos a ellos a cruzadas por objetivos que carecen, para ellos de auténtica espiritualidad.

La parte que les corresponde a los Estados Unidos para impedir que el comunismo disfrazado de fidelismo llegue a ser la expresión del sentimiento revolucionario presente en América Latina ante la situación injusta de atraso y miseria, para impedir «que la Coordillera de los Andes se convierta en la Sierra Maestra del continente Americano» es ser capaces de comprender que lo que hasta hoy se ha llamado «panamericanismo» no ha sido más que una larga cadena de sueños no realizados, de propósitos abandonados, de decepciones y frustraciones, de imposiciones, y de desconocimientos de las más legítimas aspiraciones de los pueblos y que comienza a ser una palabra vacía para las juventudes de América Latina que no vemos como la reciprocidad por su ayuda a la defensa de los principios occidentales de libertad y justicia, pueda hacer la insensibilidad frente al mantenimiento de condiciones que impiden la efectiva vigencia de la libertad y la justicia en sus países.

Y únicamente el panamericanismo tendrá sentido si se logra una reestructuración del Sistema Interamericano -como decían los estudiantes chilenos en carta a su predecesor- sobre bases de absoluta igualdad y reciprocidad, en busca de una verdadera promoción democrática y un desarrollo o integración económica latinoamericana.

Por último, Señor Presidente, queremos manifestarle nuestra esperanza de quién como Vuestra Excelencia supo defender la libertad con riesgo de su vida durante la pasada Guerra Mundial, quién como Vuestra Excelencia tuvo durante su campaña electoral la sinceridad de decir «que los Estados Unidos perderían prestigio en el Mundo» y que «el objetivo de la política exterior americana tenía que ser algo muy distinto al mantenimiento de la actual situación mundial»; quien como Vuestra Excelencia declaró en su discurso de toma de posesión que era misión de los Estados Unidos el «ayudar a los pueblos a ayudarse ellos mismos», sea en su actuación omo Presidente de los norteamericanos, digno sucesor de quien hace ya tantos años, hablando en Gettysburg frente a las tumbas de los que «habían dado sus vidas para que la Nación pudiera vivir», decidió que aquellos caídos «o habían muerto en vano» y que «el gobierno del pueblo, por el pueblo y para el pueblo» no desaparecería jamás de la tierra.

Aprovechando esta oportunidad para reiterar a Vuestra Excelencia el testimonio de nuestra más alta consideración.

Por el Ejecutivo Nacional del Directorio Revolucionario Estudiantil.

Alberto Muller [20]

b) Carta desde los Comandos Rurales a la familia. Marzo 01, 1959

«Queridos tíos, tías, primos y sobrinos:

Antes que nada, extrañándolos mucho y pensando constantemente en ustedes. Dios quiera que todos anden bien. Yo por aquí pasando un

[20] (Esta carta fue elaborada por una comisión de miembros del DRE en la clandestinidad que integraron Luis Boza, Juan Manuel Salvat, Eduardo Muñiz, Luis Fernández-Rocha y Alberto Muller)

poco de trabajo, pero muy contento. Ya Mami les habrá contado. Las caminatas son interminables, por las mañanas le damos clases a más de 70 niños; por la tarde nos ocupamos de visitar a los guajiros para instruirlos en higiene y por la noche le damos clases a los mayores.

Quiero mandarle un beso a Madrina, a Patricia y un saludo para Pedro. No les he escrito, porque en realidad no me acuerdo de la dirección.

Les estoy escribiendo ahora, mientras los niños están en recreo, todos están contentísimos con nosotros.

Muchos besos para mis sobrinas, para tía Ana, para tía Teresa, un saludo a Carlitos y a Margot, y un abrazo para Ectoré y Graciela.

Me despido aquí de ustedes, esperando recibir respuesta.

Alberto

c) Carta a mi hijo Ernesto al mes de nacido. (Marzo 28, 1975)

Hijo mío:

Regreso del frente con mi uniforme de guerrillero desteñido. Esta ha sido una guerra larga, de disparos cortos y de muerte arrogante. Regreso victorioso porque he logrado que la guerra no destruya mi sonrisa ni la transparencia de mis pupilas.

Algún día hablaremos con calma de este regreso que tanto ha golpeado mis adentros.

En todos los regresos se siente un mínimo de tristeza vital. Y es que siempre algo nuestro queda atrás.

Pero ya este regreso es para mí todo un cúmulo de pasos y esperanzas. Siento la frente fresca, aunque el pleno sol me ha calentado a borbotones. En mis labios hay un poco de dulzor de piña. Mis manos huelen a esa alcohol de madrugada que despierta y no encadena.

Pienso en ti. Y eso implica que haga un alto en la marcha y te escriba mi primera carta.

Tu mereces estar en mi pulso –pensamiento— y descanso. Tú eres hueso y carne de mi sudor libre.

Hoy cumples un mes de ser. Y si no pudiese estar a tu lado, por esos caprichos de tiempo y espacio, al menos tu Madre te leerá estás líneas.

El domingo ella estuvo conmigo una horas. Está lindota. Con sus senos en marea alta. Cargados de leche limpia y pan maduro.

Me habló mucho de ti, de tus reclamos y parecidos.

Empieza a cuidarla que ella es Mujer de piel naranja y mirar de primavera.

Sé que te portas bien y eso alivia mi cansancio.

Te veré muy pronto.

Un beso en la frente y mi primer estrechón de manos.

Cuando creas...ama.

Si cambias de creencia...ama doblemente.

Y si algún día, porque te hicimos nacer libre, creyeras en muy pocas cosas...entonces ama siempre.

Te quiere

Tu Padre

d) Carta a Tensy desde unos Ejercicios Espirituales. Febrero 1, 1997

Mi querida Tensy:

La noche de este sábado casi se ha hecho para ti. Las estrellas y el mar hacen una conjunción de belleza inquieta que me muestra tu rostro en plenitud.

En el silencio reflexivo y rectificador de estos dos días, tú has sido un eco de intensos compromiso de esperanzas. Me he sentido muy de cerca de Dios. Por eso me he sentido inmensamente tranquilo. He visto algunas cosas de mi vida en forma muy clara y convincente:

La primera de ellas es que Dios me quiere vivo. No hay duda de que después de tantos riesgos y peligros sorteados, es casi un milagro que no haya muerto en el camino como otros amigos.

La segunda, aunque parezca un encuentro tardío, no hay duda de que Dios me quiere contigo. Y esto me obliga alegremente a compartir los propósitos de estos ejercicios espirituales contigo. Por lo tanto el propósito más importante es que busquemos juntos qué quiere Dios de nosotros. Cómo servirle en la mayor sencillez. Pienso que si desciframos este misterio de vida, seremos mucho más felices de lo que somos.

Te quiero con todas las fuerzas de mi vida. Te adoro

Alberto

d) Carta a Wayne Smith - Departamento de Estado

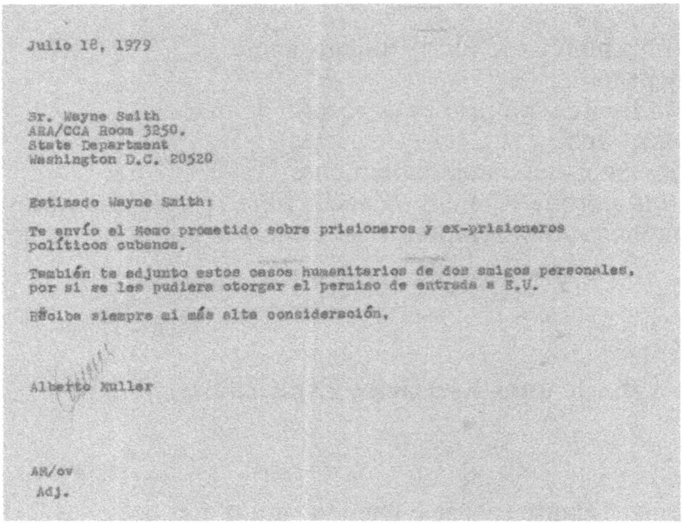

Julio 18, 1979

Sr. Wayne Smith
ARA/CCA Room 3250,
State Department
Washington D.C. 20520

Estimado Wayne Smith:

Te envío el Memo prometido sobre prisioneros y ex-prisioneros políticos cubanos.

También te adjunto estos casos humanitarios de dos amigos personales, por si se les pudiera otorgar el permiso de entrada a E.U.

Reciba siempre mi más alta consideración,

Alberto Muller

AM/ov
Adj.

e) Carta a Harry Brandon – FBI

Julio 18, 1979

Mr. Harry Brandon
FBI Bldg.
Washington DC 20535

Estimado Harry:

Te envío el Memo prometido sobre prisioneros y exprisioneros políticos cubanos.

También te adjunto estos casos humanitario por si en algún momento se le pudiera resolver la visa de entrada en Estados Unidos.

Sinceramente

Alberto Muller

f) Carta a Elena Mederos

Julio 18, 1979

Dra. Elena Mederos
Human Rights
Georgetown University
Box 648, East Campus
Washington, DC 20057

Estimada doctora Elena Mederos:

Primeramente recibe el testimonio de mi gratitud.

Le envío el Memo prometido.

Enteramente a sus servicios.

Alberto Muller

2) CARTAS: RECIBIDAS

a) Mons. Alfredo Muller, Obispo de Cienfuegos (1990) Obispado de Cienfuegos, Mayo 20, 1990

Mi querido Alberto:

No pienses que me he olvidado de ti, de quien recibo tantas muestras de cariño como ningún otro de la familia. No olvidaré nunca la convivencia familiar en casa de Lourdes, resultó tan llena de cariño, adhesión como de emoción, que como sabes me hizo llorar y nos hizo recordar tantos momentos de nuestras vidas.

No conocía a tu media naranja, me hizo muy buena impresión, hazla feliz. El escudo de esta página es mi escudo episcopal, cópialo, el lema en latín es «Unde hoc mihi», (De donde a mí).

Cuando salí de Cuba para esa llevé el diploma de la Academia de Ciencias de Cuba en el que se me otorga el título de Capellán de Honor. Se me olvidó en casa de Carlos, si me lo puedes recobrar te lo agradeceré. Yo no me acordaba que era miembro de dicha academia.

Bien Alberto con abrazos para Mami y todos los hermanos y sobrinos. Un recuerdo para Roberto Suárez del Nuevo Herald. Dile que su artículo gustó mucho aquí.

Cuando puedas date una vueltecita.

Alfredo, que te bendice lo mismo que a Ernesto y Yolanda

b) Fernando Azcárate S.J. (1979)

Parroquia de Monserrate, La Habana, diciembre 30 de 1979

Mi querido Alberto:

He sabido que estás bien, aunque no sé bien dónde estás. Aprovecho la oportunidad para felicitarlos a Uds. Y saludar por medio de Uds, a todos los conocidos, desde Mons, Boza hasta el hijo de Joaquín Pérez Durán, al cual tuve un gusto inmenso en ver, y que tan afectuoso estuvo conmigo...

Y ahora paso al capítulo de los «paquetes». En primer lugar te recuerdo que hagas algo por Juanito Bustamante, su esposa y uno de los dos hijos. El otro se queda aquí. Los datos los tiene Llorente...

Y yo urgí a Ripoll que urgiera la cosa. Tú sabes que Llorente no va a hacer nada. Y el caso del pobre Juanito es serio. Ten en cuenta además que no se trata sólo de la entrada y la visa, sino también del dinero para los pasajes, pues él no tiene a nadie allá que se lo envíe.

Y ahora el otro caso de que hablé. Se trata del yerno y los nietos de aquel gran cristiano que fue Luis C. Bello. Mons. Boza sabe perfectamente quién fue él. Como también Marino y Valentín Arenas Jr.. Por cierto a éste y su familia salúdalos con mucho afecto de mi parte. Sentí mucho la muerte de su padre, otro gran cristiano, íntimo de Bello. Dile a Valentín que me disculpe por no haberle escrito dándole el pésame. El sabe que yo quería a su padre, y por supuesto a él y sus hermanos.

Acuérdate que Bello propiamente era Carballo Bello de apellido. La dirección de todos es: Ave. 29 No. 2618 entre 26 y 28, Madruga, provincia de La Habana.

Yo te suplico que hagan por ellos todo lo que puedas. Lo merecen. Y el recuerdo del abuelo a todos nos obliga.

Piensa que esta carta la llevará consigo la madre de los Ramy, a no ser que Pepe y Titi piensen que sea mejor valerse del funcionario de la Embajada de Venezuela que tu me indicaste.

Te suplico que me dejes saber de estos dos casos que te estoy recomendando, digo el de Juanito y el de la familia Martínez Carballo.

Mis saludos afectuosos a Ana Celia y los niños, y por supuesto a tu mamá. Tu recibe un fuerte abrazo de quien siempre te recuerda con cariño.

Fernando Azcárate, S.J.

c) Roberto Cazorla por libro de cuentos (1981)

Sr. Alberto Muller – Madrid, 15 de junio de 1983

Admirado poeta:

¿Cómo estás? ¡Por fin te escribo! Lo prometido es deuda y así me sentía contigo. Primero te diré que he estado muy complicado últimamente.....

En fin, que paso a agradecerte infinitamente tu magistral libro. Muy sencillo y además dice mucho. También me gusta el título «Todos heridos por el norte y por el sur»...Es difícil cuando uno logra tal emoción y tal desgarramiento interno. Pero te diría que tu obra la podría calificar como «un cuchillo candente que brota del pecho del mundo». La dedicatoria del libro a tus hijos conlleva una humanidad impresionante, condición necesaria para un escritor. Ya al leer está página se comprende que clase de hombre eres y hasta qué punto te duele el mundo que te pusieron por delante. ¡Te comprendo mucho, admirado amigo!. El primer trabajo dedicado a las Naciones Unidad es digno de que lo lea todo el mundo...que cada hombre lo ampliara y lo pusiera en la puerta de su casa. Su fondo es profundo como la propia necesidad que tuviste de escribirlo. «Al suicidio de Marilyn está cargado de una crítica punzante con ese humor negro que posees en muchos de tus trabajos pero, sin alejarte jamás del contenido humano. Muy bello el poner esos nombres que sí hicieron por la Paz mundial. «Todos heridos por el norte y por el sur» es uno de los cuentos que más me han impresionado. Hay expresiones realmente hermosas, como por ejemplo: «los obreros sudaban a bofeteadas insolentes del sol», «los barrios del centro del mundo», «en el centro del mundo se abrió un cráter gigantesco y hosco...» Eran heridos los costados del sol».

Creo que has logrado un trabajo de gran altura. No sé, pero pienso que la Paz y Cuba son los máximos protagonistas en esta ocasión. De «Marcelino sin paz y sin vino»... ¡Genial!, ¡cuánta carga poética, cuántos laberintos de belleza!. «Iba con mi tristeza de doble fondo...», «iba buscando a la gaviota tierna del nuevo testamento...», «iba buscando ese borde misterioso de playa y arena en donde Dios se esconde...para descansar con los peces pequeños.../ iba buscando en lo espontáneo de la tarde un signo de pasión...»

Esa hermosa pequeña expresión de «iban detrás de mí», dice tanto. En general este trabajo «Marcelino...» está minado de una dulzura que solamente es capaz de proyectar un escritor caribeño, hermano, la página 31 está premiada con ese breve trabajo titulado «El piano» y que es un breve canto a la libertad, pero con toda la sencillez poética que pueda existir. «El niño», «una rosa», el primero de gran hermosura, el segundo fuerte y muy directo «al pulmón», como decíamos en Cuba. «El boxeador» te pone a pensar muchísimo.

«En miles de peces» llevas a la libertad como el máximo estandarte. «La cueva de las hormigas» es uno de los trabajos más interesantes que se puedan hacer con ese fondo. ¡Cuánto simbolismo! ¡Esa «madre» es el resumen de tantas cosas!. «El altar del gavilán» lo tengo marcado con tres equis, pues soy de los que cuando un poema o un cuento me gusta mucho lo marco con una X, cuando es requetebueno con dos y cuando ya no se puede «aguanta» de «cojonudo» con tres Equis,

Tu libro es algo fuera de lo común, pues si lo vieras no lo conocerías, pues siemore que lo vuelvo a leer encuentro cosas nuevas y subrayo, es algo que resulta en mí una «enfermedad» En este último trabajo que te cito expresas lo difícil que se vive con es mentira que impone la religión.

Sé que te sientes orgulloso de este libro que has «parido» y, como cubano exiliado y hombre que como tú ama la paz y se acerca lo posible a la libertad (que en el fondo no es más que un tópico), te aplaudo hasta caer extenuado. Te agradezco que hayas lanzado al mundo un mundo tan importante, tan humano y con ese rayo perenne de la denuncia hacia todos los que oprimen y descalifican hasta la más leve intención del pájaro más huérfano de la tierra.

He leído varias cosas en la Tertulia de tu libro. Haré una presentación del mismo en plan de buen público en uno de los mejores salones de Madrid. Es una obra que merece promoción... Por ello te repito mi gratitud por haberme dado tan hermosa oportunidad de leer «Todos heridos por el norte y por el sur».

Tienes pensado algún viaje por Madrid? Sabes que aquí tienes a un amigo y una Tertulia que te presentará y te recibirá con los brazos abiertos...

Bueno, espero que no te olvides de los que por ésta te admiramos sinceramente y...sigue escribiendo que te necesitamos, ¿ok?

Tu amigo

Roberto Cazorla

d) José I. Lasaga
Miami 19 de agosto de 1982

Querido Alberto: He leído tu libro de un tirón en cuanto lo recibí. Me parece muy bueno, y coincido con tus juicios históricos en la mayor parte de los capítulos.

Hay dos puntos, que siguen siendo muy polémicos, en que me inclino a interpretaciones distintas de las tuyas. Una es el problema de cuándo Fidel se identificó con el marxismo. A mi me parece que un tiempo después del Moncada. A la cárcel le llevaban libros marxistas (me ha dicho una persona que estaba muy en contacto con él: el ingeniero Casas) y él los leía con mucho interés. No estoy seguro de que la Unión Soviética hubiera decidido apoyarlo hasta mucho tiempo después de iniciada la lucha en la Sierra, pero sí creo que Fidel descubrió que el marxismo-leninismo era la fórmula que le iba a permitir ser uno de los líderes, no ya de Cuba, sino del planeta. Mi idea sobre los soviéticos es que, aunque lo ayudaron en algunas cosas, no estaban seguros de él, y prefirieron por bastante tiempo seguir «teniendo las dos opciones abiertas»...

Esto significaría que la etapa «humanista» de la Revolución que tú describes tan bien no representó una etapa ideológica para Fidel, que fue luego superada por una etapa «marxista», sino sólo fue un engaño perfectamente deliberado para que el pueblo de Cuba no supiera lo que le venía arriba...

Otro punto en que me inclino a un punto de vista distinto al tuyo es el de las motivación que lleva a Fidel a seguir en la órbita soviética. Para mí el factor económico es muy secundario: el principal es el factor político: la idea de que el mundo pueda tener en La Habana uno de sus centros. La política africana no es el resultado de un presión soviética, sino de un plan genialmente concebido desde los primeros años de la Revolución. Cuando yo estuve en Africa en 1955 los partidos comunistas y socialistas de Africa parecían inclinarse a China. El viaje del Che tiene como objetivo unirlos a la Revolución Cubana (en esto no hay discusión). Pero esta unión tiene un objetivo ulterior: venderles a los soviéticos la idea de que él (Fidel) es el hombre que puede ser el intermediario entre ellos y los africanos, porque Cuba es un país «afroamericano». De eeste modo (y esto es pura hipótesis) a mí? me parece que Fidel sueña con que el mundo quede repartido en 3 grandes esferas de influencia: Europa para los rusos; parte de Asia para los chinos. Y América Latina y Africa, para él...

Que la caída del Che dependiera del discurso de Argel es cosa indiscutible, como tu señalas. El testamento que Fidel leyó del Che (sea verdadero o falso) como escrito por el Che prueba que esta desobediencia fue la causa de su separación del poder en Cuba.

Estos puntos son, desde luego, muy discutibles, porque lo único que se puede hacer es especular sobre los hechos.

Un punto que sí me parece deberías considerar en alguna futura edición del libro (sueño natural de todo autor) es dedicar unas líneas a los «nuevos rumbos» del gobierno de Prío. Cuando Prío vio que su hermano no salía electo alcalde de La Habana, decidió, como decía una persona en Cuba «aspirar a la estatua» y superar la etapa política o «politiquera» de su gobierno. Y a esto responden las leyes complementarias de la Constitución. Si Batista no hubiera dado el Golpe del 19 de marzo (como tú reconocer) la historia de Cuba hubiera sido distinta. Hubiéramos entrado en la etapa histórica de una democracia limpia de las viejas máculas del primer medio siglo de la República. El destacar la importancia de los «nuevos rumbos» hace todavía más censurable el Golpe de Batista.

Como antes te dije, estoy básicamente de acuerdo contigo en tus enfoques de la historia de Cuba. Me parece que has tratado de mantener en todos los puntos de vista una norma de justicia ciega, sin apasionamientos positivos o negativos en relación con los personajes que van desfilando por el libro.

Abrazos
José I. Lasaga

e) Enrique Labrador Ruiz
Miami, 22 de Marzo, 1982

Mi estimado amigo Alberto Muller:

Le agradezco infinito el favor que me hizo de traerme ese par de libros que me enviaba Fernando Ortega, un buen camarada de los tiempos de Cuba y Venezuela y que entregó a Bernardo Viera, en ausencia mía...

Me dice Viera que usted está al frente de algún Departamento importante en Monte Avila y ahí le escribo. No tengo otras señas suyas. Me haría usted el favor de saludar a Juan Liscano y decirle que recibo siempre Zona Franca, y que me gusta mucho su material. Pero quisiera ponerme de algún modo más en contacto con ediciones recientes del fondo editorial. ¿Sería posible que usted me secundase en mis propósitos? Las novedades que veo en la revista me interesan vivamente: Fernando Paz Castillo, César Moro, Fernando Pessoa, Rosamel del Valle… Todo esto es poesía; todo eso franquea mis mundos. ¿Cómo haríamos para yo tener esos títulos?

Buen amigo, gracias de nuevo.

Buen amigo, reciba mis afectuosos saludos y mi gratitud constante

Labrador Ruiz

f) Evorita Arca / Feb. 27, 1961

Queridísimo Alberto:

Que carta tan linda la que me escribiste, pero bueno de un santo no se puede esperar otra cosa…Es muy grande el sacrificio que ustedes están haciendo Albertón y solo Dios en la eternidad podrá pagárselos. Estamos aquí para servirle a él de instrumento.

Yo estoy muy contenta y optimista, pues sé que pase lo que pase es la voluntad de Dios.

Qué te parece Marta Elena, y ahora hay otra chiquita que es un genio que se ha unido al Directorio y va a ayudar en Propaganda, se llama Elvirita Weiss.

Escríbele si puedes a Muñoz Marín, pues está empujando duro para que Ray entre en el Frente. Lo que tú digas vale mucho Alberto.

El Directorio aquí está muy bien y todos están muy unidos y muy compenetrados, gracias a Dios.

Pórtate bien y cuídate de verdad, pues la Patria te necesita. Algún día hablaremos largo rato cuando todo esto pase, pues son muchas las cosas que quisiera contarte, pero que por carta no vale la pena…

Que Dios te bendiga Alberto. Muchos cariños al Gordo y a los demás. Recibe todas mis oraciones y mis cariños. God bless you Alberto.

Evorita

PD.- Si necesitas algo por favor dímelo

g) Armando y Marta Valladares / 5 de febrero de 1985

Querido Alberto:

Recibimos tus fotos, ¡mil gracias! Aquí te mandamos las que sacamos nosotros, como ves es un poco más conveniente una cámara que lo hace todo, así pueden salir todos a un tiempo en la foto.

Nandy te recuerda y te manda un besito, el día de Navidad lo retratamos con el gorrito del osito, lucía monísimo, parecía Santa Claus.

Recibe nuestro cariño y un besito del niño.

Armando y Martha Valladares

h) S.J., General de la Compañía de Jesús (2016)

Sr. Alberto Muller
Instituto Pedro Arrupe

Muy señor mío:

En primer lugar gracias por la información sobre el Instituto y sus actividades de las que era totalmente ignorante.

Creo que la memoria del Padre Arrupe nos ayuda a todos los jesuitas a ser consistentes y entregados a nuestra vocación. Yo le tuve además, como Superior Provincial en Japón, a mi llegada, y conservo un recuerdo excelente de su bondad personal y su austeridad de vida. Los trabajos del Instituto serán de gran importancia.

Le agradezco mucho su información y espero que me sigan informando. Muchas gracias por el Folleto sobre Arrupe, tan bien presentado y de contenido.

Quedo affmo en Cristo

A. Nicolás SJ

3) PERIODISMO

a) América mía, Indoamérica de mi corazón
(Agosto 24, 1961 - Prisión de Boniato (Ensayo corto de Alberto Muller)

Hoy quiero llegar a tu miseria en nombre de mi pueblo mártir. Vuestra tragedia es el hambre, la nuestra el hambre y la libertad. En vuestra patria pueden sentir la inmensa alegría de ver flotar una sola bandera, en la nuestra sentimos la ignominia de ver actualmente junto a la tricolor de la estrella solitaria, la sangrienta de la hoz que ciega la verdad y el martillo que golpea la conciencia.

Cuba llora. Y llora porque sus hijos sufren desde el 10 de Marzo de 1952, fecha del criminal Golpe de Estado del asesino Fulgencio Batista hasta la hora presente de la tiranía de los Castro.

¡Los «Pinos Nuevos» de que hablaba nuestro José Martí, nos hemos visto ante el imperioso deber de regar el suelo patrio con nuestra sangre. De esos sufrimientos no renegamos, pues nos sentimos muy orgullosos. Los integrantes de esta generación que aún vivimos, sentimos en el corazón el ardiente deseo de morir, para así descansar en la tumba junto a José Antonio Echeverría, Porfirio Ramirez, Julio Antonio Yebra, Virgilio Campanería y tantos otros compañeros de nuestro Directorio Revolucionario Estudiantil. La muerte es el último paso de la victoria para los hombres que prefieren el amor al odio, la justicia a la barbarie, la libertad a la esclavitud.

¡América Mía¡ ¡Costa Rica que supiste abrirme tus brazos en mi exilio triste, en mi corazón eres mi segunda patria! ¡Tierra ardiente de Bolívar, México azteca de Juárez! ¡Norteamérica revuelta, la de Lincoln, cuando en Gettysburg lanzó al mundo su profecía del gobierno del pueblo, por el pueblo y para el pueblo! ¡Nicaragua mártir! ¡Paraguay sin libertad!

¡Indoamérica de mi corazón! Un nuevo grito de redención ha llegado a nuestras puertas. La Revolución de los humildes, la que comenzó realmente cuando un vientre virgen dio a luz en un establo de Belén, la que se hizo patente a los ojos de la humanidad en la pasión de Getsemaní, esa 'Revolución' que aprendieron los hijos los hijos de América de brazos de sus Madres, esa Revolución ha vuelto a surgir. Y ella tiene un solo nombre pues rechaza el capitalismo opresor que ha querido utilizar a Cristo para defender sus intereses materiales, y rechaza a la vez el socialismo comunista, que también ha querido utilizar a Cristo para prostituirlo y crucificarlo una vez más. Esta Revolución que hoy se vislumbra en el horizonte cercano de nuestro amado continente, tiene un solo ideal, Cristo, tiene un principio fundamental: la democracia.

La patria de Martí. La patria mía, hoy vive una revolución, pero desgraciadamente no es la 'Revolución' que sueña América. Es una Revolución roja que lleva en su espada la mancha de sangre de quienes han asesinado a lo largo de su historia. Es una Revolución extranjera, fría y odiosa. Pero no importa, pues en Cuba hoy se levanta un pueblo para hacer la 'Revolución' americana, la 'Revolución' india, la 'Revolución' del blanco y del negro de América, la 'Revolución' que es una e indivisible, como uno e indivisible tiene que ser nuestro continente.

Sé que nos han querido calificar de «reaccionarios» por parte de nuestros enemigos, cuando los verdaderos reaccionarios son ellos, al atentar contra la 'Revolución' que llevamos en nuestra sangre americana.

Nosotros proclamamos la Revolución del Amor, en donde el rico se abrace con el pobre, para arrancar lo necesario de sus riquezas y así eliminar el hambre y la miseria de los humildes.

Nosotros proclamamos la Revolución de la Hermandad, en donde a indio, blanco y negro no se les distinga por indio ni por blanco ni por negro, pues en definitiva por nuestras venas corre la misma sangre, sangre americana, sangre de una misma raza, eso somos, América.

Nosotros proclamamos la Revolución de todos propietarios. La propiedad no puede ser patrimonio de una pocos, y mucho menos patrimonio del Estado.

Nosotros proclamamos el sagrado derecho del obrero al trabajo y a participar en las ganancias de la empresa. Aborrecemos el salario cuando este no va en función social con la familia del trabajador.

Nosotros proclamamos que el pan de la enseñanza tiene que ser para todos. Cuando las escuelas públicas no sean suficientes para la educación total del pueblo, por razones históricas de la sociedad, las escuelas privadas se ven en la obligación moral de abrir sus puertas para así cooperar y ofrecer el beneficio del saber para todos.

Nosotros proclamamos como primera ley de la Revolución, el respeto al derecho ajeno, para con ello lograr la paz, como decía aquel patriota indoamericano, Benito Juárez.

Nosotros proclamamos la democracia activa, la democracia de Abraham Lincoln, la democracia en donde el pueblo tenga derecho a organizarse y a desarrollar sus ideas.

¡América, ante tu altar sagrado están tus hijos de Cuba! Nuestra responsabilidad está contigo.

¡Indoamérica, hoy te escribo desde un oscuro calabozo, en donde me han condenado a 20 años de prisión, pero mi corazón se siente libre, porque defiende tu libertad! Miro el hierro de mis rejas y pienso en el hierro de tu hambre. Cuando la justicia vuelva a mi Patria para que también se abran las rejas que me encierran, ruego a Dios para que también se abran las puertas de tu miseria, y América vuelva a ser felíz como cuando nacía vigorosa.

b) Serafina Núñez: mujer de madrugada / (Nov. 2001 Artículo de opinión de Alberto Muller)

«Soy una poetisa sentimental y emotiva, profeso la pasión intensa, no la pueril y creo definitivamente en el amor», dijo con ingenuidad y franqueza la escritora cubana Serafina Núñez de 88 años al llegar a Miami, invitada por la Feria Internacional del Libro.

Linda mujer de madrugadas, de porte altivo, de trenza adolescente, de mirada gitana, de atención curiosa, de cuerpo de gacela, de alma de marfil, de manos de caricias infinitas y de perfil de princesa.

«Yo tengo para tu prisa la calma de un árbol viejo...el sabio fuego en mi espejo...da el azul a mi sonrisa...», verso de una sensibilidad maravillosa de esta escritora cubana.

Serafina Núñez, la exquisita poetisa cubana que se impuso un silencio en el panorama literario cubano desde el mismo triunfo de la revolución en 1959 hasta la publicación en 1992 de su antología «Los Reinos Sucesivos», llegó el viernes pasado a Miami como invitada de excepción de la Feria Internacional del Libro.

Y nos trajo fuertemente aprisionado entre sus manos y entre los rincones de su alma, ese azul intenso de sus versos que nos obliga a recordar irremediablemente «a ese Dios azul que azula las cosas de abajo» de su amoroso maestro Juan Ramón Jiménez, Premio Nobel de Literatura en 1956 y el hombre que definitivamente inspiró y marcó con pasión de aurora el compromiso de Serafina Núñez con la poesía y con el amor adulto.

«Tu delicado azul me ciñe toda...en la seda fugaz de lo vivido», verso apasionado de Serafina Núñez.

La Feria del Libro se vistió de gala como nunca antes y la ciudad de Miami se engalanó de rosas rojas (el viernes pasado) cuando en el auditórium hizo su entrada triunfal en una silla de ruedas, esta exquisita poetisa y bella mujer de 88 años, cubana de nacimiento, cubana por excepción de versos íntimos y fina estampa y cubana por apego verdadero a su tierra, porque como Lezama Lima prefirió el largo silencio en su terruño, impuesto por la intolerancia del régimen opresor, a optar por el abandono de la distancia suicida en tierra ajena.

«Si tu rostro se deshoja en el aire del mundo, no importa, quedará su aroma», verso exquisito de Serafina Núñez.

Serafina Núñez es una poetisa plena en intimidades que no teme al largo silencio de la soledad. También obsesionada por lo que somos en la vida y por lo que seremos en la muerte.

Y en medio de un auditórium colmado de público para escucharla en la Feria Internacional del Libro, no tuvo reparos en confesar sus amores de juventud y de locura con José Ángel Buesa, que finalmente se quebraron por su amistad poética y apasionada con Juan Ramón Jiménez.

«Nadie persigue al ciervo que se obstina, pero el dulcísimo azul conmina y entre senderos de otras frondas huye», versos profundamente existenciales de Serafina Núñez.

En su incansable caminar por los senderos de la poesía también contó el viernes de su amistad con Gabriela Mistral y del estímulo inapreciable que produjo en su juventud la confesión en una carta de la Mistral a ella, en 1938, diciéndole «que le entusiasmaban sus poemas».

«Me dolió mucho el silencio entre 1959 y 1992", dijo una y otra vez Serafina Núñez en la Feria Internacional del Libro en Miami.

Pero me quedé tranquila escribiendo: «En el pozo de la noche, la piel se vuelve de agua, con sus peces y sus barcas», verso nocturno de Serafina Núñez.

A su vez rememoró la poetisa con satisfacción y alegría el humanismo de Lezama Lima y sus largos coloquios con él. Habló de la miseria de Ponce que la abrazó hasta su muerte. «Tal vez el mejor pintor cubano de todos los tiempos», dijo Serafina.

Y confesó con infinita ingenuidad que escribe siempre sus poemas en el silencio de cada madrugada. Finalmente agradeció al público por valorar a quienes se preocupan por el espíritu, sin dejar de regañar a su hija Merceditas por no traer una revista que había publicado un reportaje sobre su poesía.

Gracias doña Serafina Núñez por venir a Miami, donde agoniza también en silencio una parte de Cuba.

Y una súplica final, por favor, que Merceditas la lleve a visitar ese pequeño rincón en Coral Gables en memoria de don Juan Ramón Jiménez y antes de despedirse de Miami, déjenos un verso en matices de azul, pero escrito en esta tierra de tantos dolores y ausencias.

c)Tributo póstumo a Dirube (Artículo de Opinión de A. Muller)

De luto anda ensimismada el alma artística de la nación cubana. Con profunda tristeza recibimos la noticia del fallecimiento de Rolando López Dirube, cubano desde su costilla más imperceptible; escultor eminente; pintor de honduras; muralista expresivo; grabador de fuegos, ríos y cascadas

Hombre y artista. En ausencia de su primera isla, Cuba, que un ciclón sucio de pestilencias represivas le arrebató, Dirube se aferró con infinito cariño a Puerto Rico, su segunda isla en verdores y quereres, en donde vivió con obsesión tropical, creó obras imperecederas y fue finalmente sepultado.

La sensibilidad de Dirube iba más allá de lo tangible y de lo visual. Amaba a los niños con la ternura inquietante; a las mujeres con vehemencia íntima; y a los hombres con estricto sentido subrepticio.

Su virtuosa técnica plástica y su inagotable inspiración creadora lo convierten en uno de los mejores escultores del Siglo XX. Algunos críticos lo han comparado con Moore, el escultor inglés. Pero con perdón del protocolo crítico, Dirube por su perfil cósmico, humano y enternecedor, supera el eterno ciclo edípico, casi diabólico de Moore.

En Rolando López Dirube es imposible la dicotomía hombre-artista. El impulso creativo en él está empozado en ese maravilloso vórtice antillano con incalculable furor caleidoscópico; sus manos vibraban permanentemente y no descansaban; desde niño tuvo dificultades con la audición.

Y ese mundo subsónico, en metamorfosis milagrosa y atrevida, hizo que su silencio aterrador fuese siempre un volcán de amor infinito, vigoroso y fértil.

La obra de Dirube obliga al enmudecimiento. En sus primeras esculturas en madera, como «Casicanecua», surge la fuerza barroca. Después en «Maderas Atadas» y «Las Placas» hay una evocación más intrincada hacia el drama cotidiano del ser humano. Y la composición, «Planetarios» es una exuberancia atormentada de volúmenes. En su serie «Torus» y «Aros» intenta exponer con misteriosa belleza la simplificación absorbente de la figura.

Sus trabajos de hormigón revolucionaron la estética-mural en la arquitectura. En sus relieves de cemento solidificado con piedra y agua como en los murales del Habana Riviera, en La Habana,) y el Ashford Medical Center, en Puerto Rico, entre tantos, hay un embrujo de primitivismo mágico avasallador.

Y ahora, en tributo íntimo con el amigo-escultor, develo estas notas inéditas de mi última y larga conversación con él en su casa de Cataño.

Estábamos bajo la luminosidad temblorosa e inquieta de unas velas que su esposa había sacado del armario, a consecuencia de un apagón sorpresivo.

Recuerdo que Dirube me confesó su vieja ilusión de un poema auditivo-visual. Y escribí entonces en un pedazo de papel de bodega estos versos de su inspiración y de mi inquietud, que aún guardo con exquisita lealtad y devoción:

«El mar, cuerpo de mujer. El sol poniente, un jazmín, una paloma. El beso sutil de la tormenta, como el agua. La brisa tenue de la tormenta, como los pinos. Y la gota temblorosa que colma la tormenta, como el orgasmo. ¿Qué es el amor? Alas de águila. ¿Qué es el mundo? Mujer. ¿Qué es el avión? Me tientas y me aturdes».

Adiós amigo escultor que te vas con el cuero desgastado, casi hecho ruinas por el largo y azaroso camino de la vida.

Pero gracias. Mil gracias, porque nos dejas y nos quedamos en orgullo pleno con el genio monumental de tu alma creativa, que no hay forma de sepultarla porque tiene perfiles espirituales de absoluta perdurabilidad.

Enero 28, 1997

d) Silencio ha muerto Baloyra / (Julio 29, 1997 – Artículo de Opinión de Alberto Muller)

El sol de Cuba, adolorido y quejoso, ha pedido perdón a sus palmas, a sus playas y a sus brisas, porque anda de luto. Sencillamente ha muerto un hijo honrado y fiel de la patria.

La muerte inesperada de Enrique Baloyra en Miami (el viernes pasado), a consecuencia de un aneurisma cerebral, deja un vacío inescrutable en el alma nacional cubana y una tristeza latente entre quienes tuvieron el privilegio de conocerlo de cerca.

Sus amigos en los andares de vida y en los quehaceres políticos y universitarios, lo querían con hondura afectiva. Y sus adversarios o discrepantes, lo respetaban por su honradez, su compromiso y su inteligencia

Sólo Dios, en sus resquicios misteriosos de misericordia y bondad, puede sugerir un alivio, un descanso, un amanecer en la esperanza.

Baloyra pertenece a esa generación atrapada y sufrida de Cuba (1950-1960), que por negarse a participar en esas orgías oscuras de «sacudones de matas», de «paredones de muertes» o «marchas de odios milicianas», tuvo que crecer y padecer bajo el rigor rencoroso de la represión sistemática del comunismo totalitario.

Desde muy joven, Enrique Baloyra tomó en su mano un puñado de tierra cubana, que no soltó nunca ni siquiera a la hora de morir. Por eso lleva a su tumba la dicha infinita de ese olor intenso a guayaba, a tabaco y a ron de su tierra natal.

En 1960, apenas un adolescente, Baloyra se suma a las filas del Directorio Revolucionario Estudiantil, en un intento valeroso por evitar la pesadilla comunista que asomaba tramposamente en su país.

Baloyra se involucra en esa línea de pensamiento cubano que nace en el Padre Varela, de los que «nada piden prestado» para ser cubanos y que además proclaman el evangelio del amor y la reconciliación ciudadana.

Así, con esta base moral recibida en el hogar de sus padres, después continuada en las aulas de los Hermanos Maristas y consolidada en los salones de estudio de la Agrupación Católica Universitaria, llega al exilio.

Su brillante carrera profesional y profunda cultura académica lo convierten en doctor en Ciencias Políticas de la Universidad de la Florida en Gainsville), cuyos conocimientos puso sin pausa ni requiebros al servicio íntegro de su país.

Baloyra fue un miembro destacado desde sus inicios del Instituto de Estudios Cubanos (IEC), que no ha descansado en su escudriñar del quehacer cubano. También fue fundador del Centro de la Democracia Cubana y de la Coordinadora Social Demócrata, que junto a la Unión Liberal y el Partido Demócrata Cristiano de Cuba integran la Plataforma Democrática Cubana desde el año 1991.

A su vez fue un colaborador entusiasta de Fórum XXI, un grupo muy serio y profesional que se dedica al estudio de los asuntos cubanos.

Por su agudeza intelectual y disciplina investigativa, Baloyra se convirtió en un experto en transiciones políticas hacia la democracia. Era consultado frecuentemente por la Organización de Estados Americanos (OEA), el Centro Carter y el Banco Mundial, entre otros organismos de prestigio internacional. Deja publicado importantes tratados académico-políticos sobre la problemática cubana

Quiera Dios permitir, en su infinita grandeza, que el sol de Cuba extienda esa sombra de paz y de consuelo a su inseparabale esposa Clarita, a sus cinco hijos, Clara María, Enrique Ignacio, José Luis, Patricia María, Teresa y a su anciana madre, que sobreviven a esta tragedia familiar y humana.

Silencio, ha muerto Enrique Baloyra, un hijo honrado y fiel de la Cuba sufrida.

Descanse en Paz.

e) Solidarios con Ernesto Borges / (Junio 2, 2008 – Artículo de Opinión de Alberto Muller)

Un llamado a la solidaridad con el preso político Ernesto Borges, que han hecho familiares y amigos del prisionero cubano, debe convertirse en un clamor vibrante de todos los cubanos, a que se respete su integridad física.Por su inteligencia y coraje, Ernesto Borges, capitán de la contrainteligencia cubana, fue designado para realizar un trabajo sucio contra la Oficina de Intereses de Estados Unidos en La Habana y, a su vez, fue parte del equipo del Ministerio del Interior, que preparó el proceso para sancionar y sacar de circulación a Robert Vesco, hasta entonces protegido por el gobierno cubano y prófugo de la justicia norteamericana.

Pero Ernesto se rebeló contra el comunismo y decidió recolectar información sensible contra los abusos y las arbitrariedades del aparato de inteligencia castrista, por lo que es descubierto, cae detenido, y es condenado a 30 años de prisión.Ernesto Borges, oriundo de San José de las Lajas y residente en el barrio del Cerro, ciudad Habana, fue un oficial de la Contrainteligencia cubana, que cursó estudios en la escuela superior de la represiva KGB en Moscú.

Desde su época de estudiante en Moscú, Ernesto comienza a identificarse con el proceso de liberación de la «perestroika» y del «glásnost» de Mijaíl Gorbachov en la Unión Soviética.Durante su estadía como estudiante en Moscú, pudo conocer de la corrupción y de los métodos inhumanos y sanguinarios de la KGB.A su regreso a Cuba, Ernesto Borges se percató con claridad meridiana, de que los sistemas de inteligencia y contrainteligencia castristas, eran una copia al carbón de los métodos estalinistas de la KGB soviéticaLa decisión heroica de este joven, de combatir el comunismo desde sus propias filas, lo ha llevado a ser uno más, entre los cubanos maltratados y torturados en las cárceles cubanas del régimen castrista.Actualmente Ernesto Borges se encuentra confinado en la prisión de máxima seguridad de Guanajay en la provincia de La Habana, donde se le mantiene en una celda solitaria sin ventilación, a pesar de padecer de asma crónica.

Toda la correspondencia a Ernesto es censurada y le niegan recibir libros de literatura extranjera, por lo que el régimen castrista viola todas las normas establecidas vigentes en los tratados de derechos humanos, sobre el tratamiento a presos políticos. En una ocasión durante al año 2004, el entonces director del penal, el teniente coronel Wilfredo, le manifestó a Ernesto que no sobreviviría a cualquier cambio que pudiese ocurrir en Cuba.Esta sucia amenaza de muerte le fue ratificada posteriormente por el Coronel Alfonso, director de Cárceles y Prisiones de la provincia Habana.

Recientemente el teniente coronel Peña, nuevo director del penal en la Prisión de Guanajay amenazó a Ernesto Borges, con que podían ubicarlo en el área de presos comunes y esto pondría en peligro su vida. Raúl Borges, el padre del preso político Ernesto Borges ha denunciado a la opinión pública nacional e internacional todas estas irregularidades y amenazas contra su hijo. Una carta que el prisionero político quiso enviar al Vaticano hace dos años, para expresar sus condolencias por la muerte del Papa Juan Pablo II, fue confiscada y Ernesto fue castigado inmediatamente. Este joven prisionero cubano está sometido con todo rigor a un plan de destrucción psicológica, permaneciendo las 24 horas del día en una pequeña celda que se asemeja a una jaula de animales, donde le hacen requisas constantemente, pero el recluso confiesa que ha encontrado consuelo en su fe en Dios y en particular en la Virgen de la Caridad del Cobre.

Los cubanos reclaman respeto a la vida y a la integridad física de Ernesto Borges. La solidaridad con este joven prisionero del castrismo ante la comunidad internacional, es vital para garantizar el respeto por su vida.Dentro y fuera de Cuba debe alzarse con fuerza este clamor de solidaridad humana, pues va llegando la hora de que el régimen castrista entienda que debe cesar en su metodología estaliniana y fascista de reprimir a los que lo adversan. La democracia es el juego diverso de ideas que se entrelazan en la libertad. Y Cuba está ansiosa de democracia y de libertad.

f) El rinoceronte del padre Travieso / Septiembre 2012 – Artículo de opinión de Alberto Muller

En medio de un mundo que acaba de contemplar con asombro metafísico el genocidio de los terroristas de Al Qaida cometido contra la secta kurda de los Yazidis en el norte de Irak, asesinando a 400 de sus inocentes creyentes religiosos que veneran al Dios único rodeado por sus siete arcángeles, e hiriendo a mansalva a otros tantos y amenazando con crueldad a toda la población, tal vez resulte oportuno y tranquilizador acercarse a la visión del rinoceronte del padre Ernesto F. Travieso, un periodista sacerdote que no tiene temores de modernidad y que espera atento el desenlace biológico de la gravedad de Fidel

Castro, que según algunas versiones de fuentes cercanas, agoniza en su lecho de enfermo.

El rinoceronte es un mamífero de gran fuerza y agresividad. Su presencia en los mitos y leyendas de los pueblos septentrionales de la antigüedad es de importancia suprema por su fuerza arrolladora, solo comparable al elefante y al hipopótamo.

Pero también comentan los estudiosos de las ciencias naturales, que el rinoceronte tiene el mismo olfato previsor e infalible que el lobo.

En los entuertos de la vida moral contemporánea, convertirnos en un rinoceronte tiene dos facetas destructoras inminentes que el padre Travieso intenta neutralizar con el mensaje transparente y bondadoso del evangelio: primero, el propio rinoceronte olfatea nuestra debilidad moral a mucha distancia, e ipso facto, nos asume con violencias impúdicas y materialistas.

Por eso en ese símil mitológico del rinoceronte, el padre Travieso vislumbra el parangón moral del escenario humano contemporáneo cargado de tentaciones materialistas, que solo pueden ser vencidas con la ternura del amor profético, compartido y salvífico de Jesús de Nazaret.

Si en su libro anterior «En la búsqueda de la felicidad», Travieso tuvo la admirable fluidez de adentrarse en los fundamentos cosmológicos de nuestras creencias, en su libro actual, «Para no ser un rinoceronte más», trae la garra profética de ofrecer un antídoto moral para frenar la tozudez ofensiva del mamífero que algunos seres humanos se inclinan por imitar.

El nuevo reto literario del incansable y carismático sacerdote jesuita Ernesto F. Travieso, que desde las ondas de Radio Vaticana lanza semanalmente sus reflexiones morales al mundo, ya lo tenemos disponible.

Ambos libros han sido publicados por la empresa editora Ediciones Universal del famoso editor de editores, el cubano Juan Manuel Salvat.

El padre Travieso comienza su libro con una nota atrevida sobre la obra del dramaturgo francés Eugene Ionesco, máximo exponente del teatro del absurdo, que ya había advertido en el siglo XX del peligro humano de convertirnos en rinocerontes, ya que estos animales son incapaces de reflexionar ni de pensar y solo saben atacar con fiereza demoníaca y aniquilante.

En todo el tratamiento discursivo del libro, entre los valores del ser humano y la tentación de parecernos al rinoceronte, Travieso no se amilana en poner los temas sobre el tapete en busca de encontrar fórmulas para que la persona humana salga airosa de los peligros inminentes que la acechan:

Primero, no dejarse llevar por la contaminación exagerada del materialismo, ya sea consumista o estatista, que agrede la riqueza íntima y espiritual del ser humano.

Segundo, concientizar que el mundo tiene hambre de pan, pero que también tiene hambre de Dios.

Y tercero, vivir intensamente el mensaje cristiano que nos libera del pecado por medio del sacrifico en la cruz y la resurrección humanizante.

El padre Travieso tiene fe en que el papa Juan Pablo II haya despertado a los jóvenes dispersos por todo el mundo. Y ahora nos alienta a que veamos como el Papa Benedicto XVI induce a la solidez de la familia para fortalecer la fe en el mensaje cristiano que nos ayudará a alejarnos de la locura del materialismo.

Tenemos que volver a Dios, principio y fin de todo, nos dice el padre Travieso en su apasionante libro, pues ese es el único camino para vivir en PAZ.

Al amigo lector le recomendamos que lea esta obra literaria que incita con pasión legítima a resistir la tentación de convertirnos en un animal tozudo que solo sabe pelear.

El libro se presentará el próximo jueves 23 de agosto a las 7 de la noche en la Casa Bacardí- Carlos Saladrigas Hall, del Instituto de Estudios Cubanos de la Universidad de Miami en el 1531 de la Calle Brescia de Coral Gables.No dudo que vendrán otros libros de investigación y reflexión de la mano de este sacerdote-periodista con proyecciones de honda humanidad.

En la fuerza misteriosa y abarcadora del amor, el padre Travieso cifra sus esperanzas de liberación, de justicia social y de paz.

Bienvenida esta fuerza de pasión amorosa para no terminar como los rinocerontes.

g) Félix Varela: frases de sabiduría / Octubre 2008 - (Artículo de Opinión de Alberto Muller)

¡Qué grandeza de pensamiento y hondura de corazón debe haber mostrado Félix Varela durante su vida para que José Martí lo considerara «el Santo cubano»; el insigne maestro José de la Luz y Caballero «el que enseñó a pensar al pueblo cubano»; y recientemente su Santidad Juan Pablo II, «el padre de la cultura cubana»! Resulta estremecedor adentrarse en la vida plena del presbítero Félix Varela.

Cuando uno visualiza en la mente a este ser humano excepcional, que además de sacerdote fue filósofo, músico, humanista y evangelizador, un dejo de grandeza y humildad sugerido por la mano de Dios se apodera del curioso espectador. La nación cubana pide con extrema urgencia un alto en el largo camino de desgarramientos y flaquezas provocado por la pesadilla totalitaria comunista.Y en la reformulación de ese nuevo destino histórico para el país se exige un marco cultural de referencias compartido por todos, que se sustente en la confianza en Dios, en la libertad de pensamiento y en un compromiso de justicia social y responsabilidad común ineludibles, que son el centro de pensamiento vital generado por Félix Varela.

Por tal razón es muy oportuno que se haya publicado la obra *FELIX VARELA: FRASES DE SABIDURÍA* de Rafael Abislaimán, que se presentó el sábado pasado con la presencia siempre estimulante y enriquecedora de Mons. Agustín Román y un numeroso grupo de cubanos que desbordó los predios culturales de la librería Universal de la familia Salvat. ¿Quién era Félix Varela, ese frágil sacerdote-filósofo que fue maestro de las generaciones que precedieron a las guerras independentistas; que criticó la Constitución Política de la Monarquía Española, que representó a Cuba en las Cortes de Cádiz en 1821; que predijo desde las páginas de *El HABANERO* con precisión premonitoria «que Cuba debería ser tan isla en política como lo era en naturaleza»; que en sus maravillosa obra *CARTAS A ELPIDIO* volcó un amor infinito por la juventud; que posteriormente fundó en Nueva York escuelas para niños pobres, asociaciones para desamparados y ofreció atención generosa y sin límites a los enfermos de cólera y a los mendigos que deambulaban por las calles?

Este libro *FRASES DE SABIDURÍA*, como bien menciona su autor, es un esfuerzo intelectual práctico, ya que permite acceder con facilidad a los pormenores y profundidades del pensamiento de Varela.El trabajo cronológico de Rafael Abislaimán tiene un valor cultural incalculable para las futuras generaciones, pues permite con fluidez didáctica que el lector o estudioso en la materia recorra el pensamiento de Félix Varela con absoluta nitidez en cada una de sus etapas.

Este libro debería correr de mano en mano entre todos los cubanos, pues de esa forma estimulará el acervo cultural fundamentado en la libertad y en el amor al prójimo que tiene que ser eje en la nueva reformulación de la Nación cubana.

Al amigo lector le recomendamos que no deje de manosear y leer con atención este compendio histórico titulado *FELIX VARELA: FRASES DE SABIDURÍA*.

Y finalmente agradezcamos a Rafael Abislaimán y a la Fundación Padre Félix Varela por el trabajo incansable de divulgar la vida y la obra de pensamiento de este cubano ejemplar, que Martí reseñó con genialidad adelantada, como el SANTO CUBANO.

h) Vladimiro Roca en libertad (La Patria es de todos).

Noviembre 14, 2007 – (Artículo de opinión de Alberto Muller)

Los cubanos de todas los grupos políticos —sin excepción— y los amigos de Cuba en el exterior recibieron con beneplácito y alegría la libertad de Vladimiro Roca durante el domingo que acaba de transcurrir... Vladimiro Roca un expiloto de la Fuerza Aérea cubana convertido al catolicismo e hijo de Blas Roca, uno de los fundadores legendarios del comunismo en Cuba, había sido condenado injustamente a cinco años de prisión por suscribir un documento de reconciliación y de libertad para todos los cubanos.!Qué poca fuerza moral y qué inmensa maldad la de un gobierno —como el castrista— que amparado en la fuerza bruta del poder encarcela a un hombre bueno, como Vladimiro Roca, por el simple hecho de haber publicado «La Patria es de Todos»!

El documento suscrito a su vez por Marta Beatriz Roque, René Gómez Manzano y Félix Bonne planteaba «que la Patria no pertenece a ningún grupo por poderoso y autoritario que se crea...que todos los ciudadanos deben participaran en la vida del país, y que es imposible seguir llevando a Cuba a la ruina sin esperar un despertar incontrolado de la población».Y finalmente el documento expresaba con meridiana claridad el pensamiento medular del Apóstol de la Independencia cubana, José Martí de que «Cuba debería ser con todos y para el bien de todos».Pero lo más importante de este documento «La Patria es de Todos», de por sí ya una pieza ontológica para la reconstrucción de la nación cubano en el siglo XXI, es que fue suscrito en tierra cubana y antes las narices largas y represivas del propio dictador y sus despreciable cuerpo de inteligencia.

Al salir de la prisión de Ariza en la ciudad de Cienfuegos, Vladimiro Roca afirmó «seguiré con mi militancia política y con mi proyecto de democratrización, teniendo en cuenta que los problemas de Cuba tienen que resolverse dentro de Cuba».A su vez y como una muestra gráfica de su coraje político, Vladimiro criticó fuertemente las condiciones existentes en su prisión: «La celda en que estaba era más una jaula de fieras que para seres humanos, medía 1.50 por 1.85 metros y sólo se podía estar acostado o sentado».¡Y todavía el gobierno de Cuba se molesta e irrita cuando la Comisión de Derechos Humanos de la Naciones Unidas o cuando las diferentes instancias internacionales que velan por el respeto de los derechos humanos en el mundo condenan la violación reiterada y sistemática de los mismos en toda la isla cubana.

La libertad de Vladimiro Roca debe servir de aliento y enseñanza a todos los cubanos para que no tengan miedo ante el reclamo de la libertad; ante la exigencia del respeto a la dignidad de todos los cubanos; y ante el proceso de reconciliación y democratición que Cuba necesita para insertarse nuevamante en el marco de los países civilizados del mundo occidental...

Ahora los cubanos —como un meta nacional común— deben exigir la libertad del doctor Oscar Elias Biscet y de todos los cientos de prisioneros políticos que aún permanecen encarcelados.

i) Conversando con Yoani / Mayo 26, 2008 – Artículo de Opinión de Alberto Muller

En días pasados pude conversar por teléfono con Yoani Sánchez a raíz de que el gobierno de Raúl Castro, con torpeza de topo alucinado, le negara la visa para viajar a Madrid a recibir el merecido Premio Ortega y Gasset sobre Periodismo en Internet, que otorga el prestigioso periódico El País de España.

El intercambio de palabras con Yoani, entre preguntas y respuestas, fue cordial y varias cosas me sorprendieron de esta joven cubana: su excelente dicción, su amplio vocabulario, la sensatez y precisión de sus juicios, el apego a su generación, el inmenso cariño a su tierra cubana y la humildad con que ha recibidos las dos distinciones, el Premio español y el haber sido seleccionada por el New York Times, una de las 100 personas más influyentes del mundo.

Yoanis se confiesa parte de esa GENERACION Y, que nació en Cuba durante la década de 1970 o después, con nombres como Yanelis, Yoandri, Yocasta, Yumasandra, entre otros, y que inevitablemente tiene esa cicatriz imborrable de la libreta de racionamiento, de los balseros o salidas ilegales, de la escuela al campo, de la persecución oficial a los intelectuales disidentes, del encarcelamiento y maltrato a los homosexuales, de los rígidos muñequitos rusos, del presidio político y de la frustración por el autoritarismo reinante, que en lugar de construir al hombre nuevo, por un arte de birlibirloque, lo que ha hecho es pisotearlo sin clemencia.

La generación de mis padres —dice Yoani—, fue la generación del desencanto, la mía ha sido la generación del cinismo y la generación de mi hijo Teo es la generación de la doble moral.

Yoani estudió Filología Hispánica y de su curso, que eran veinte estudiantes, apenas quedan ocho en Cuba. Su página de Internet o BLOG la creó en marzo del 2007, en un simple esfuerzo de solidaridad con una protesta de intelectuales, conocida como la Guerra de los E-Mails.

Al principio, hace apenas un año, su página electrónica o BLOG, fue una especie de terapia personal. Pero poco a poco, Yoanis se percató de que escribir sus viñetas sobre la contradictoria realidad cubana, era «su razón de existir para tumbar los muros y edificar el país en el que le gustaría vivir.»

Yoanis enfatiza con seguridad que no es política. No se siente ni de izquierda ni de derecha. Y no se siente atada a las generaciones pasadas, en la que incluye obviamente a la del castrismo, la más paternalista y autoritaria de todas.

Ella se siente de los de abajo. Y el término que más le agrada usar para identificarse es el de ciudadana, ciudadana de a pie. Yoani, sin apenas percatarse, es parte de esa corriente novedosa muy reciente que se denomina periodismo ciudadano. Y este periodismo vigilante y directo es un gran reto, porque le permite mantener la candidez y hablar en primera persona, según ella.

En el fondo de su ser, Yoani ve al régimen castrista agotado e incapaz de proveer al país de realidades concretas, mínimamente reconfortantes. Por eso le gratifica sobremanera ver al ciudadano convirtiéndose en el epicentro de la vida misma.

Su generación llegó al escenario social, insiste, con el derrumbe del Muro de Berlín y la aspiración es sacudirse del paternalismo imperante en el país.

Desde que la agencia Reuters la entrevistó acerca de su BLOG, las entradas a su página de Internet se han elevado a millones y las visitas son varios cientos de miles diarios.

Por eso señala Yoani, que vive dos vidas, una virtual y la otra vida real. La vida real se concentra en su barrio, en el vecino, en las necesidades, en el miedo, en la libreta de racionamiento; y la virtual es lo gratificante de decir lo que uno piensa en Internet, sin que te pase nada y te puedan leer muchos.

«La vida real en Cuba produce angustias y la vida virtual me ha servido para obtener estos dos premios que, jamás habría imaginado recibir, y que son parte de los nuevos métodos pacíficos de mantener la frescura del discurso, para abrir grietas al muro».

Yoani no piensa irse de Cuba, porque insiste en que su vida no está en otra parte, sino en Cuba, pero le molesta con hondura que el régimen castrista trate a los ciudadanos como a niños, a la hora de no permitirle entrar y salir del país.

Agradezco a Yoani Sánchez esta oportunidad periodística, en la cual me apoyo para presentar a mi amigo lector, su perfil humano no contaminado, que pienso es también el perfil de su GENERACION Y.

El destino próximo de Cuba, por ley de sucesión generacional, está en manos de ellos.

j) A 50 años de la muerte de José Antonio Echeverría

(Marzo 13, 2007 – Artículo de Opinión de Alberto Muller)

José Antonio Echeverría nace en Cárdenas en el año 1932. Su niñez y adolescencia transcurren en la casona familiar, ubicada frente al bello parque de la ciudad. El cariño bondadoso de sus padres —de hondas creencias católicas— y el afecto infinito de sus hermanos crean el marco de un ambiente apacible y feliz. Cursa estudios en el colegio Champagnat de los hermanos Maristas, con una mente muy idealista y pura.

«José Antonio respetó mucho a sus padres y a Dios, no tenía miedo a nadie», nos confiesa su hermana Lucy.

La familia de José Antonio fue muy unida y sus hondos sentimientos religiosos estaban muy arraigados en el corazón de todos los miembros del núcleo familiar. Para todos los amigos y conocidos, la familia Echeverría era un ejemplo moral de integridad y amor al prójimo.

«José Antonio era profundamente religioso, le gustaba pintar y era muy buen deportista», nos dijo el escritor Jorge Valls, uno de sus grandes amigos.

En los predios de la Universidad de La Habana se forjó la conciencia nacional, y el amor a la libertad, mientras crecía la rebeldía juvenil ante cualquier despotismo o injusticia. En el curso 1950-1951 matricula José Antonio en la Facultad de Arquitectura de la Universidad de La Habana. Ya en 1952 es elegido Vicepresidente de la Asociación de Estudiantes de Arquitectura. Su inteligencia y coraje va despertando la admiración de sus compañeros. El 26 de noviembre de

1952 se lanza a los terrenos del stadium del Cerro para invitar al pueblo a los actos en conmemoración del fusilamiento de los estudiantes de medicina en 1971.

El 15 de enero de 1953, José Antonio se encontraba junto a Rubén Batista Rubio, primer mártir estudiantil durante el régimen dictatorial de Fulgencio Batista, cuando éste último cayó mortalmente herido.

En el curso 1953-54 es elegido Presidente de la Facultad de Arquitectura. En enero de 1955 viaja a Costa Rica, junto a un grupo de compañeros para defender al gobierno constitucional de José Figueres, víctima de una agresión del dictador nicaragüense, Augusto Somoza.

El 19 de abril es elegido en propiedad presidente de la FEU y en septiembre del mismo año comienza la actividad para gestar el Directorio Revolucionario. En noviembre de 1955 en la Plazoleta del Muelle de Luz, aprovechando una concentración conciliadora de don Cosme de la Torriente, José Antonio denuncia los crímenes del régimen imperante, proclamando que el problema inmediato de Cuba era derrocar la dictadura.

Las protestas estudiantiles se suceden vertiginosamente y el Directorio fija las pautas ideológicas ante la ciudadanía, que se fundamentan en la Libertad Política, en la Independencia Económica y en la Justicia Social.

El 2 de diciembre de 1955 José Antonio y su hermano Alfredo caen heridos en una protesta universitaria. En un discurso memorable pronunciado en el Aula Magna el 24 de febrero de 1956 se funda el Directorio Revolucionario.

Ante el anuncio de la creación del Directorio, el magazín Mella de los comunistas universitarios lanza fuertes críticas contra José Antonio y Fructuoso Rodríguez por la creación de la estructura revolucionaria. Los comunistas siempre trataron de boicotear las acciones revolucionarias de José Antonio en la Universidad de La Habana.

José Antonio viaja a una reunión de estudiantes en Chile y desde Santiago se traslada a la VI Conferencia Internacional de Estudiantes (COSEC) celebrada en Ceilán en 1956, donde logra el apoyo internacional de los estudiantes en su denuncia de la dictadura batistiana.

En el viaje desde Chile a Ceilán, hace una parada y firma la Carta de México, para llevar a cabo en unidad con otros grupos revolucionarios 'la revolución cubana'. Pero es precisamente en México donde se percata de las intenciones autoritarias y despóticas de Fidel Castro. Y esta percepción la comenta con sus compañeros y algunos de sus familiares.

___José Antonio y sus compañeros del Directorio Revolucionario, en conjunción con Menelao Mora, Orlando Manrique y otros combatientes del grupo revolucionario Auténtico, preparan el Ataque al Palacio Presidencial para derrotar la dictadura.

Antes de salir para la acción del 13 de marzo, José Antonio recibió la santa comunión en su refugio clandestino del Convento de San Francisco, situado en las calles de Amargura y Cuba.

Ese día, mientras los comandos del Directorio y del grupo Auténtico se dirigían a combatir y tomar el Palacio Presidencial, José Antonio, acompañado por un grupo de compañeros universitarios, se dirigieron a Radio Reloj para tomar la estación y trasmitir la alocución de victoria ante el Pueblo de Cuba.

El plan del ataque a Palacio fracasó y José Antonio muere en combate en la calle 27 de Noviembre, a un costado de su querida Colina Universitaria.

Ante el heroísmo de la acción del 13 de marzo, Fidel Castro declaraba cobardemente desde la Sierra Maestra, que la acción había sido un acto putchista contra la revolución, además de un acto innecesario.

Como presagiando la muerte, José Antonio en su testamento político declaraba: «Si caemos que nuestra sangre señale el camino de la libertad...confiamos que la pureza de nuestra intención nos atraiga el favor de Dios para lograr el imperio de la justicia en nuestra Patria».

Al cumplirse 50 años del ataque al Palacio Presidencial y de la muerte de José Antonio Echeverría, conjuntamente con los compañeros que murieron en la acción, se impone una reflexión profunda de los signos imperecederos de coraje, de bondad y de amor generoso por la tierra que estos hombres ofrendaron heroicamente sus vidas para el derrocamiento de la dictadura.

La traición de Fidel Castro a los ideales democráticos y de justicia social de la revolución contra Batista han encauzado a Cuba por el sendero de un régimen totalitario de terror y torturas de consecuencias caóticas y desintegradoras.

Fue precisamente desde la Universidad de La Habana, cuna del pensamiento nacional, donde esta generación de José Antonio Echeverría se nutrió espiritual y culturalmente para entregarlo todo por la libertad de Cuba.

Pero ninguna dictadura es eterna. Y ya el castrismo muestra síntomas de resquebrajamiento irreversible. La libertad regresará a Cuba para dar al pueblo cubano la felicidad merecida.

Entonces el ejemplo de José Antonio Echeverría y de su generación será el símbolo de que la patria es para servirla eternamente.

k) Agredido salvajemente el escritor cubano Ángel Santiesteban
Mayo 20, 2009 – Artículo de Opinión de Alberto Muller

El escritor cubano Ángel Santiesteban, autor del BLOG 'Los hijos que nadie quiso», fue golpeado salvajemente, mientras caminaba por una calle de La Habana. Por lo que quedó con un brazo fracturado, hematomas de los golpes por todo el cuerpo y varias heridas de navajas.

Su único delito fue publicar un BLOG y escribir sobre la realidad cubana de hoy. Santiesteban obtuvo mención en el concurso Juan Rulfo de 1989 en Cuba, convocado por Le Monde Diplomatique, Letras Cubanas y la revista El Cuento de México.

En 1999 ganó el premio César Galeano. Y en el 2001 obtiene el Premio Alejo Carpentier que organiza el Instituto Cubano del Libro, con el conjunto de relatos, 'Los hijos que nadie quiso'.

El escritor Santiesteban ha sido un crítico de la inhumanidad vivida por los soldados cubanos durante los 15 años de la Guerra en Angola. En el año 2006 ganó el premio Casa de las Américas en el género de cuentos con el libro: 'Dichosos los que lloran'. Santiesteban ha publicado libros en México, Francia, Alemania, España, Gran Bretaña y República Dominicana. Recientemente la editorial Emily le publicó el libro, 'Sur: Latitud 13'. Muchos escritores de dentro y fuera de Cuba se han movilizado para protestar por la agresión a Ángel Santiesteban. En solidaridad con el escritor cubano agredido, visitemos su blog: www.cubaencuentro.com/angel-santiesteban/blogs/los-hijos-que-nadie-quiso

l) Bienvenido Pablo Milanés a esta orilla honrosa de Miami
Agosto 27 – Artículo de Opinión de Alberto Muller

El cantautor cubano Pablo Milanés autor de las mundialmente famosas canciones «Yolanda» y « Yo pisaré las calles nuevamente», entre otras deliciosas, cantará dentro de unos días en la ciudad de Miami. Aunque algunos —con su derecho— se oponen a la presentación del reconocido cantautor cubano en el American Airlines Arena el 27 de agosto, habría que decir que Pablo Milanés se ha convertido en el artista cubano —no exiliado— que con más fuerza viene criticando al régimen de Raúl Castro en los últimos años, sin olvidar que el cantautor, también, fue víctima de la represión castrista, cuando fue enviado por más de un año a los despreciables campos de concentración, UMAP, en la década de 1960, creados por Fidel Castro.

Por supuesto hay que entender que en Miami hay mucho dolor humano acumulado, muchas familias con sus hijos, mujeres, padres o parientes torturados, fusilados o encarcelados durante más de cincuenta años consecutivos de represión política en Cuba. Pero si bien es cierto que Milanés estuvo inicialmente como simpatizante del proceso revolucionario, como más del 80 por ciento de pueblo cubano, entre los que me encuentro, hace algunos años que se distanció del mismo con absoluta claridad, transparencia y coraje humano. El cantautor viajará acompañado de su conjunto de seis músicos: «Después de diez años de ausencia, me encantaría intercambiar emociones y sentimientos con todo el público latinoamericano con los que estoy seguro compartiré momentos inolvidables» dijo Milanés a la prensa. Veamos con calma y sin apasionamientos las opiniones políticas de Pablo Milanés y cómo el cantautor se ha convertido en un crítico incómodo y duro para el régimen octogenario cubano:

Primero —hace más de dos años— declaró que no creía en los viejos que dirigían el proceso revolucionario cubano, que los negros en la isla poseían pocas oportunidades y que Cuba necesitaba cambios urgentes.

Después salió a defender a los blogueros cubanos contra la campaña de demonizaciones e injustas acusaciones por parte del gobierno de Raúl Castro. Por lo que enfatizó que cualquier expresión de la blogosfera cubana era sana y útil.

Posteriormente le puso la tapa al pomo y denunció que Cuba es un caos, que los Castro deben prever el reemplazo y que todo ser humano tiene derecho a la libertad.

Recientemente Milanés, en una entrevista con El Nuevo Herald, criticó el sistema de castas que mantiene el gobierno y la auto censura de la prensa cubana. Además defendió la libertad y el derecho de todos los cubanos a salir y entrar en su país sin las trabas gubernamentales conocidas. El canto sin cortapisas de Pablo Milanés por los cambios en Cuba es cada día más incómodo para el régimen castrista y más solidario con las ansias de libertad del pueblo cubano.

Perdonemos a Pablo Milanés, como hemos perdonado en otros sus errores de juventud, y recibámoslo con los brazos abiertos y generosos de un pueblo exiliado que cree en el amor, en la rectificación, en la reconciliación nacional y en el canto a la libertad.

¡Bienvenido Pablo a esta orilla honrosa de Cuba en Miami!

m) Carlos Alberto Montaner acusa de excéntrico al papa Francisco

Mayo 18, 2016 – Artículo de Opinión de Alberto Muller

En un artículo innecesariamente irrespetuoso, el amigo Carlos Alberto Montaner vuelve a la carga contra la Iglesia Católica y el papa Francisco. Y termina comparando a la dictadura cubana con el cuerpo colegiado del Estado Vaticano. ¡Vaya desprecio a una institución que ha dado tanto por la salvación moral del ser humano!

¿Qué tendrá que ver la declaración de Raúl Castro de volver a rezar y hasta de asistir a misa, que es un asunto netamente coyuntural o hasta personal, con acusar al papa Francisco de excéntrico y hacedor de rascacielos? Una persona excéntrica, implica que es rara, extravagante, loca. Nada más lejano a la personalidad y a la conducta del papa Francisco, que es una persona humilde; de profundas creencias religiosas; siempre pidiendo que recemos por él; que no le gustan los lujos y la pompa; que en ocasiones se cocina su propia cena; que prefiere que su anillo sea de plata y no de oro; que ha combatido con justeza a los corruptos de la banca Vaticana; que le ha ido cerrando el camino siniestro a los curas pedófilos; que insiste en poner a los pobres en el centro del trabajo apostólico de la Iglesia Católica; que se desvela por el drama de los inmigrantes en Lampedusa y en todas las fronteras donde la pobreza impulsa movimientos migratorios masivos; que respeta y perdona a los pecadores; que confiesa no sentirse con poder moral para juzgar a las personas gais y/o lesbianas; que quiere que los divorciados vuelvan a la Iglesia; que pide soluciones pacíficas en las zonas de violencia del mundo en base al diálogo y al perdón, como ocurrió en España, después de la sangrienta Guerra Civil del siglo pasado, y en la Sudáfrica del apartheid y de Nelson Mandela.

Eso explica la mediación reciente del papa Francisco para que se reconozcan a los dos Estados de Israel y Palestina. Que por cierto vale la pena decir, que no solamente es la posición de Francisco, sino de la Iglesia Católica, pues desde 1994 el papa Juan Pablo II estableció relaciones diplomáticas con el Estado Palestino. Por supuesto que la Iglesia Católica ha cometido errores en su larga historia, como todos y como toda institución con enormes responsabilidades. No nos molesta, como católicos, que se hablen y discutan. Ese es el carisma de la libertad que viene de la mano de Dios con la creación. ¿O es que acaso no han cometido errores los Estados Liberales que defiende con tanta pasión nuestro amigo Carlos Alberto? No tendría sentido histórico ni sería justo, que pretendamos disminuir la grandeza de Suecia

—el país liberal por excelencia— por la etapa imperialista de Gustavo Adolfo II en el siglo XVII; ni sería inteligente herir a esa otra gran nación liberal, Canadá, por la batalla de Ticonderoga (1758) en la Guerra sangrienta de los Siete Años del siglo XVIII.

Hay cosas en la vida que no vale la pena decir, porque hieren con poco sentido y no construyen ni un minúsculo cantero para que crezcan las plantas. Nuestro amigo y colega Carlos Alberto siempre anda utilizando el Tratado de Letrán (1929), donde Mussolini, como primer ministro reconoció al Estado Vaticano. Justo evaluar y hasta discernir como ese tratado resolvió un encono histórico entre Italia y la Iglesia Católica. Además de haber sido un acuerdo unificador. No fue negativo ni destructor que el liberal Winston Churchill, ese gran hombre del siglo XX, visitara en 1927, como ministro de Hacienda de Gran Bretaña, al Primer Ministro Benito Mussolini en Roma. La historia es maestra, aunque tenga coordenadas curiosas y hasta molestas o criticables. Como bien dijo la sabiduría de *El Quijote*, «en todas las casas se cuecen habas, y en la mía calderadas».

Si Carlos Alberto investigara a fondo, aunque no lo desmiente, esa obra grande socio-humanitaria del catolicismo en ayudar a los enfermos, a los ancianos, a los pobres, a los desamparados, a los leprosos, a los hambrientos, a los inmigrantes, a los niños abandonados, a las mujeres abusadas, vería una obra única y santa en la historia. Sólo con visitar a una Casa de la Madre Teresa, en cualquier lugar del mundo, uno siente agradecimiento y regocijo espiritual. Por si Carlos Alberto no lo sabe, en nuestra Cuba solamente las seguidoras de la Madre Teresa, esas monjitas frágiles e incansables tienen once casas de humildes Hermanas de la Caridad, cuidando y alimentando a nuestros niños cubanos, para aliviar así la pobreza que escandaliza.

Ese es realmente, Carlos Alberto, el verdadero rascacielos de la Iglesia, que con mucho esfuerzo de bondad se eleva por todas las latitudes para acercarse a los desamparados con la palabra del Dios misericordioso que es de todos. Podemos hacer un simposio de los errores de la Iglesia Católica. Tal vez dos, cinco, los que quiera Carlos Alberto. Los conocemos al detalle. No tenemos temor a hablar de ellos. Lo hemos hecho muchas veces. Pero cuando hablemos de los errores de la Iglesia, como el de la violencia de las Cruzadas, que Carlos Alberto menciona con tanta frecuencia repetitiva, y tiene todo el derecho de hacer, que mencione al menos los gestos de Santidad de la Iglesia, que son muchos y valiosos, por ese esfuerzo espiritual hondo y milagroso en busca de la salvación de las almas. Y que tampoco olvide todas las persecuciones pasadas y presentes, que hemos padecido y padecemos por los fanatismos de ayer y de hoy.

Menciono sólo cuatro santos: San Francisco de Asís, el santo de los pobres. San José de Calasanz, (Escolapio) el santo de la educación gratuita para todos. San Ignacio de Loyola, el santo fundador de la Compañía de Jesús, a la que pertenece el papa Francisco. Y Santa Benedicta de la Cruz —Edith Stein— judía conversa, carmelita descalza, mártir de los nazis. ¡Hay santidad en la Iglesia Católica, Carlos Alberto, créeme. No son todos piñas y errores!¿Qué haríamos, le preguntaría a Carlos Alberto, si Raúl Castro de verdad reconoce sus pecados, empezara a rezar y volviese al seno de la Iglesia? Aquí tenemos un tema casi teológico. ¿Qué recomendaría él como periodista e historiador? ¿Se escandalizaría o lo aceptaría?

Si los racistas de Sudáfrica, después de haber perseguido y asesinado tanto a los negros surafricanos, reconocieron su equivocación y aceptaron a Nelson Mandela y su triunfo democrático, ¿por qué eso no puedo ocurrir en Cuba? No estoy afirmando que vaya a ocurrir. Pero podría. Afirmar, como hace Carlos Alberto que la Iglesia Católica es frígida ante las libertades es casi un desatino ante la historia, por no decir una ofensa torpe.¿Cómo explicaría Carlos Alberto que el papa Francisco es más popular en Cuba que Fidel y Raúl Castro juntos, de acuerdo a la encuesta reciente que él conoce? Tal vez esa querencia de los cubanos hacia el papa Francisco es porque se ha ocupado de los cubanos, los va a visitar y les ha llevado el mensaje del Evangelio. Además ha colaborado a que termine ese funesto aislamiento de más de medio siglo, que lo único que ha hecho es darle argumentos a la dictadura cubana para que justifique ese desastre económico que es el castrismo y que ha hundido a Cuba en la miseria.

Un abrazo hermano y sé más comprensivo con tus amigos católicos y con la Iglesia Católica, que te respeta y quiere.

Alberto Muller

n) Concluye polémica Montaner-Muller sobre el papa Francisco.
Dic. 26, 2014 – (Dos cartas amistosas)

Mi querido Carlos Alberto: Voy a saltar la referencia que haces con el amigo Antonio Herrera de la carta de Alberto Benegas Lynch sobre el papa Francisco, por considerarla irreverente y ofensiva. Me refiero a la carta de Benegas. Ese no es nuestro estilo epistolar ni periodístico ni humano. Me parece estupenda la mención que haces a mis comentarios —publicados en Diario Las Américas— de Amartya Sen, el economista Indo-bengalí y premio Nobel de Economía 1998, que aunque su teoría sobre la «elección social» no ha encontrado muchos seguidores en el escenario académico, sí su ensayo «Pobreza y hambruna», inspirado en la hambruna en Bengala de 1943, y en su profundo dominio del tema socio-económico, que conmocionó el mundo de los estudiosos de ese mal cíclico y recurrente que es el hambre, y que durante la historia de la humanidad ha sacrificado a cientos de millones de seres humanos por no tener un mendrugo de pan o dos cucharadas de arroz cocido que llevarse a la boca.

En su ensayo Amartya, que por cierto es un libro que he manoseado en ocasiones, sostiene que son fundamentalmente los mecanismos irregulares e injustos en la distribución de alimentos los que provocan las hambrunas y no la falta de alimentos. Si revisamos la hambruna de Bengala en 1943, que se desencadenó por el pésimo manejo administrativo del Imperio Británico y por la codicia de los acaparadores de alimentos, que acentuaron aquella explosión de desigualdad social y que provocó la muerte de cuatro millones de bengalíes, vemos y comprobamos lo valedero del análisis del economista bengalí.

Me atrevería a decirte —a pesar de que mi único encuentro con el papa Francisco (hasta ahora) ha sido desde la Plaza San Pedro en Roma, recibiendo su bendición, conjuntamente con la inmensa multitud de creyentes que allí nos congregábamos ese día— que no tengo dudas de las coincidencias de Francisco con Amartya Sen, el premio Nobel de Economía, en esta materia del hambre y la pobreza. Por lo demás, no tengas dudas de que para la Iglesia Católica, su pueblo y sus pastores, el carisma de la libertad es básico para entender el misterio de fe que se proclama a través de las enseñanzas de Jesús de Nazaret. Los disparates de dos milenios y la condena a Galileo, como expresas, son épocas oscuras que han quedado o van quedando atrás por la insensibilidad de generaciones que lamentablemente se apartaron del verdadero mensaje del Evangelio, que es el de amar, perdonar y servir en libertad.

Con el abrazo afectuoso y sincero, tu amigo de siempre.

Alberto Muller

PD.- Te pido excusas por usar el verbo 'arremete', innecesario y duro, en el título de mi trabajo.

Respuesta de Carlos Alberto Montaner.

Mi querido Alberto,

Amartya Sen, que no es precisamente un liberal, demostró que lo que mataba era la intervención del Estado, no las libres transacciones hechas por particulares en procura del bien común.

Pudo probar que en la India y en Bangladesh las hambrunas siempre habían sido provocadas por los gobiernos tratando de controlar los precios y de distribuir justamente los bienes. Algo parecido a lo que hoy sucede en Venezuela. El mercado, mediante la competencia, donde hay libertad, tiende a bajar los precios y a mejorar constantemente la calidad.

Es absurdo pensar que la libertad económica provoca la exclusión social y acaba por empobrecer a los más necesitados. Precisamente, la Argentina de Bergoglio es uno de esos sitios en los que el peronismo, en nombre de la justicia social reclama, ha conseguido subdesarrollar paulatinamente a una sociedad que a principios del siglo XX estaba entre las más prósperas del planeta.

A los jerarcas de la Iglesia les resulta muy difícil entender la función de la libertad en la creación de riquezas, acaso porque se trata de una organización de obediencia vertical en la que no se suele discutir la autoridad del papa para opinar sobre todo, lo que explica los infinitos disparates y atropellos en los que ha incurrido a lo largo de dos milenios, como prueba desde la persecución a Galileo hasta afirmar que el liberalismo era pecado.

Va un abrazo fuerte con todo el cariño fraterno que tú te mereces,

Carlos Alberto

ñ) ***Monólogo con Yolanda*** **- Palabras en la presentación del libro.**

Noviembre 1995 – Feria Internacional del Libro de Miami

Gracias a ustedes, amigos y amigas presentes, que hacen de esta novela frágil y dolorosa, «Monólogo con Yolanda», un momento para compartir:

Gracias a mi editor Juan Manuel Salvat, por confiar en mi capacidad narrativa. Desde que llegué de Cuba, después de 15 años de prisión política, él ha sido un aliento permanente para que no dejara de escribir vivencias y narraciones.

Gracias a la Feria del Libro, y en especial a los amigos Eduardo Padrón, Alina Interián, Alejandro Ríos y Ángel Cuadra, por ofrecer este marco inquieto y luminoso, donde podemos manosear libros sin pudor alguno.

Gracias a mi hija Yolanda por darme su nombre para uno de los personajes principales de esta novela. Generalmente los hijos agradecen a los padres por el nombre.

En «Monólogo con Yolanda» es al revés, el escritor usa el nombre de su hija y lo agradece.

Gracias a Ernesto, mi hijo varón, que por razones de trabajo y estudios en Carolina del Sur, no pudo estar presente esta tarde. Tal vez mi necesidad como padre de conversar con él, con Yolanda, con los jóvenes, nada fácil en esta sociedad agitada y cruel, sea el impulso básico de esta novela.

Después de haber escrito esta novela me he dado cuenta de que hubiese sido maravilloso haber hablado más conmigo mismo durante mi juventud. Lamentablemente no hubo tiempo.

Gracias a los maestros grandes que he sentido más cerca:

A Jorge Luis Borges, que además tuve el altísimo privilegio de conocer, por inculcarnos el amor por los laberintos.

A Juan Rulfo, el mexicano que escribió «Pedro Páramo», por estimularnos a no temer a la violencia.

A Juan Carlos Onetti, el autor del «Astillero», por su afecto a los de abajo, a los marginados, no importa que sean prostitutas.

A Thomas Mann, ese gigante gran maestro de la narrativa y buen amigo de los tuberculosos.

Gracias a Tensy, mi esposa, que con paciencia de costurera y amor verdadero, permitió esta dulce locura de convivir con todos los personajes de esta novela. Así he andado este último año, con la mente inmersa en cada uno de los personajes de «Monólogo con Yolanda».

Gracias a mi hermano Juan Antonio, guía de mis actos, que viajó desde Caracas.

Y gracias a Dios por darme capacidad para sufrir en otros y poder narrar libremente. Sin esa disposición, no hubiese sido posible «Monólogo con Yolanda».

Esta novela es parte de ese viejo instinto de narrar que nace con todo ser humano, desde que es concebido en el amor íntimo de la pareja.

Toda novela es un maridaje entre lo sorpresivo y la ficción; lo maravilloso y el testimonio; lo telúrico y el corazón del ser humano. Esta novela, como todas, es dominante indiscreta, denunciadora, amorosa y manipuladora.

Yo diría que «Monólogo con Yolanda» es una narración para abrazarse a la tierra. He ahí el sentido telúrico de la narrativa hispanoamericana, de la cual no se aparta.

Y cito la frase que abre y cierra la novela: «Recostó su cabeza encanecida y arrugada sobre el montículo de tierra. Sus ojos claros se habían oscurecido de cansancio. El sueño colmó de vida sus recuerdos. Parecía cansado, en su rostro se reflejó un agotamiento total».

«Monólogo con Yolanda» es un sueño en dos islas. Una isla real, implícita en el relato largo del abuelo Javier, habitada por adultos llenos de razón cartesiano-hegeliana, de istmos, de consignas y durezas, de persecuciones, de maltratos, de fusilamientos y de locuras, que al final, producto de tantas sombras lacerantes y dolorosas, quedó hundida en la soledad y la desesperanza.

Y cito el episodio del suicidio en la zanja de excrementos en una prisión: «La sangre saltaba de sus venas a cada tajo como si quisiera o pretendiera regar unas semillas de impotencia en aquella zanja inmunda. Enseguida, con las botas chapoteando fango de excrementos, me lancé hacia él y lo abracé. Fue un momento eucarístico inolvidable de sangre pestilente, de cariño humano, de dolor de siglos...No le hablé de Dios. Él no creía en Dios... Si el amigo se hubiese suicidado, hubiese sido una elección ecléctica salida de la mano de Dios».

Esta parte testimonial de la novela es la que más le gusta a mi editor. Sin embargo, yo coincido con la crítica de Gloria Leal, que prefiere el elemento ficción de la novela.

La otra es una isla desprendida, a la deriva. La Isla de las Palomas nos adentra en el vuelco mágico de «Monólogo con Yolanda».

Esta isla no está dirigida por ninguna fe moderna, carece de patrones medievales. Pero es una isla de sueños, de palmas, de desnudos, de escape, de amoríos de juventud, de cuevas misteriosas, de animales que conviven por instinto de vivir y no por caprichos de matar. Es una isla sin estructuras políticas dominantes. Es una isla de cangrejos ciegos que habitan en su cueva mítica. Es una isla colmada de palomas mensajeras. Ninguno de los cangrejos ni de las palomas habla, pero terminamos queriendo a los cangrejos y a las palomas como seres de la familia.

En «Monólogo con Yolanda» hay un sentido de amor humano en toda la trayectoria dolorosa del viejo Javier. También hay un desgarramiento que es predominante en este siglo que despedimos. El materialismo modernista, con sus nomenclaturas ideológicas y una fe ciega y abusiva, se despide del Siglo XX manchado de sangre. Cuando un ser humano prefiere matar que morir, es porque tiene terror a la libertad. «Matar es castrar, morir es dormir», se sentencia con admiración y fuerza antológica en «Monólogo con Yolanda».

Al final de la novela una paloma regresa a posarse en las rejas de una ventana abandonada, de un pueblo abandonado. Y un joven, de nombre Jo, tiene valor para cerrar la puerta de un pasado y contemplar entristecido la fe del futuro.

«Monólogo con Yolanda» es una novela corta cargada de simbolismos, de elementos mágicos. Siempre la concebí como un sueño tierno, pero los sueños que son todos una carga del inconsciente, terminan muy frecuentemente creando pesadillas. Por lo tanto, permítaseme definir a «Monólogo con Yolanda» como una pesadilla de amor.

Agradezco mucho a «Monólogo con Yolanda» que me haya metido de lleno en ese mundo de catacumbas, que anoche definiera el gran escritor, Abel Posee, que es donde se reúnen los escritores para narrar sus inconformidades, al margen de las tonterías de imposición que aún padecemos de la política incompetente.

Gracias al amigo escritor colombiano, Luis Zalamea, por estar con nosotros esta tarde. Les confieso que «Monólogo con Yolanda» me aleja de la pasión política, que tiende a ser irracional y torpe.

Gracias a todos.

4) POEMAS DEL AUTOR

a) Al inolvidable ratón que me mordisqueó el pie mientras esperaba muerte

Del libro de Poemas: *USA Tierra Condenada*. 1980. Segunda Edición 1984 (Poema escrito por Alberto Muller en su celda de condenados a muerte en el Castillito de Santiago de Cuba, abril de 1961)

Al inolvidable ratón que me
mordisqueó el pie izquierdo mientras esperaba la muerte
Nací tal vez…
Cubierto de una especie de ignominia frágil
la tierra embadurnada de semillas tiernas
las hormigas merodeando el sexo de las palmeras
los niños saxoneando fugaces lamentos impermeables
los hombres plomo a plomo en vergüenza universal
y una rosa naciendo en parto doloroso de zorzales

Crecí quizás…
en busca permanente de sol y lluvia dulce
los cabellos permanentemente alborotados
las manos hincadas permanentemente de espinas
la mirada tensa permanentemente color de revoltura
el alma despierta permanentemente con trinar de miseria
y un jazmín llorando permanentemente la zozobra del mar

Morí apenas imperceptiblemente…
cuando aquél inolvidable ratón me mordisqueo el pie izquierdo
me insinuó que si lo estrangulaba con la mano derecha, resucitaría
como Marat al cuarto día y el gallo jamás volvería a cantar
sus ignominias

Y entonces…
tuve visión de soledad
y volví a Santiago
y busqué la tumba de aquél miserable ratón
que se hizo hombre
rodeado de 40 ladrones
y que al morir clavado en un jaguey de mimbre
me entregó la majestuosa libertad encadenada.

b) Cierro mis ojos y escribo estos poemas - algunos de los versos preferidos del autor en este libro.
(Libro de poemas de Alberto Muller dedicado a los ciegos).

Prólogo en versos.

Válgame Dios
el mar
profundo
misterioso
infinito
tierno
instigador
ecléctico.

Después de la aparición de las aguas,
Dios pudo haberse dado el lujo de desaparecer.
Pero el mar

imperturbable
abarcador
bastión de olas y almas
habría permanecido con sus brisas y sus calmas
como testigo imperecedero e inalterable de la vida.

El amargor de los cerezos

Te quiero casi del tamaño de la luna
y dejo un espacio a la barbarie
y me adentro en el tierno amargor de los cerezos.

Te quiero casi del tamaño de la brisa
y dejo un resquicio a la neblina
y me adentro en la pasión fervorosa de las rosas.

Te quiero casi del tamaño de la playa
y dejo un atisbo preciso de tibiezas
y me adentro en el dulce trinar de los sinsontes.

Te quiero casi del tamaño del pequeño caracol
y dejo un intento de caricia cierta
y me adentro en el frescor supremo del amanecer.

Te quiero casi del tamaño de una lágrima
y dejo que el río nos bañe de ternura interminable
y me adentro en el goce infinito de tus quejas de mujer.

La silueta de mi amada

Me robaron la silueta de mi amada
y apenas con el aliento de una agonía atroz,
pude empozar mis manos en su cuerpo...

Sentí vibrar
fuego en mi corazón
la tierra tembló
pasión inverosímil
mis labios sintieron
un dulzor de miel

en mi pecho un gemido
de llanto de mujer
pero todo en contornos
de sombras y de trazos
¡Qué maravilloso palpar sus respiros y nada más!

La luna y la miel

Me entrego a tu respiro
a tu silencio
a tu sospecha…

Dejo que la lluvia
insistente y locuaz
ahuyente el murmullo
delicioso de los riachuelos…

Me acerco a tus orillas
empapadas de miel y de locuras
en mi torpe esperanza de besar
la luna con las manos…

Y al fin siento tu orgásmico mirar
de pupilas en tinieblas
entonces algo queda del noble
y bendito perfume de tu piel…

Toros en la tarde

Me he aprendido tu rostro de memoria
para enjuagar dolores
de andares atrapados en ficciones…

Me he aferrado a tus manos
para enlazar recuerdos
de soledades atrevidas…

Me he empozado a tu cuerpo
de cintura frágil
para que el gemir atolondrado
me colme de resacas y arena fina…

Me he bebido en tus labios
los jugosos momentos de la brisa
en un intento por quebrar la dureza
de las piedras que yacen en la luna…

Me he quedado entonces viviendo
al menos con tu rostro de memoria
preñado de enterezas, riesgos, rizos,
y suspensos

Así te intuyo mujer
cruzar la tormenta encrespada
de claveles rojosy toros en la tarde…

Pasión inevitable

Hay influjo de luna
en el mar…
que calma los andares retorcidos
de mi vida…
y colman de pasión inevitable
los dolores diversos…
que rondan de embrujos este amanecer de sombras…
Por eso los besos
se quejan de la brisa en madrugada…

Temor a la esperanza

Me robaron de las calles polvorientas
los rasgos más intensos de la vida
el perro ladra
me alerta
encuentro entonces la frescura
en las manos de mi amada
en un atardecer de rosas.
En sus besos de fuego
un torbellino de esperanzas
de vida inacabable
mientras el cangrejo ciego
imperturbable

prosigue su caminar
de soledades
por la orilla tardía
de la acera de enfrente.
En el olor intenso
del asfalto agresivo
siento el influjo de la tierra
en su ocaso de verdades
y el gallo cantó
para denunciar las ignominias
percibo entonces en mi andar
un temblor de espanto
de tierra inalcanzable
con el amargor del mamoncillo.

Miro tu calma (Haiku)

Miro tu calma
y vibro en tus besos
de arenas y mar.

Risas y rosas (Haiku)

Pasión pequeña
mirar en tus perfiles
de risas y rosas

Suspiro por un beso (Haiku)

Llueve otra vez
suspiro por un beso
de luna llena

Prefiero llorar (Haiku)
Prefiero llorar
ante el triste verdor de los cerezos

Caracoles y mariposas
(Epílogo libro de poemas *Cierro mis ojos*)

Me robaron tu ceguera

Y me he quedado pensando
si vale la pena vivir
con esa tu sonrisa inmaculada
rodeado por la mordedumbre insaciable
de caracoles y mariposas
que cabalgan muy cerca
de la frontera del sol.
Pero pienso que sí, aunque solo vea la luna en tinieblas y de lejos.

c) Las Malvinas (Del libro de poemas *Tierra Metalizada* (1985)

Aquellas tierras que quemaron
ese, de por sí de todos
que llevamos de por dentro.

Todo fue estupendamente adverso
                                        silencioso
                                                frágil.

Hasta la risa se quebró
en su acento vertical
para casi gemir en verso alejandrino
«aún nos queda vivo ese de por sí de todos»
que respira desde afuera en brutal absurdo
de cenizas, jazmines y diamantes grises.

d) Al hundimiento del Belgrano
(Del libro de poemas *Tierra Metalizada* (1985)

Resplandor de fondo
ciega esperanza
que nace ciega
pero con aliento

e) Juanín azul de cara
(Poema escrito en 1964 del libro de poemas *USA: Tierra Condenada* - (1984)

Te recuerdo azul de cara

manos de palma
huellas de pueblo, piedra, corazón i tierra fértil

Te recuerdo vivo entre los vivos
pobre entre los pobres
dueño de la lluvia i de los pájaros que siembran caracoles tiernos

Te recuerdo peregrino con tu flor de cactus
combatiente con tu aroma de plomo derretido
pensador con tu evangelio de razones puras
caminante con tus pies morenos y sal blanca

Te recuerdo y acaricio mis huellas
de zapatos encorvados
de manuchas apretando arenas negras
y de gesto asustadizo en colores de aceituna.

f) Padre Nuestro que estás en el suelo
(Uno de los poemas preferido del autor - *USA: Tierra Condenada* - 1984)

Siento que Jesús se escapa del sagrario con pasos de gigante
quiere polvo de hombres y de bestias en calles asfaltadas
quiere manchar de grasa la rodilla izquierda de su pantalón zurcido
quiere surcar su frente a quejas de pulmón doblado
quiere un huerto de tierra para sembrarlo de panes y peces
quiere sol en sus espaldas
fango en sus sandalias
callosidad en sus manos
vida simplemente sin inciensos
sin altares
sin rezos
ni campanarios.

Siento que Jesús se rasca con las uñas sucias su mejilla golpeada
i con la otra mano se espanta las moscas impertinentes
camina lentamente por la avenida abarrotada de vehículos y peatones
de semáforos y latones de basura
de letreros lumini-comerciales
de mujeres embarazadas
de niños en vacaciones…

i en un lujoso cine se anuncia un ciclo de viejas películas
de Marilyn Monroe
su actriz preferida

i es que le recuerda aquella mujer que le perfumó y acarició sus pies
con sus cabellos de color del trigo…

i prosigue su andar con huellas de vida
aliento de lluvia
mirada de profeta.

i se detiene frente a una escuela —se sacude el polvo— con su mano
[derecha
ordena un poco sus cabellos largos–
con su mano izquierda —mira y piensa—
tal parece como si el mundo se hubiese detenido…

i todos lo miran atentamente
se respira un ambiente tenso
de paz forzada
de siembre inútil
de notas falsas
de angustia eterna
de risa débil, de luna llena…

i se siente un disparo de fusil entrecortado
un plomo cualquiera ha destrozado su cráneo
sus manos abiertas cantan su aleluya de libertad
los niños de la escuela corean con ojos de asombro y risa de locura
—Padre Nuestro que estás en el suelo danos el AMOR de cada día—

i en el sagrario una mancha de sangre rojiza vacila temblorosamente
junto a su cuerpo una multiplicación de panes y peces
sus ojos se cierran definitivamente
los hombres se acercan – las bestias quedan en silencio
quiso polvo
grasa, sudor y tierra…

i así murió para que nosotros – siguiéramos viviendo simplemente…

Alberto Muller con su amigo el laureado escritor cubano, Guillermo Cabrera Infante.

Alberto Muller recogiendo el título de Bachelor of Arts de la Universidad St. Thomas University, Miami,abril, 1985.

Ramón Cernuda, director de la Galería Cernuda, Raúl Valdés-Fauli, alcalde de Coral Gables entonces, con Alberto y Tensy Muller celebrando y brindando por la creación del Parque Juan Ramón Jiménez en Coral Gables.

5) CARTA DEL DRE AL PRESIDENTE DE ESTADOS UNIDOS PIDIENDO SOLIDARIDAD CON LA REBELDÍA DEL PUEBLO CUBANO.

Julio 13, 2021

A: JOE BIDEN, PRESIDENTE DE LOS ESTADOS UNIDOS
C.C.- CONGRESO DE LOS ESTADOS UNIDOS, A TODOS LOS GOBIERNOS DEMOCRÁTICOS DE AMÉRICA LATINA Y LAS ISLAS DEL CARIBE
A LA ORGANIZACIÓN DE ESTADOS AMERICANOS (OEA)

Nosotros, los abajo firmantes, veteranos todos del Directorio Revolucionario Estudiantil, que combatimos junto a otras organizaciones revolucionarias cubanas a la dictadura de Fidel Castro, desde que descubrimos su traición a la Revolución Democrática y Humanista Cubana del primero de enero de 1959:

Le pedimos respetuosamente a usted, como presidente de Estados Unidos, ante las protestas pacíficas del pueblo reclamando LIBERTAD, que se están dando en Cuba, y la represión más brutal que actualmente se ejerce sobre ellos, más la catastrófica situación de desabastecimiento en la canasta de alimentos y una horrenda crisis de salud en los hospitales y hogares cubanos por los contagios de COVID-19 que se padecen en la isla, su mayor y efectiva solidaridad con el pueblo de Cuba.

Con el debido respeto
Los firmantes:
Alberto Muller, Juan Manuel Salvat, Miguel García Armengol, Joaquín Pérez Rodríguez, José Maria de Lasa, Alejandro Portes, Bernabé Peña, Jorge Garrido, José González-Silva, Ernesto Fernández-Travieso S.J., Reinaldo (Ronnnie) Ramos, Rafael (Warry) Sánchez, Ady Viera, Margarita del Busto, Teresita Baldor, Eladia Aguilera, Nelson Amaro, Reynaldo Morales, Rafael Marquez, Lázaro Hurtado Lara, Pedro Corzo, Juan Falcón, José A. Albertini, Mariano Loret de Mola, Manolo Alzugaray, Alberto González, Abdón Moretón, Kemel Jamis, Tensy Muller, Marta Ortiz Salvat, Gerardo Morera, Eraise Martínez, Ricardo Sarabasa García-Velez, Eugenio del Busto, Guillermo Aspert, Angela Mireya González, Delio González, Ana Celia Rodríguez, Jorge Dorticós, Germán Miret, Alberto Sánchez, Pedro González Llorente S.J., Carlos Bravo, Armando Acevedo, Pedro A. Yinterián, Felipe Lázaro, Luis Gutiérrez, Felipe Manteiga, Carlos Badías, Omar López, Eddy F. Caliene, José Bello, Joaquín Martínez de Pinillos, Roberto Borbolla, Ramiro Gómez Barruecos (Manino), Arhan Pérez Alea, José L. Fernández-Solís, Ramón Barquín Jr., Javier Figueroa, Arnoldo Muller...

EPÍLOGO PERSONAL

«A partir de cierto punto no hay retorno»
Metamorfosis de Franz Kafka

Llegamos a las últimas palabras de este libro de memorias. Y como las memorias son todo un cúmulo de emociones con hechos vividos que el autor decide compartir con el amigo lector, pues en la despedida llega la sorpresa inesperada de que la humanidad --en pleno-- vive inmersa en un virus mortal que ataca las vías respiratorias y mata a muchos, sobre todo a los que padecen precondiciones de salud o son ancianos.

Ya el virus —considerado pandemia— y aunque empezó por la provincia de Wuhan en China y el gobierno chino castigó a los científicos que lo descubrieron en lugar de intentar la rápida neutralización del mismo, lo que provocó su difusión agresiva por todo el mundo, principalmente e inicialmente con fiereza en Italia, Reino Unido, España, Estados Unidos y al resto de los países del mundo.

Las noticias al día de hoy que concluyo este libro de Memorias son de más de 112 millones de contagiados con el virus del coronavirus en todo el mundo y con más de 2.5 millones de muertos.

En los Estados Unidos —el país más afectado por la pandemia en el mudo — solamente los contagiados sobrepasan la cifra de 28 millones con más de 507,000 muertos.

Inclusive en algunas regiones del mundo, como la India, han tenido poca capacidad para enterrar a sus muertos, porque el virus del coronavirus ataca con rapidez y sin piedad a todos y en especial a los que tienen alguna precondición de salud.

Quiere esto decir que las últimas palabras de este libro se escriben en aislamiento social y con los incómodos «osobucos» o mascarillas. Hasta con mis hijos hablo solo por teléfono o por Zoom, ese programa concebido para hablar en grupo, porque así lo indican las recomendaciones de evitar contactos innecesarios entre todos para reducir contagios y males mayores.

Mi agradecimiento final en estas Memorias que concluyo en el día de hoy es para mi querida esposa Tensy, entre las personas más adorables e inteligentes que he conocido en mi vida y que me ha acompañado con paciencia y amor pleno en estos últimos treinta años de mi vida.

Tensy Muller con su esposo Alberto Muller el día que se presentó en la Feria Internacional del Libro de Miami, su novela *Monólogo con Yolanda.*

Ambos ahora soportamos este aislamiento adicional con mucho amor y comprensión mutua, porque los escritores siempre buscamos aislarnos en busca de la privacidad y la tranquilidad que necesitamos para nuestra labor de jugar con las metáforas, entrelazar y formar frases con las palabras que sustentan cualquier creación literaria.

Decía nuestro gran profesor y puedo hasta decir amigo Jorge Luis Borges (ya fallecido), que la literatura empezó por las metáforas de la poesía. No tengo dudas. Léanse Gilgamesh ese poema maravilloso en prosa, que algunos consideran el primero de la historia.

Pero volvamos a la pandemia del coronavirus que nos impone un aislamiento adicional, pues el contacto puede ser infeccioso en caso de que alguno de los dos se haya infectado. Ni el beso obligado de la mañana ni el beso entrelazado de la noche o el atardecer. Ojo con los besos que pueden ser un vínculo de trasmisión.

¡Vaya exigencia humana de esta pandemia, que nos limita las expresiones de afecto que más necesita la humanidad en pleno, como el beso, el abrazo y hasta el darnos las manos!

No tengo palabras ni acciones humanas que puedan agradecer o reciprocar a Tensy su amor hacia mi persona y su acompañamiento en estos treinta años. Linda mujer habanera de inteligencia precoz, honda y organizada. Por ella debo confesar sin dobleces que tengo los pies muy bien puestos en la tierra, pues los escritores tenemos la tendencia a soñar despiertos y a vivir de sueños inalcanzables. Casi siempre estamos sentados sobre una nube imaginaria, al menos yo he sido así. De niño y adolescente me encantaba mirar y reflexionar con las nubes ¡Cuántos sueños he tenido que ir dejando en este ya largo camino de la vida!

Tensy y yo contrajimos matrimonio muy privadamente el 21 de diciembre de 1994. Como ambos teníamos dos hijos cada uno de matrimonios anteriores y aunque los muchachos siempre han tenido una excelente relación fraterna, pues preferimos transitar ese momento íntimo con solo Dios de testigo excepcional y la funcionaria que nos atendió con extrema amabilidad en el juzgado de Coral Gables.

Mi mayor deseo es que estas memorias sirvan para expresar mi amor eterno hacia ella y mi agradecimiento infinito.

Tensy Muller con su esposo Alberto Muller.

También que sirvan para compartir muy de cerca estas memorias con mis dos hijos Ernesto y Yolanda, añadiendo a los tres bellos nietos que han dado una gran alegría a mi vida. Tomás (17 años) y Tifanny (6 años), hijos de Ernesto los dos primero, e Isabella, hija de Yolanda.

No puedo dejar de mencionar a los otros hijos que han ido llegando con satisfacción y alegría, como Silvia y Andy Galindo, los dos hijos del matrimonio anterior de Tensy; y con Sheyla, esa nieta de mi hermano mayor fallecido que subrepticiamente y por voluntad recíproca se ha convertido en una hija menor para mi mayor orgullo y satisfacción. Añado a Néstor, su esposo y a Hugo su hijo.

Y por supuesto a Ivette, la esposa de mi hijo Ernesto, que con mucho amor, paciencia y dedicación se ha convertido en otra hija inseparable.

Un agradecimiento especial a mi hermano Juan Antonio, guía moral de mis actos y en pie con 85 años de edad. Un hombre superior moralmente, igual que su esposa Beatriz Pérez de la Cova, venezolana, que lo ha acompañado con amor pleno en esa larga, pero linda jornada familiar. De ahí nace su hijo Juan Carlos que hereda para satisfacción de todos el perfil de ambos y que también ya ha formado una familia maravillosa con María Alexandra Sucre, venezolana y descendiente de una prestigiosa familia muy conocida en la tierra del Libertador Simón Bolivar, más sus dos adorables hijos.

Otro agradecimiento especial a mi medio hermano mayor, Francisco Muller Ojeda, ya fallecido, un hombre maravilloso, afable y gran campeón cubano en la cría de palomos de competencia o buchonas y a su inseparable esposa Teresa Vázquez (también fallecida). Los recuerdo con un amor grande e infinito muy especial.

Extiendo a través del recuerdo de ellos un cariño muy intenso a mis maravillosos sobrinos que viven en Cuba, todos descendientes de ellos, como: Panchito (recientemente fallecido) y al cual llegué a querer como otro hijo verdadero, Mery Muller y su adorable hija Amalia; María Elena y su hijo Frank, y a las dos hijas de mi sobrino Panchito, Olivia y Laura, y a su viuda Lourdes que lo acompañó siempre con una fidelidad absoluta. Y finalmente a José Mario, el más pequeño de todos esos sobrinos y a sus dos hijas Lauren y Melany.

A todo este ramal de sobrinos en Cuba, los he querido mucho en la distancia, pero siempre hemos hecho el esfuerzo de mantenernos cerca. Al salir de la prisión política los pude ver a todos, pero lamentablemente en un corto tiempo. Todavía en ese entonces no había nacido mi sobrina nieta Amelia, un ser maravilloso hecho para el amor.

Por lo tanto estas memorias son también para esos sobrinos muy queridos de Cuba, en espacial para mi sobrino Panchito. Sean buenos siempre y cuando haya sufrimientos, que con frecuencia los hay, sean entonces más buenos y más justos.

No quiero pasar por alto a mis primas hermanas Gloria y Marta Muller (recientemente fallecidas), hijas del hermano mayor de mi padre, Juan Manuel Muller con Nena Palmer. Con las dos tuve una relación maravillosa de cariño, por lo que quiero extender ese cariño a todos los nietos, Beatriz (ya fallecida) y Susana –por vía de Marta—; y Gloria María, Roberto y José – por vía de Gloria—, que han sido todos siempre cariñosísimos conmigo.

También otra relación maravillosa de cariño fue con Dulce María Muller, la única hermana hembra de mi padre, casada con el abogado José Gorrín. Todo ese cariño se incrementa con sus dos hijos, Enrique y Tom, más Antonieta la viuda de Enrique y Ginnie la hija de ambos.

Con Antonieta (ya fallecida) y Ginnie tuve una relación fraterna exquisita. Nos adorábamos los tres. La adoración sigue en pie con Ginnie.

No puedo pasar por alto que la rama de los Muller en Cuba tuvo el inicio en dos hermanos que viviendo en Málaga decidieron emigrar a Cuba: Juan María Muller que junto a su esposa Antonia Valdés Colel dio vida al ramal de mi padre y sus hermanos, del cual ya hemos contado.

Y el otro ramal el de Eduardo Muller que con su esposa Mercedes R. de Bainoa, dio vida a los Muller del condesado de Bainoa: Octavio, Armando, Julio, Chacho, Guillermo, María, Olga e Hilda por parte de padre.

La relación con estos primos y tíos es maravillosa y estupenda. Con Elio (hijo de Elio Muller Jr.) y con Arnoldo (hijo de Mario Muller) es la relación más cercana y frecuente. Pero de aquí nace el cariño a Isabel y a Lilia, las respectivas esposas de Elio Jr. y de Mario. También a las esposas de ellos, Drema y Daisy. En fin toda una familia que nos queremos y sentimos sumamente orgullosos del apellido Muller.

Vamos concluyendo la despedida. Confiamos que en Cuba una vez que queden atrás las durezas represivas del comunismo castrista de estas seis décadas, luchemos con bondad e inteligencia para que nunca se repitan, los cubanos vuelvan a encontrar el camino de la libertad y la concordia.

A los que me maltrataron, torturaron o hirieron hace muchos años ya los perdoné desde entonces. El perdón libera profundamente, pero además fue lo que Cristo nos enseñó para cumplir con sus mandamientos. «Amar por sobre todas las cosas".

Sé que quedan cosas por decir, porque en un libro de memorias nunca se dice todo. Son las argucias legítimas que tiene a su favor el autor de cualquier libro de memorias. Algunos secretos se sellan en el alma y el autor por alguna razón de absoluta privacidad prefiere no compartir, generalmente son dolores muy agudos o asuntos muy íntimos que se guardan con celo para llevarlos con uno a la tumba. Este es el sagrado tesoro de la intimidad, de la dignidad y de la libertad íntima.

Otra cosa, la memoria es frágil y aunque la mía es una memoria de promedio a lo buena, pido perdón por el olvido a algunos que debieran estar mencionados en este libro y no lo están. Sencillamente olvido por la lejanía en el tiempo, los años vividos y las durezas de la jornada de vida que tuve que recorrer.

Debo agradecer especialmente a Juan Manuel Salvat, al colega periodista Emilio Sánchez, al historiador Javier Figueroa y a los compañeros del Directorio Revolucionario Estudiantil, Miguel García-Armengol, René de Armas (recientemente fallecido a causa del Covit-19), José Antonio González Lanuza, Joaquín Pérez Rodríguez, José González Silva (Puchi) y Eduardo Muñíz, su inapreciable gentileza y paciencia por haber revisado las páginas de este libro de Memorias. Joaquín, además, trabajó incansablemente por lograr que las fotos pudieran ser incorporadas a este libro.

Si encuentran precisión histórica es por ellos, que me han ayudado a recordar muchos resquicios dolorosos y de historia cierta y porque adicionalmente he tenido el apoyo de ellos para contarlos.

Por supuesto, no puedo dejar fuera a mi correctora y buena amiga, Adela Junco. Si el libro tiene algún valor de limpieza ortográfica y de sintaxis, es por ella. Maestra de maestras

Sé que en toda larga jornada de vida se cometen errores y yo no he estado exento de ellos. A los que sufrieron por ellos, perdónenme sinceramente, créanme que no los cometí con la intención de ofender ni de hacer sufrir a otros.

Tuvimos que tejer apresuradamente una estrategia política para combatir la sorpresiva traición de Fidel Castro a la revolución cubana y eso nos hizo cometer algunos errores. Teníamos apenas 20 años.

Y llega el momento de mi último agradecimiento luminoso y grande, que concentro en las madres que se ocuparon de nosotros en el largo presidio, visitándonos amorosamente cada vez que teníamos visitas familiares:

Mi tía Cuca (María Luisa Simonetti), prima de mi padre, que siempre me quiso como un hijo y no faltó a ninguna de mis visitas durante los quince años de presidio; Menchu y Felo de Armas, los padres de René y Carlos de Armas, compañeros de causa; Nena y el doctor Enrique Casuso, padre de Enrique Casuso, compañero de causa; Amparo Ordóñez, la madre de Juan Ferrer, compañero de causa; Mellita, esposa de José (Puchi) González Silva, compañero del presidio y del DRE en la provincia de Las Villas.

Además, María del Carmen esposa del amigo Primitivo Castillo; Mario y Lily, padres de mi primo Arnoldo Muller; María del Carmen, esposa de Jorge Izaguierre; Magaly, esposa de Raciel Cabrera; Vicky Andreal, esposa del Dr. Armando Zaldivar (ya fallecido); Emilita Luzárraga (ya fallecida), esposa del Dr. Lino B. Fernández, ambos muy buenos amigos desde la juventud. También Ileana Arango, la esposa de Rino Puig (ya fallecido). Todos compañeros de presidio.

Gracias infinitas a este grupo de familiares que se combinaban para venir juntos a las visitas, creando realmente una gran familia.

Gracias por querernos y ocuparse de llevarnos un poco de alegría y algunas exquisiteces alimentarias al presidio político, a pesar de las necesidades imperantes en Cuba. No hay cómo agradecer esa presencia amorosa en circunstancias tan adversas. Un beso infinito a todas ellas y a todos ellos.

Y el agradecimiento final no pudiera ser otro que a todos los jóvenes y adultos —mujeres y hombres— que militaron y colaboraron con el Directorio Revolucionario Estudiantil.

A ellos, que cuantifico en unos cincuenta mil cubanos aproximadamente, entrego estas memorias.

Ellos son parte esencial de todo el recuento y son dueños de esta jornada, pues mi vida tiene un momento crucial de extrema importancia cuando una representación numerosa de estudiantes cubanos, de todas las maneras de pensar en la ciudad de Miami, me eligieron con apenas 21 años de edad como responsable máximo del Directorio Revolucionario Estudiantil para coordinar y culminar una marcha hacia la liberación de Cuba. Fueron ellos los que decidieron que me lanzara al ruedo con esta responsabilidad sobre mis hombros.

Me despido de todos con mucho cariño y respeto personal, incluyo a los que han decidido leer estas memorias. Gracias por la confianza. Les confieso que me parece que todavía estoy ante aquellos fusileros del Cuartel de Las Mercedes en la Sierra Maestra que me apuntaban con sus miradas de odio a través del colimador para fusilarme.

Vuelvo entonces a mirar el cielo estrellado, a sus nubes, vuelvo a rezar, vuelvo a recordar a mis padres, a mis amigos y amigas, a mis familiares, mientras espero el impacto de los disparos que terminarían con mi vida.

Fue una espera ansiosa por los impactos, pero no tuve miedo, no quería morir, pero no tuve miedo. Sabía que cuando recibiera los impactos en el pecho, me iría como todos a esa otra dimensión espiritual de la vida. Un adiós forzado, dejando atrás muchas ilusiones, pero seguro de la misericordia de Dios.

Todavía sigo esperando con fe y tranquilidad esos disparos, que tal vez no lleguen nunca, pero paradójica e inconscientemente me he quedado con la curiosidad de los impactos en mi pecho que acabarían con mi vida.

Por creer en el amor y en el respeto a la dignidad de la persona humana, nunca le haría a esos fusileros y carceleros torturadores, lo que ellos me hicieron a mí. Es más, me opondría con fuerza a ello si alguien lo intentara hacer.

Me preparo mental y físicamente para que mi vejez sea capaz de acercarse a la ancianidad con complacencia, lucidez y dignidad.

Confieso que me gustaría llegar a los 100 años, simplemente por un problema de curiosidad histórica. Pero si me tocara partir mañana martes, me iría tranquilo y feliz. Para ese viaje no necesito equipaje. No tengo dudas de que hay una vida eterna después de esta larga jornada y muy cerca del Padre Creador y de todos nuestros grandes afectos.

Gracias por acercarse a estas memorias. Un beso a mi esposa Tensy y otro para cada uno de mis hijos, nietos y sobrinos.

Confío en que todavía me quede camino por andar para escribir de otros temas, si Dios lo permite, Y prestar otros servicios. Y para seguir queriéndolos con la intensidad que los quiero.

Me despido con esa frase inolvidable que el escritor Jorge Luis Borges me regaló cuando tuve el altísimo privilegio de conocerlo en la ciudad de Caracas y que he escogido como título de mis memorias ¡POBRE CUBA!

Un beso a mis padres maravillosos que recuerdo con infinito cariño. Otros dos besos respectivos a mis dos tías inolvidables, la tía Cuca (María Luisa Simonetti) y la tía Fina (Josefina Contreras) de las cuales siempre recibí un cariño maternal muy especial.

Gracias de corazón.

Alberto Muller con 14 años en la cima del Cerro de Cabras en la Sierra de los Órganos, Pinar del Rio, en una expedición de alumnos del Colegio de Belén.

FAMILIARES Y AMIGOS MUY QUERIDOS

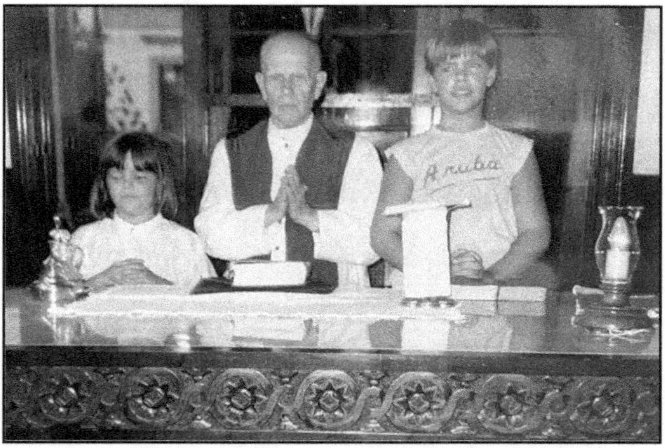

Monseñor Alfredo Muller, tío del autor, oficiando misa con los sobrinos nietos Yolanda y Ernesto Muller.

Ernesto y Yolanda Muller, hijos del autor en Disney World.

Ernesto Muller, hijo del autor mientras estuvo en el ejército de los Estados Unidos.

Ernesto Muller, hijo del autor, con su esposa Ivette Naya y la hija de ambos, Tifanny Muller Naya

Yolanda Muller, hija del autor, mientras cursaba estudios en la Universidad Internacional de la Florida.

Francisco Muller, el hermano mayor del autor (ya fallecido), con sus cuatro hijos Mery, José Mario, Panchito (ya fallecido) y María Elena.

Luis Andrews, gran amigo del autor, y su esposa Lourdes Muller y Morales (ya fallecida), criada en la misma casona de la Calzada del Cerro. A la derecha Yolanda Muller, hija de Alberto Muller.

La querida sobrina Ginie Gorrín, hija del primo hermano Enrique Gorrín Muller y Antonieta Fonts Oña, con el autor.

La tía Josefina (Fina) Contreras, una de las dos segundas madres en la vida del autor y en el otro extremo Margot Blanco de Contreras, otra tía queridísima. Toda la familia Contreras se inició con una mamá de apellido Muller, de ahí que se consideraban todos de una misma familia.

Hugo Hernández Cabrera Muller, hijo de la querida sobrina nieta Sheyla Cabrera Muller, nieta del hermano mayor ya fallecido, del autor.

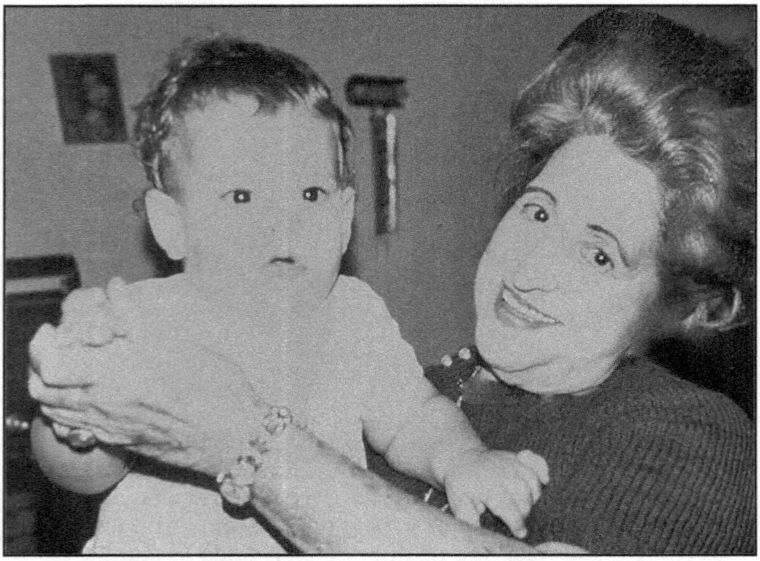

La tía María Luisa (Cuca) Simonetti, que el autor consideraba como una segunda madre durante su niñez y largo presidio. En la foto cargando a Ernesto Muller, hijo mayor de Alberto Muller. La tía Cuca no dejaba se asistir a las visitas en la prisión, tanto de Alberto, como de su hermano Juan Antonio Muller.

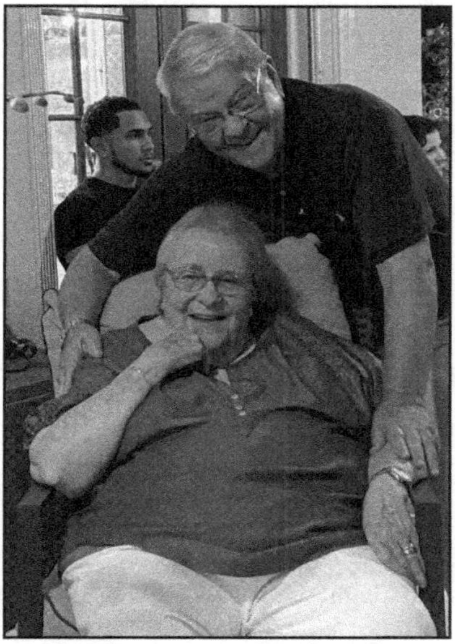

Lilita Contreras una de las primas favoritas del autor.

Heyla Cabrera Muller, nieta del hermano mayor del autor y a la que quiere como una segunda hija.

Tensy y Alberto Muller con su cuñada Helen Muñoz en Washington.

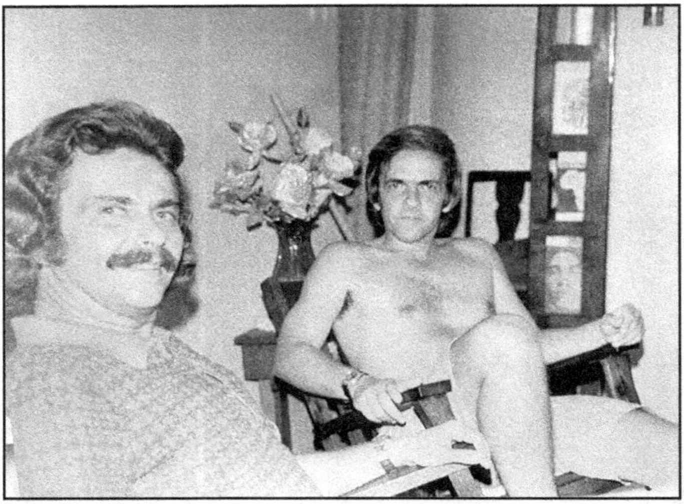

Miguel García Armengol con el autor, unos meses después de haber salido de la prisión.

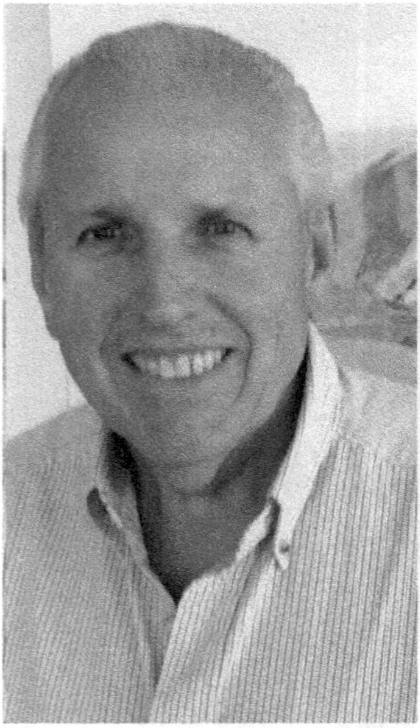

José María de Lasa, ejecutivo nacional del DRE y miembro de una familia que lo dieron todo por Cuba.

Miguel Otero Silva, director de El Nacional de Caracas, mientras era entrevistado por Alberto Muller para el Diario Las Américas.

Alberto Muller abrazando a la congresista Ileana Ros-Lehtinen, hija del gran amigo, combatiente e historiador, Enrique Ros, en una reunión del Pen Club de Escritores Cubanos en el Exilio.

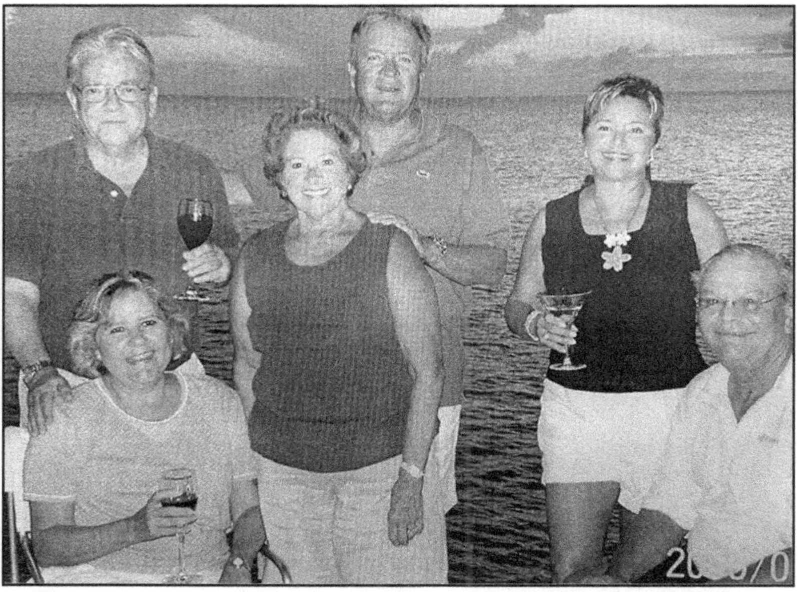

El autor y su esposa Tensy, con su buen amigo del colegio de Belén, Enrique Sosa y su esposa Irene, más otro buen amigo, Pablín Zamora y su espora Silvia, disfrutando todos de las playas de Las Bahamas.

El autor con su sobrina Gloria María Fentón Muller, hija de su queridísima prima Gloria Muller Palmer, ya fallecida.

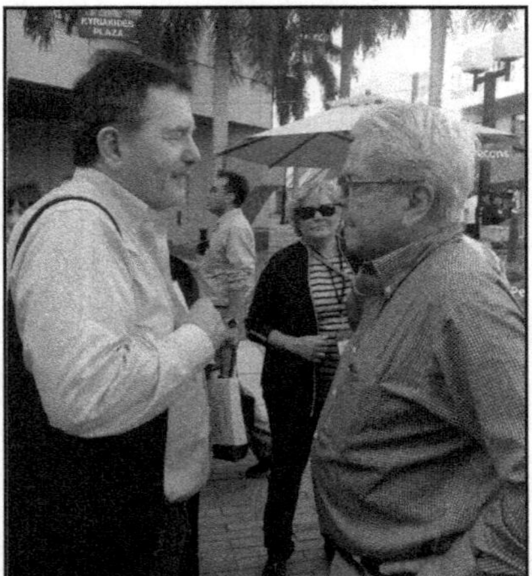

El autor saludando a su amigo Roberto Ampuero, escritor y canciller chileno en la presidencia de Sebastián Piñera, Feria Internacional del Libro, Miami.

Alberto Muller junto a monseñor Eduardo Boza-Masvial
y Silvia Meso, al extremo.

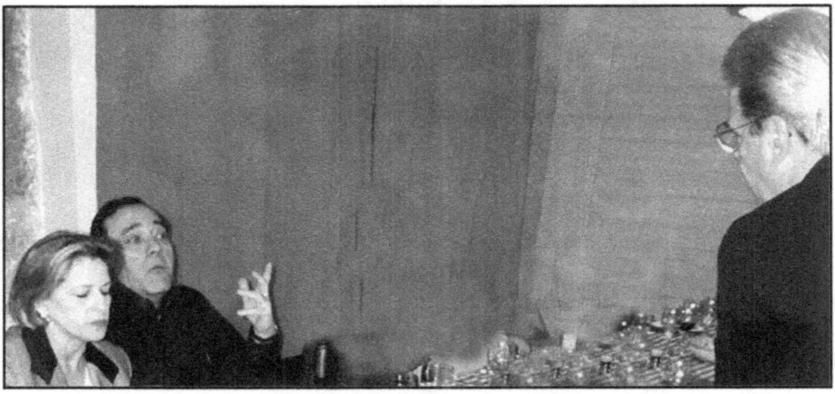

Linda y Carlos Alberto Montaner conversando con el autor.

De izquierda a derecha: Alberto Muller y su esposa Tensy, Juan Manuel Salvat y su esposa Marta y Ángel Fernández Varela y su esposa Irene, ambos fallecidos.

Siro del Castillo, gran amigo del autor, y sus respectivas esposas, Cristina y Tensy.

Siempre amigos desde muy jóvenes. De izq. a der.: Alberto Muller, Ernesto Fernández-Travieso, SJ. y Juan Manuel Salvat.

Isidro Borja, Juan Manuel Salvat, Alberto Muller y Miguel García Armengol cuando estuvieron presentes en la Flotilla de la Libertad.

Grupo de amigos fraternos del autor. De izq. a der., arriba y abajo: Bernabé Peña, Juan Manuel Salvat, Alberto Muller, Luis Castellanos, Luis Fernández-Rocha, José Miguel González-Llorente, Juan Antonio Michelena y Luis Palacios.

Exmiembros del DRE en el exilio se reúnen en casa de Isidro Borja (ya falleido). De izquierda a derecha, arriba hacia abajo: Alberto Muller, Miguel Lasa, Juan M. Salvat, Natalia Lasa, Anita Díaz Silveira, Fernandc García Chacón, Bernabé Peña, Miguel García Armengol, Isidro Borja, José A. González-Lanuza, Luis Fernández Rocha y las esposas.

Tres amigos y compañeros muy cercanos de lucha del autor, Pedro Ladislao Guerra Bueno, Gerardo Martínez-Solana y su esposa Raquel.

Joaquín Pérez Rodriguez, su esposa Iraida, Miguel García-Armengol y su esposa María, Juan Manuel Salvat y Alberto Muller. De fondo tres retratos pintados por el autor, una acuarela de su hija Yolanda, un acrílico de su hijo Ernesto y otro de John Lennon.

Armando y Marta Valladares, con su primer hijo recién nacido durante una visita que el autor les hizo en Madrid.

Elizardo Sánchez Santa-Cruz y el doctor Lino Bernabé Fernández con el autor Alberto Muller. Buenos amigos de muchos años.

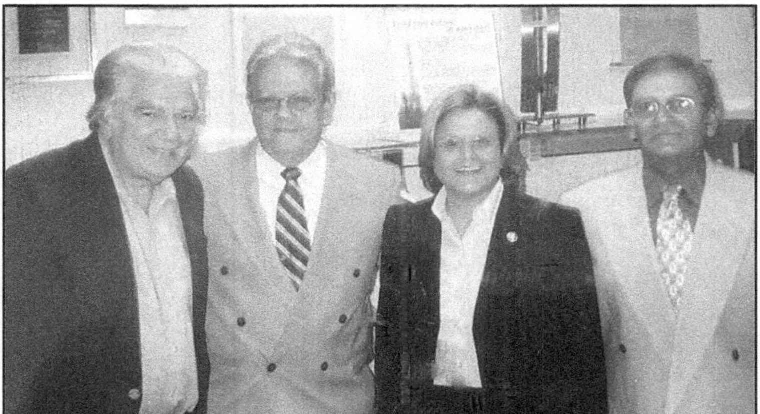

El gran amigo del autor Enrique Ros (historiador) con su hija la congresista Ileana Ros-Lehtinen, y otro buen amigo José Antonio Albertini.

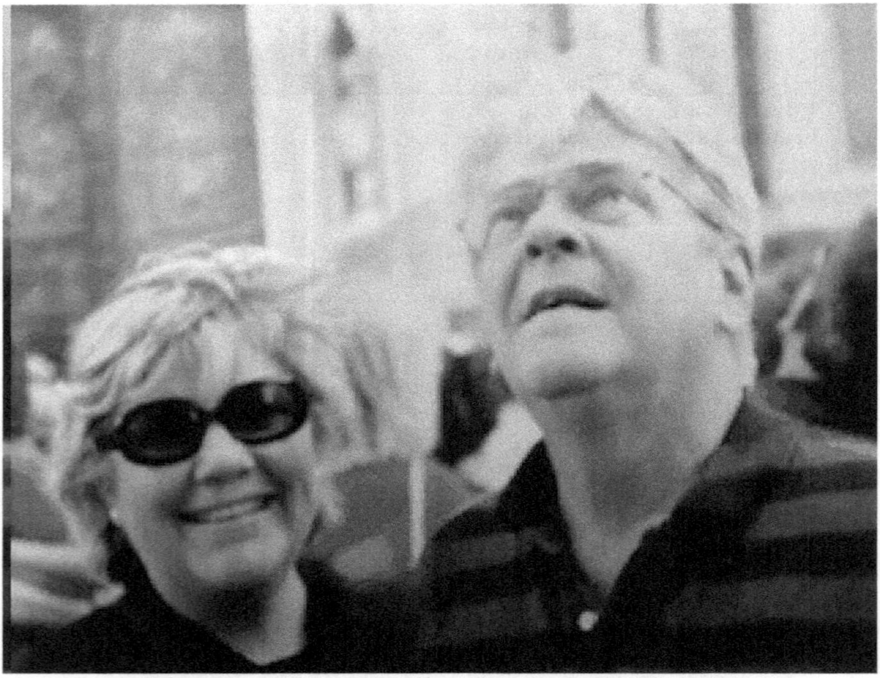

El autor, Alberto Muller con su esposa Tensy.

ÍNDICE ONOMÁSTICO

www.ingramcontent.com/pod-product-compliance
Lightning Source LLC
Chambersburg PA
CBHW030235030426
42336CB00009B/104
9781593883195